WENXUE  ZHAOJIEXIANSHENGJINIANWENJI

# 问学
## 赵杰先生纪念文集

劲松　主编
王国庆　王新青　陈帅　敖特根其其格　彭嬿　副主编

民族出版社

1989年深秋在北大朗润园

与戴庆夏先生在一起

2018年2月回家乡探亲,与弟弟赵权和三个妹妹合影。

2016年2月看望瞿霭堂先生,与瞿霭堂、劲松、王国庆合影。

1991年10月,带学生在香山语言实习和四王府居委会合影。

2002年6月
彭嬿论文答辩期间与老师以及答辩委员会专家在北京大学东语系办公室合影

2005年9月24日
在北京大学外文楼国际音标教学与博士生姜根兄、林毅

2009年6月
与林毅、姜根兄在百年大讲堂前留念

1988年初夏 语言学概论课时和蒙古语专业学生合影

1994年在日本访学

2001年上半年，外院语言所语言学沙龙接待台湾学者时在北大图书馆前合影。

2001年在韩国作讲座

2002年率研究人员在天山实地搜集蒙古喇嘛庙文物

2013年8月27日在台湾"中央研究院"举办新书发布会

2013年在北京大学图书馆整理文档

2017年北京大学博导组来北方民族大学讲学，与教授们合影

2018年3月11日在内蒙古大学讲学与包萨仁、包乌云合影

2019年11月15日在东北大学秦皇岛分校

2011年7月15日在韩国顺天大学参加第十届阿尔泰学国际学术会议

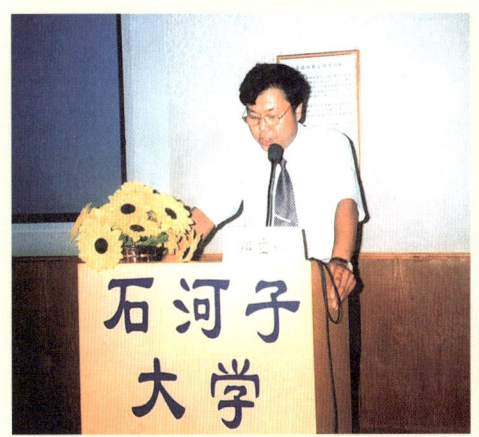 

在石河子大学工作期间留影　　赵杰老师赠送友人满文书法
　　　　　　　　　　　　　　作品"中国梦"

1981年，从中央民族学院双语言文学专业因成绩优秀提前毕业

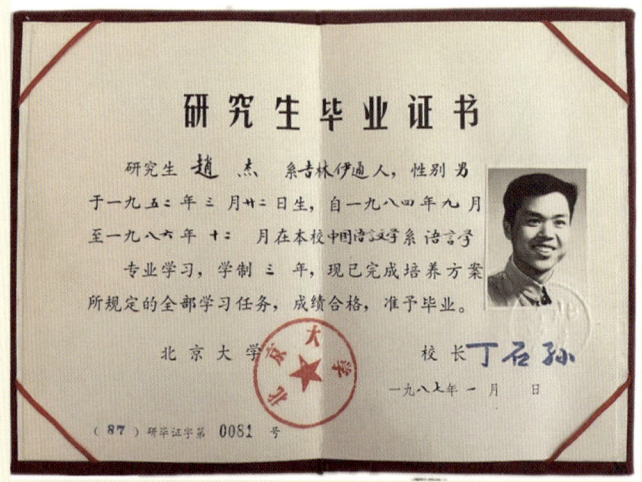

1987年，从北京大学中国语言文学系硕士毕业

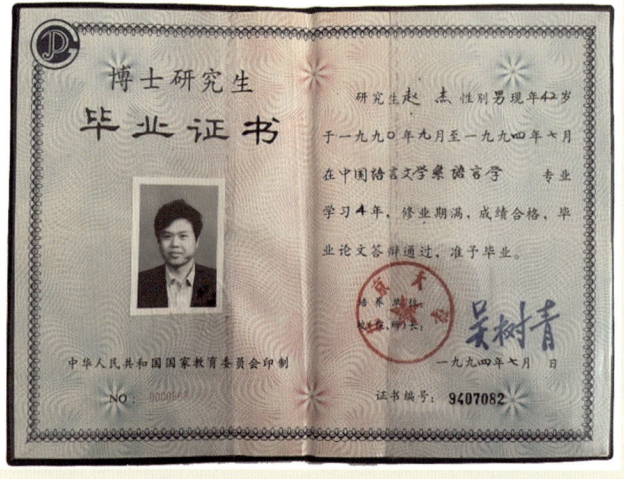

1994年，从北京大学中国语言文学系博士毕业

# 序

赵杰离开我们已经一个周年。学术界一位刻苦钻研、成果斐然的学者,勇于任事、善于组织的活动家,教育界一位奉献边疆、辛勤耕耘的民族教育家,英年早逝,师生、亲友和战友无不惋惜。

赵杰身为满族,对满族语言和文化情有独钟。从学习母语开始,成为满族语言和历史文化研究的一代学者,与他刻苦治学、勤于钻研分不开。他的《现代满语研究》,黄行评价为"满语研究界的绝唱"。他从满语研究开始,遍及与阿尔泰语言的比较,贯通满-通古斯和突厥语族,并深入日韩语言的起源,成一家之说。他述而且作,博学多才,著作涉及语言、民族、文化、历史、文学等诸多学科,且大多在教学、行政和繁忙的社会工作之余完成,实为难得。

他把一生黄金岁月奉献给边疆民族教学事业。在任职新疆和宁夏的大学和教育机构领导时,沟通中外,和谐民汉,重视科研,严格教学,为边疆的民族教育和人才培养做出重要贡献,获得赞扬和荣誉。他凭借行政身份和学术声誉参与了满语研究、民族语言、民族文化、民族学和人类学、双语教学等多个学术团体和学会的组织和领导工作,为发展这些学科奉献了自己的力量。他为行政、教学、科研和社会活动耗尽精力,积劳成疾,直至生命终止。

他续薪传火,培养学生,释疑解惑,提携后学。无论在北京大学还是支边的二十年间,从不间断招收硕士和博士生,不远千里,往返授课,不辞辛劳。他招收的学生,民汉皆有,对民族语言的研究、传承和发展以及民族团结和交流都起到积极作用。他的学生大多在教学和研究岗位上各擅所长,成果累累。民族语言发扬光大,满语文复生回春,离不开辛勤耕耘,赵杰功不可没。

我与赵杰相识,从他邀请我到当时的北大东语系讲座开始,与他交流学问相知,参加他的博士生指导小组十余年共事。他出国访学或事务繁忙时,有的课由我替代，有些学生的论文由我指导，他的学生无形成了我的学生。我们支持他不仅出于私交，更是为了使他学业精进，工作顺利，为民族语言、文化和教育事业，也为学科的发展和人才的培养做出更多贡献，做他的后盾，使他没有后顾之忧。

他的一生如劲松所说，"是短暂的一生，也是精彩的一生，是令人敬慕和爱戴的一生，是值得我们学习的一生，是能为后世留下足迹的一生"。谨以我为他写的悼诗作为本序的结束。

天妒英才志未酬，功业声名播九州；<br>满园桃李春色好，君于泉下复何忧？

瞿霭堂

2021 年 10 月

瞿霭堂，男，1934 年 8 月出生。中国人民大学文学院教授。从事语言学与应用语言学的教学与研究工作，主要研究方向为语言理论和汉藏语言研究。2002 年至 2010 年为赵杰博士生导师组成员。

# 赵杰先生生平

赵杰先生，满族，1953年5月5日出生于吉林省伊通满族自治县。中国共产党党员。北京大学博士、教授、博士生导师。曾任北京大学发展规划专家组成员、少数民族学生领导小组成员、东方学研究院比较语言学所所长、外语学院工会主席、语言学所所长；石河子大学西域文化研究院院长，常务副校长；新疆生产建设兵团教育局（含体育局、语委）副局长（正厅）；北方民族大学副校长、正司级调研员、北方语言研究院院长；东北大学秦皇岛分校中国满学研究院首任院长。

赵杰先生还曾担任中国民族语言学会理事、中国少数民族双语教学研究会副会长、中国人类学民族学联合会副会长、全国高校马列主义研究会理事、北京语言学会副秘书长、北京满学会理事、中国阿尔泰语研究会常务理事、教育部民族学基地研究员、教育部留学归国人员课题评审专家、宁夏留学人员学会副会长、宁夏高级专家联合会常务理事、清华大学兼课教授、中央民族大学满学所研究员、延边大学中朝韩日中心学术委员，吉林大学、新疆大学、塔里木大学、长沙大学、广西大学、伊犁师范大学、西北民族大学、西南民族大学、西藏大学、宁夏师范学院兼职教授，山西大学名誉教授、塔里木大学西域文化研究所名誉所长等职。

## 一、赵杰先生的人生经历

赵杰先生于1959年7月至1968年11月，先后在伊通靠山镇景台中心小学、伊通八中学习。1968年11月至1969年1月在吉林伊通景台村插队。1969年1月参加中国人民解放军，先后担任班长、代排长和代分队长等，1974年4月加入中国共产党。1977年3月转至吉林伊通冲压件厂工作，任厂政工、厂领导班子成员、伊通县政府秘书。

1978年初，赵杰先生作为"文化大革命"后首届高考录取的本科生，进入中央民族大学中文系，兼任班长、系学生会党支部书记、系学生会主席。在读期间，获得过中央民族大学作文竞赛一等奖，受到过作家冰心老人的接见。1981年春因学习成绩优异提前毕业，获学士学位，留校任教。

1984年9月赵杰先生考取北京大学中文系研究生，师从叶蜚声、徐通锵先生。1986年12月提前毕业，获硕士学位，留北大东语系任教。1987年任讲师，先后兼任北大东语系分党委宣传委员，东语系研究生工作组副组长、《东方研究》第一副主编等职。1990年9月考取北大中文系博士，师从林焘先生。1994年7月毕业，获博士学位。1992年任北大东方学系副教授，硕士生导师。1996年9月起任北大东方学系教授。

1996年赵杰先生获得韩国国际交流财团研究基金，赴韩国国立首尔大学进行学术研究，任东亚文化研究所客座研究员。1997年去韩国梨花女子大学讲学，兼任在韩中教授联谊会会长。

1999年9月任北大东方学研究院比较语言学所所长，兼任外语学院工会主席、北大少数民族学生工作领导小组成员、北大发展规划专家组成员以及邓小平理论中心、韩国学中心、比较文学所、社会学人类学中心研究员等职。2000年2月任北大语言学研究所所长。

2000年7月至2001年3月两度赴日，担任日本大阪市立大学和东京都立大学客座研究员。

2002年2月起先后任石河子大学副校长、党委常委、党校校长；西域民族文化研究院院长；农八师石河子市文明委副主任；石河子国家经济技术开发区名誉主任。2004年3月起兼职新疆生产建设兵团教育局（含体育局、语委）副局长（正厅）。

2005年11月起任北方民族大学副校长，后兼任该校北方语言研究院院长。2016年11月任东北大学秦皇岛分校中国满学研究院首任院长。

2017年退休。

2020年12月19日5时20分因病医治无效，在北京逝世，享年67岁。

## 二、赵杰先生的成就

赵杰先生是我国语言学、民族学研究领域的杰出学者。他在清代满语书面语研究、满汉语言接触、现代满语、锡伯语描写与研究、阿尔泰语系比较语言学理论、民族学、人类学等方面研究成果丰硕，出版有《现代满语研究》《现代满语与汉语》《北京话的满语底层和轻音儿化探源》《满族话与北京话》《从日本语到维吾尔语》《丝绸之路语言研究》《语言人类学》《回族解读》《中华民族共有精神家园论》等近20部专著，发表相关研究论文约190篇。

赵杰先生的成就主要体现在以下几个方面：

(一) 描写语言学

1977年赵杰先生考入中央民族学院，师从罗安源先生学习语音学、语言学概论等课程，并问学于马学良先生等知名民族语言学家，为此后从事描写语言学研究打下了良好的基础，后又考入北京大学，师从叶蜚声、徐通锵两位先生继续精进语言学理论研究。

在北大中文系学习期间，赵杰先生开始对现代满语的语音、词汇、语法进行全面的调查和描写，还同时进行纵向与横向的对比和现代语言学理论分析，他的《现代满语研究》成为一代佳作。赵杰先生对现代满语的描写与研究工作，有力地推动了国内满语研究从语文学、文献学研究向现代语言学研究领域的拓展，也得到了国际满语学者的关注和高度肯定，成为国内外满学界进行现代满语研究的重要资料。美国满语学者罗杰瑞（Jerry Norman）认为该书是"第一次运用现代语言学理论进行满语研究"。国际著名满学家池上二良教授也从赵杰先生精准的记音与描写中，找到了支持他多年前对满语发展论断的现代满语佐证。

赵杰先生还多次赴新疆长期追踪满语的"远征方言"——现代锡伯语的发展变化。撰写了《伊车嘎善锡伯语概说》《从锡伯语20年变化看满语的音变走向》等文章，描写和分析二十年间锡伯语诸种音变现象，从中揭示现代锡伯语在短期内清音浊化、元音高化、辅音前化、尾音脱落的普适音变规律，短鼻尾变长鼻尾、重音前移的横向影响因素。

赵杰先生除了对满语、锡伯语进行描写和研究外，在任职石河子大学副校长期间，还多次深入新疆博尔塔拉蒙古族自治州进行调研，撰写出《新疆蒙古族语言研究——以博州察哈尔蒙古语为例》一书，对博州察哈尔蒙古语进行了抢救性调查和描写，并对博州察哈尔蒙古语圆唇、展唇元音和谐、靠拢性音变、词汇上的消化性汉语借词、语法中的时体态等语法现象做了科学的语言学阐释，填补了调查和研究的空白。赵杰先生临终前还笔耕不辍，整理他赴湘西十八洞调查苗语的资料，撰写《十八洞苗语精准描写与研究》。

赵杰先生在语言描写中，不拘泥于已有的语言学理论，在具体的实践中加强求异性思维，他撰写的《同区音与变体音——从满、汉元音分布所想到的》等文章，将语言调查与描写的成果运用到普通语言学理论研究中去，丰富和发展了已有的语言学理论。

（二）历史比较语言学

国内阿尔泰语系研究长期局限在各语族内部语言比较和研究，没有打通三大语族语言以及和日本语、韩国语的比较研究。赵杰先生在进行满语调查描写，撰写《现代满语研究》时敏锐地意识到"满语既和汉语接触最多，又和日本语、朝鲜语十分相似。满语或满－通古斯语族研究的深化很可能是这两大语言学难题（阿尔泰语系语言对汉语的影响以及韩国语、日本语的语系归属）的突破口，从这里或许能开拓一片科学研究的新天地"。

赵杰先生首先从满－通古斯语族内部比较开始着手，运用历史比较语言学理论和方法，从清代满文和现代黑龙江满语、嫩江满语、新疆伊犁锡伯语的空间差异中，嵌入汉语渗透的社会背景，论证清代满语和现代满语方言间的发展序列。

赵杰先生在北大东语系任教时，工作之余，又学习了朝鲜语和日语，并进修了朝鲜语发展史等课程。从1996年开始，赵杰先生两度赴韩，在首尔大学国语系、语言学系问学李基文、成百仁等知名阿尔泰语言学家。1998年带领研究生在吉林省延边朝鲜族自治州8县进行朝鲜语和满语底层调查。1999年赴朝鲜平壤金日成综合大学访学，与朝鲜语研究专家金荣晃院士进行交流。2000年赴日本访学，与日本阿尔泰语言学家池上二良、津曲敏郎、山崎雅人等日本学者探讨阿尔泰语系历史比较语言学研究。

在赴韩、日访学期间，赵杰先生结合古今汉语、满－通古斯语族语言来进行满韩语言比较研究，探索韩国语的起源和语系归属问题；与日本学者交流，进行现代满语的分布类型和口语特点的研究；收集北海道阿依努语语料等工作。赵杰先生使用汉、韩、日三语先后撰写出《韩国语语系归属初探》《从韩、日、满语音的比较看韩语的语系归属》《论韩国语、满语元音和谐率松化的共同性》《满语、朝鲜语语音对应规律探拟》《满语词与朝鲜语语系归属》等多篇论文，受到韩、日语言学界的高度关注和肯定，这些论文大部分收录在赵杰先生的《从日本语到维吾尔语——北方民族语言关系水平性研究》一书中。

在这些论文中，赵杰先生综合运用历史比较语言学的方法，结合文献和田野调查描写得到的现代语料，以日本语到维吾尔语的鳞次栉比的语言关系为纵向，以阿尔泰诸语言从东到西为横向，连环式地、梳理式地、地毯式地进行接触研究和历史比较。赵杰先生通过韩、日、满语在语音、语法形态和基本词汇上的比较，判断韩语、日语和阿尔泰语系之间的渊源由来已久，可以溯源到阿尔泰语系语言的共同祖语时代，特别是韩国语，由于分化出来的时间较早，所以存古成分很多，但也保留了很多阿尔泰祖语的结构特征，且带有南部通古斯诸语的特点。但受到汉语、汉文化的影响，反映物质文明的基本词汇被汉语词替换。加上近、现代和式汉字词和英语借词的加入，使得韩国语很难用传统历史比较法来判断语系归属。赵杰先生认为把历史比较法和语言接触研究结合起来，并深入调查韩语的古语和一些富有存古成分的方言，特别是结合还没有消亡的现代满语，就可以深入探求韩国语的语系所属问题。赵杰先生在阿尔泰语系历史比较语言学方面的研究有力地推动了中国阿尔泰语系比较语言学的发展和世界影响力。

（三）语言接触研究

1984年，赵杰先生从中央民族学院考入北大中文系攻读研究生时就对语言接触产生了浓厚的兴趣。

赵杰先生在系统总结西方语言学家关于语言接触的理论后，认为西方语言学家虽然在论著中旁征博引世界各地的语言材料，却对中国这个语言接触的巨大宝库知之甚少。他深刻地意识到中国最重要最丰富最典型的双语接触恰恰是满汉语言接触。这种接触无论是汉语影响满语，还是满语影响汉语，都带有典型意义。他认为满语从衰变到消亡的特殊性会极大地丰富语言接触理论，而北京官话是满族人在清代转换语言的过程中习得汉语后带进了一些满语结构特征的目的语，将成为语言接触研究的重要研究领域。

赵杰先生首先将满汉语言接触和影响作为自己硕士论文的选题，撰写出《汉语的影响和满语的连锁式演变》一文，在已有的现代语言接触理论的基础上，进一步发展了前人所论及的借词现象，用满语音系在汉语渗透下连锁式音变的详细事实，推进了语言接触理论，明确提出借词能使固有语源的内在结构脱轨的新结论，得到了导师徐通锵先生的认可，并将该文的主要观点作为例证收录在徐通锵先生的《历史语言学》一书中。

赵杰先生在1990年考入北大中文系林焘先生名下，攻读博士学位，把满汉语言接触问题作为研究的主攻方向。赵杰先生有计划地在北京香山、京北喇叭沟门乡、京郊火器营等地调研京旗满族的语言，之后还前往福建、湖北、湖南、广西、贵州、山东等地原八旗军驻地调查可能存在的京腔方言岛的语言特点，获得大量第一手资料。赵杰先生最后撰写出《北京话的满语底层和"轻音""儿化"探源》一书，从历史语言学和语言接触学的视角探索阿尔泰语系的主要语言——满语如何具体影响北京话音系。这部专著以北京话的发展为背景，选择湖北荆州和山东青州两个典型的京腔方言岛和北京郊区香山健锐营作为重点分析对象，通过挖掘和考证北京话的满语底层和满汉构词的融合规律，从共时的差异中结合历史文献探究北京话形成的过程中满语所起的重要作用，考察北京话"轻音"和"儿化"的来源，并从中提取出语言接触的融合式音变理论模式和连锁式链移的方法论原则，揭示了语言接触的实质。

（四）民族学研究

早在20世纪80年代，赵杰先生就在对东部少数民族语言调查描写的同时，进行民族学研究，先后写出《北方民族的心态融合与语言接触》《论满汉民族的接触与融合》《论清初满汉融合对中华传统文化的贡献》《论延边精神：新时期民族发展的典范——对中国一种新型民族关系的文化透视》等多篇民族学论文。

赵杰教授在任新疆石河子大学副校长期间，足迹踏遍了新疆十几个地、州，也通过"十六大"宣讲团、民族文化讲座等形式走访了新疆生产建设兵团的十几个农业师，对西域古代各民族的文献、考古遗迹和今天共同居住在新疆的多民族有了较深入的了解。先后撰写出《论新疆民族理论的创新》《谙熟新疆历史，履行屯垦戍边使命》等多篇论述新疆民族理论的文章。

2005年11月赵杰先生从新疆来到宁夏，在西北第二民族学院（后改为北方民族大学）任副校长，并创办北方民族研究院。他利用工作之余和节假日到宁夏的固原、西吉、泾源、六盘山、中卫、中宁、同心、吴忠、银川、贺兰山、盐池、石嘴山等地，了解当地的西夏古文化，更多的则是深入回族的清真寺和回族人家中访谈，撰写《论回族在构建和谐宁夏中的"三力"优势》《论回族在构建和谐社会中的积极作用》《论回汉民族亲密关系的动因》《为建设中华民族的精神家园而奋斗》等多篇回族研究的论文，并出版《回族解读》《回族众读》两部回族研究专著。赵杰先生还利用寒暑假，奔赴西部的甘肃肃南调查研究裕固族和当地汉族、蒙古族、藏族的"四通"情况。

赵杰先生来到东北大学秦皇岛分校后，创立了中国满学研究院。研究院以习近平总书记关于"优秀传统文化是强国的战略资源"为指导方针，以多民族研究满学，促进中华民族多元一体和弘扬优秀民族文化为己任，努力为文化强国的"中国梦"伟业做出不负使命的历史贡献。

赵杰先生毕生的民族学研究成果，都以中华各民族"两个共同""三个离不开"和"四种关系"为指导，以民族文化到民族和谐再到民族发展为主线，善于通过发挥描写语言学和比较语言学的特长，在民族个体的微观描写中穿插民族关系的比较研究，并结合历史文献进行民族学理论的阐释和提取，挖掘新的历史时期各少数民族对中华文化的贡献，论证"你中有我，我中有你"的中华民族多元一体的共缔格局，深刻地阐释了"政治稳定是民族和谐的根本，生产方式趋同是民族和谐的前提，生活习惯的宽容互纳是民族和谐的基础，精神文化相通是民族和谐的导向"。①

（五）人类学研究

赵杰先生长期担任中国人类学民族学联合会副会长，作为语言学家和人类学家，曾撰写《论语言学与人类学的内在联系》一文，在1995年费孝通先生主持的首届社会学、人类学、民族学青年学者高级研修班上讲授。这篇文章系统总结了语言学和人类学研究的诸多成果，分析运用语言学研究诸民族人类学特征的典型案例，论证语言学和人类学的内在联系。

赵杰先生在积淀了二十余年后，在2015年，以行走了二十余国，走遍了全国各省市自治区积累下来的几百本调查笔记为基础，撰写了专著《语言人类

---

① 赵杰：《论宁夏民族的频移迭兴与交融和谐》，载《宁夏社会科学》，2006（5）。

学》，详细论述语言人类学者的必备素质，语言与民族性格，语音、词汇、人名、地名、借词所投射出的人类学、民族学信息，语法所透射出的民族思维方式的异同，以及变化了的语言对思维和文化的促进作用。赵杰先生在书中认为，从内涵上讲，语言人类学是一门通过语言研究蕴含其中的民族文化已有特征和社会文化信息的交叉学科，既有语言和语言学的科学内容，又有人类学民族学所揭示的民族文化发生、发展的规律。语言人类学是先大描写，后大解释的学科，两者加起来才成为跨学科程序的全部。赵杰先生认为语言学和人类学、社会学、民族学有着密切关系，未来的语言学研究只有和民族文化、民族人类学特征研究相结合才会有广泛出路。

赵杰先生认为民族学、人类学及社会学的核心命题就是民族共同体和人类共同体在治国安邦、民族复兴和维护世界和平发展中的现实作用。人类学与民族学研究的主旨是构建人类命运共同体。铸牢中华民族共同体是构建人类命运共同体的根基和后盾。铸牢中华民族共同体与构建人类命运共同体是部分和整体的递进、延伸关系。构建人类命运共同体是为当今动荡世界开出的和平合作良方。铸牢中华民族共同体和构建人类命运共同体是同频共振、交响协奏。

（六）独特的语言学人才培养方式

赵杰先生在北大外国语学院任职期间，一直倡导外语专业学生要通用英语、专业外语和母语汉语"三足鼎立"，要以普通语言学理论为指导，以现代汉语各要素的静态描写为中心，以古代汉语和文学语言的动态分析为两翼，以汉语和周边外语的关系为创新点，学习汉语语言学方面的专业知识，提高分析研究能力。

1998年7月赵杰先生受聘成为亚非语言文学博士点的博士生导师，除开设历史比较语言学专业方向，又率先在国内高校中设立描写语言学专业方向，将"描写语言学"重新带回北大东语系。

赵杰先生为博士生设计了语音研究、满语、比较语言学三门必修课，他认为博士生有了语音研究的语音分析基础，有了满语的比较参照系，并掌握了比较语言学的经典理论和方法，加上古今中外典型的语言比较例析，他们就能结合自己所熟悉的语言（比如汉语、维吾尔语、蒙古语、朝鲜语）进行实地语言调查描写，进行两种语言的比较，进行比较语言学理论和方法的提取与创新。

赵杰先生在赴新疆、宁夏支援西部建设，在西部高校任职期间，也把这三门课带到了新疆石河子大学和宁夏的北方民族大学,培养西部高校的本科生和研究生语言研究能力。他白天忙于行政工作,授课时间一般安排在晚间。授课结束后他和学生们一起踏着皎洁的月光走出教学楼的情景,永远是赵门弟子难忘的记忆。

## 三、赵杰先生所获的荣誉

赵杰先生任北京大学外国语学院工会主席期间,所在的外语学院工会被评为北京大学"模范职工之家"。任新疆石河子大学副校长期间,主管的大学宣传部被新疆生产建设兵团评为"先进宣传部"。2003年2月赵杰先生被党中央、国务院七部委授予"全国对口支援工作先进个人"称号,2003年8月被中共北京市委、北京市人民政府授予"首都民族团结先进个人"称号,2007年9月被宁夏回族自治区授予教育奖章。赵杰先生还曾获大阪国际科学家研究基金、日本东京都跨国研究基金、韩国国际交流财团研究基金、全国满学优秀成果奖、全国民族双语优秀成果一等奖、全国回族学优秀成果荣誉奖、宁夏社科优秀成果一等奖、全国对口支援十大获奖先进个人、首都民族团结进步先进个人、宁夏回族自治区教育奖章、首届省级教学名师、"感动宁夏十大人物"等各类奖项、奖励40多次。

赵杰先生曾将他的人生形象地总结为"九过",即"插过队、进过厂、扛过枪;读过博、任过教、留过洋;援过疆、支过宁、下过甘"。赵杰先生的一生,是充满激情、斗志昂扬、不断进取的一生;是为中国语言学、民族学、人类学、教育学奋斗的一生。

先生的逝世,是我国学术界、教育界的重大损失。斯人已逝,风范长存。

(林毅执笔)

# 目 录

## 学界悼念

回忆我与赵杰的三次交谈 ················· 戴庆厦 3

不思量　自难忘
　　——缅怀赵杰教授对中国少数民族双语教学研究会的重要贡献 ······ 丁文楼 6

中国民族语言学的拓荒者——赵杰教授 ············· 刘厚生 9

纪念赵杰教授 ···························· 崔希亮 11

赵杰教授《现代满语研究》评介 ················ 黄行 15

亦师亦友忆赵杰 ·························· 劲松 21

忆赵杰教授二三事 ························ 沙宗平 25

赵杰教授——语言学学科建设的带头人 ············· 高一虹 37

"语言学中没有御道"
　　——回忆赵杰先生 ······················· 魏丽明 41

忆赵杰学长 ···························· 李红印 46

泪冷霜胡笛
　　——怀念我的班主任赵杰老师 ················ 兴安 49

亦师亦友的赵杰老师 ························ 张健 54

慎终追远　恪守其志
　　——促进民族地区汉字的推广和发展 ········· 苗东霞 56

赵杰教授：从北京来到石河子 ················· 薛洁 58

一支教鞭育新秀，两袖清风留塞北
　　——回忆赵杰教授 ····················· 杨蕤 63

与赵杰教授关于田野中国学的五次对话 ········· 谭必友 66

## 师生情深

孜孜矻矻、好学不倦的赵杰老师 ··············· 彭嬿 75

恩师赵杰教授的半岛缘分 ··················· 荣慧艳 79

恩师赵杰对我的影响 ······················· 包萨仁 85

赵杰老师与他的老东语系普通语言学课 ········· 姚骏 88

怀念恩师 ································ 李欣 92

带我走进锡伯语研究的先生
　　——悼念恩师赵杰教授 ················· 秦平 94

赵杰老师引领我走进满-通古斯语言比较研究 ····· 张殿典 97

语言的田野与田野的语言
　　——兼忆赵杰老师的言传身教 ············ 陈帅 100

西部求学　得遇良师
　　——追忆恩师赵杰先生 ················· 王贵卿 106

缅怀恩师赵杰先生 ························· 高亚军 109

追忆赵杰老师 ····························· 王婷婷 112

深切怀念我们的老师赵杰先生 ················ 王俊杰 116

回忆恩师赵杰先生 ················································ 侯怡雪 120

君子之道
　　——忆恩师赵杰先生 ············································ 余江英 125

忆恩师赵杰 ······················································· 武书卉 129

高山仰止：追随先生二三事 ········································ 王兴书 133

## 亲友追思

纪念我的爸爸 ····················································· 赵寰熹 141

怀念我的兄长赵杰 ················································· 赵权 145

人生中的第一位启蒙老师 ··········································· 赵寰宇 152

深切怀念我们的好战友赵杰同志 ········ 郑晖　岑阳　蒋苏平　高扬　丁锐 155

## 论道问学

西夏小学考 ······················································· 聂鸿音 163

黑龙江地区满语言存续形态的田野调查纪实 ··························· 郝庆云 178

女真语言文字研究的可贵探索
　　——A.A.布里金《女真文字语言的词法范畴》评介 ······· 穆鉴臣　穆鸿利 187

民族地区传统村落研究
　　——以恩施土家族苗族自治州来凤县为观察对象 ···················· 龚志祥 196

语言接触中的音变模式 ········································ 敖特根其其格 207

语言接触与消化型音变 ············································· 申东月 214

满语支语言语音比较初探 ······························ 王新青　余志伟　孟海 224

赵杰先生的阿尔泰语系语言与语音演变理论研究
　　——怀念恩师赵杰先生 ·········································· 姜根兄 239

评赵杰先生的韩满比较语言学研究 ················· 林毅 245

赵杰先生的"丝路"情缘
　——再读《丝绸之路语言研究》 ················· 包乌云 255

满-通古斯语族诸语言同源词元音的音变律 ················· 王国庆 261

"语言是风中的树"
　——谈赵杰先生对历史语言学关于阿尔泰语系的见解 ················· 程烨 275

赵杰先生与宁夏方言研究 ················· 马军丽 281

论满语名词类词的格形态变化现象 ················· 崔宝莹 293

赵杰先生主要著述目录 ················· 304

编后记 ················· 316

# 学界悼念

# 回忆我与赵杰的三次交谈

戴庆厦

我与赵杰教授是老朋友,也是忘年交。他大学期间在中央民族学院汉语言文学系学习,那时我在语文系语言学教研室教语言学课。由于他对语言学有特殊爱好,相互间有共同语言,早在上世纪80年代我们就已认识,并不断有过交流,成为好朋友。

他逝世的消息我当天就收到了,大受惊吓,好久不能平静。前几天我还与他通话,谈了为他的新著《十八洞苗语的描写与研究》写序的事,一个活灵活现的身影一下子就消失了。英年早逝,甚是悲惜!

赵杰是位有理想、有抱负的人才,他有坚定的、持久的事业追求,能不辞劳苦地在为如何多做些事而努力、奔波。他早期为了能考上语言学专业顶峰的北京大学研究生,苦苦坚持考了三年。为了建立中国满学研究院,他上下奔波终于办成。他有许多想法处处找朋友交换意见。我与他在一起交谈时总是那么欢快。真是一位耿直的、愿多做事的东北汉子!

下面记录的是我与他三次交谈的回忆。

## 一、1982年5月的一次交谈

赵杰毕业后不久的一天,他到中央民族学院17号楼的语言学教研室来找我,谈了他的志向和打算。这是我们第一次时间较长的交谈。这之前,时任中央民族学院副院长的张养吾先生曾经找过胡坦和我,说:"汉语系有个学生叫赵杰,写了一篇很长的语言学研究论文,请二位看一下,做些评论。"我看了一下,觉得这位年轻学生很努力,肯下工夫,很不容易,是位佼佼者。但一直没有机会交谈。

这次见面,他谈了自己的志向,认为中国的语言多,丰富复杂,有做不完的题目,愿意为中国的语言学发展做出贡献。还谈到他虽然留校任教,但很想去北京大学读研究生,进一步学习更多的理论知识。还问我有关年轻教师应当怎样做好学问。

我觉得他很直率、真诚,想说什么就说什么,一下就把关系拉近了。我说,你的习作论文我读了,感到很好,是下了苦工夫的,但还要再做细致的修改。至于你要报考北京大学语言学专业的研究生,我很赞成。北大的语言学专业很有名,在全国高校中处于顶尖地位,趁年轻时多学些知识是必要的。我大学毕业时也曾经想去北大读研究生,但后来参加了少数民族语言大调查,没能实现愿望。我还告诉他,根据我参加语言大调查的体会,做语言研究,要有一门或两门语言作为主攻方向或立足点,这样就会有潜力。他表示同意,还说他是满族,以后要主攻满语研究。

后来他告诉我,他连续考了三年才考上了北大的硕士。我很赞赏他的毅力和奋斗精神。他接着又读了北大的博士,毕业几年后又聘为教授、博导。在满语研究上,做出了显著的成绩,出版了《现代满语研究》《现代满语与汉语》两本著作,一路还挺顺利。

## 二、2002年2月的一次交谈

2002年初,北大派他去新疆石河子大学挂职,担任副校长。动身的前一天晚上他急匆匆地来我家找我。一见面,就开诚布公地向我说明来意,说他明天一早就要去新疆石河子大学挂职,今晚来一是告别,二是来取经,征求我如何做到业务、行政两不误。他说,您也做过多年的行政、业务"双肩挑",大家都认为对您的业务影响不大,能否给我介绍些经验。

我听了很为他坚持业务工作而高兴,也真诚地对他说:"不影响是假的,会影响的。但要想办法去弥补。国家培养了我们当大学教师,我们不能丢弃业务。"我还具体地谈了怎样利用节假日多做业务、怎样在教学工作中提高业务能力的一些体会，希望他能把行政、业务都做好。

后来他每次来北京都跟我谈业务的事，我知道他除了行政工作外，还在思考一些业务问题。

## 三、2006 年 5 月的一次交谈

2005 年底，他被派往北方民族大学（银川）挂职，担任副校长。次年，我应邀到北方民族大学访问。有一天，他来到我的住处交谈，不约而同地谈起了我国南北语言研究要打通的问题。我们的共识是：我国南北语言虽然语言类型有差异，北方以黏着型、屈折型为主；南方以分析型为主，但在理论方法上要互相借鉴，互相反观，还要通过南北语言的比较发现语言的共性、类型学特征，以及语言研究中的新问题，我国有丰富的语言资源来实现这一创新研究。离开时，他还约我就这一问题给他主编的《北方语言论丛》写篇稿，我答应了。2013 年《北方语言论丛》（第二集）上发表了我的论文《"南北语言打通论"漫议》一文，这篇文章中的一些思想是我与赵杰共有的。

赵杰走了，我总觉得有件事未能满足他的心愿。他曾多次约我到满语研究院做一次讲座，但我因教学和一些事缠身，一拖再拖，未能成行，很对不起他对我的尊重。但他要我为他的新著写序，我已写好。

仅以此文悼念赵杰教授英年早逝。

戴庆厦，1935 年 6 月出生，赵杰教授生前语言学同行好友。现为中央民族大学荣誉资深教授、博士生导师，中国民族语言学会荣誉会长。主要从事汉藏语和语言学的教学与研究。

# 不思量　自难忘

## ——缅怀赵杰教授对中国少数民族双语教学研究会的重要贡献

丁文楼

赵杰教授是我多年的忘年交，算得上是知心朋友。天不假年，他英年早逝，令我神伤，悲痛不已，难以释怀！

赵杰短暂的一生，可用奋斗、多彩、辉煌来概括。

1953年5月，他出生在吉林省伊通满族自治县一个满族家庭。从一个少数民族普通百姓家庭走出的孩子，能够成长为全国最高学府北京大学的知名学者、教授、博导、满学专家，除了本人的天赋因素，更重要的是他的勤奋好学、拼搏奋斗精神。如门捷列夫所说："没有加倍的勤奋，就没有才能，也没有天才。"

赵杰的一生是多彩的。论学历，他从大学本科生读到北大博士；论成长经历，他插过队当过农民、当过兵扛过枪、进过厂当过工人，最后成为蜚声全国民族学界的教授；论职务，他从一位大学普通教师到两所知名大学的副校长（正厅级待遇）。丰富的人生阅历，造就了他开阔的胸怀，勤奋滋养了他丰厚学养，一般人很难望其项背。

他硕果累累，著作等身，获奖无数。他毕生致力于满族语言文化教学与研究事业，教书育人，学为人师，行为世范。他以深厚的民族感情、扎实的学科积累和丰硕的研究成果，为保护和抢救满族优秀传统文化遗产做出了突出贡献。而在此，我要说的是他对中国少数民族双语教学研究会的重要贡献。

初识赵杰，是2009年"庆祝中国少数民族双语教学研究会成立30周年暨马学良先生双语教育思想学术研讨会"。他在会上作了题为"试论以'六双'为鹄的双语教学"的发言,给代表们留下了深刻的印象。会后,由胡振华等先生推荐,经理事会研究决定增补他为中国少数民族双语教学研究会副会长。2013年,研究会在宁夏北方民族大学召开了换届会议,他当选为研究会第十届理事会副会长。2018年研究会第十一届理事会换届,赵杰当选为常务副会长。

为加强研究会管理,突出党的领导,研究会报请国家民委人事司批准建立党支部,经理事会党员选举,赵杰当选为研究会书记,实际上是研究会的"一把手"。其间,国家民委人事司和机关党委多次召开社团党支部书记会,赵杰书记不仅每会必到,而且会前都做充分准备,会后及时将会议精神传到研究会领导班子。2020年9月国家民委组织各社团开展学习习近平总书记关于"构建中华民族命运共同体意识"的理论学习,赵杰书记做了精心准备,制作了专题片在研究会宣讲,取得了很好的宣传教育效果。2020年10月,就在赵杰去世前的两个月,国家民委在西山民族干部管理学院召开社团书记会,他依然拖着病体强忍病痛出席会议,还发回来会议的视频!可以说,赵杰为了研究会的发展耗尽了心血,是一位称职的书记。

2018年9月,研究会在大连民族大学召开第二十四次全国少数民族双语教育学术研讨会,田联刚会长因公不能参会,赵杰副会长代表第十届理事会作了研究会工作总结报告,赢得了与会代表的好评。

会议按照民政部规定和研究会《章程》进行了第十一届理事会换届选举。在国家民委教科司工作人员的监督下,采取无记名投票的方式,顺利进行了选举。时任中央民族大学党委书记鄂义太当选为新一届会长,赵杰等十二人当选为副会长。会议结束后,鄂义太因故提出不再任会长。经请示上级指导部门和上届会长田联刚司长,建议召开在京常务理事会,补充选举会长。2019年3月,研究会召开了在京的常务理事会,赵杰传达了田联刚司长的意见,重新补选会长。会上,大家提出了几位人选。经认真讨论、比较,大家认为赵杰有六大优势:第一,赵杰是北大教授、博导,有较高的学术地位;第二,曾任两所高校的副校长,有一定的行政管理能力;第三,曾任一届副会长,对研究会工作熟悉,热心研究会工作;第四,有较高的学术成就,成果丰硕,有较大的学术影响力;第五,专业对口,长期从事满汉语对比研究,双语理论扎实;第六,与业内学者关系好,"脸熟",能得到全国学者的广泛认可与支持。同时,与会同志也提出了一些希望和要求。会议气氛融洽、热烈,经无记名投票,赵杰以全票(16票)当选。

由于赵杰教授对我国双语教育有较高的理论建树和学术影响,多次全国学术研讨会都请他作主旨演讲。他立论高远,对会议的主题起了重要的引领作用,成为会议的亮点。

为了使会议善始善终,后来的几次会议,研讨会都请赵杰同志作总结报告。为了作好会议总结,他深入各分会场和讨论小组,广泛听取代表们的意见和建议,他手里拿着小本边听边记。会议往往只有两天,头一天上午开幕式,下午大会报告,第二天上午分组讨论,有时还要参观,下午闭会。会上赵杰扮演不同角色,有时主持会议,有时作主旨演讲,时间紧、事务繁忙,再请他作会议总结,实在是勉为其难。然而,每次他都不推辞,并精心准备。他不负众望,由于他出众的口才,报告精彩,激情四射,催人奋进,有时妙语连珠,有时即兴赋诗,气氛热烈,掌声不断,把会议推向高潮,深受与会学者的欢迎,成为研讨会最后的亮点!

然而,天不遂人愿,赵杰的不幸病逝是中国满学界的重大损失,也是中国少数民族双语教育事业的重大损失!

斯人已逝,生者如斯!

彼时,笔者在海南,当知悉赵杰教授不幸病逝的噩耗,悲痛不已,赋诗一首,表达对他的沉痛哀悼!

京华电波传噩耗,惊悉赵君魂归天。<br>
满汉文坛巨星殒,痛惜学会失领班。

著作等身成果丰,勤奋好学德才兼。<br>
至仁至善品高尚,驾鹤极乐君成仙!

2020 年 12 月 19 日　于海南

丁文楼,1940 年 6 月生,中央民族大学教授,中国少数民族双语教学研究会荣誉会长。主要研究方向为民族双语教育理论与实践研究。

# 中国民族语言学的拓荒者——赵杰教授

刘厚生

我和赵杰教授相识在上世纪90年代初哈尔滨的一次学术会上,一位年轻帅气的小伙子的发言引起了我的关注。他发言的题目是"京腔和满式汉语",我发现这个年轻人不仅会说北京方言而且满语也不错,他所谈的问题引起与会者们的兴趣。会后,我与他攀谈了许久,才知道赵杰并不是北京人,老家在吉林省伊通满族自治县,是满族。曾就读于中央民族大学,后又去北大读博,取得了博士学位,并留在北大东语系任教,是一名学识渊博的学者。

作为东方语言学教授,赵杰着力于我国北方少数民族语言学方面的研究,他理论与实践相结合,重视田野调查,努力掌握第一手资料,为了研究北京官话与满语和通古斯语族的语言关系,曾多次只身一人,前往黑龙江省黑河地区红色边疆农场的大五家子、孙吴县四季屯考察。拜访过何士环老人,以及齐齐哈尔市富裕县三家子的孟淑静老人,这两位均是国家级满语传承人,国宝级人物,同时,他还远赴新疆实地调查过伊犁察布查尔锡伯族自治县的金泉镇,霍城县伊车嘎善乡等地的锡伯族老人,了解锡伯语的历史和现状。

仅仅调查满语、锡伯语还觉不够,他又多次奔赴黑龙江大兴安岭塔河县18站乡调研鄂伦春语;嫩江边讷河县兴旺乡了解鄂温克语;乌苏里江饶河县四排乡探求赫哲语,他的调研囊括了中国境内满-通古斯语族的所有语言。

对北方少数民族语言作了较全面的调查后,又开始了对满语与汉语关系的调研,早在1991年,他带领北京大学东语系的十几名学生去北京郊区清八旗驻地正白旗村调查,后又南下福建、山东采访了许多满族老人,收获颇丰。赵杰教授追求理论联系实际,践行"读万卷书,行万里路"的治学精神,是值得赞扬的。

他用了五年多的时间，出版了《现代满语研究》和《满族话与北京话》等专著，社会反响很好。

1989年9月，他把《现代满语研究》一书送给我，使我感触很深的是，自"文化大革命"始，将近二十多年，满语文成为"四旧"早已无人问津了，而他却逆向而行，研究满语与汉语的相互影响，并对汉藏语系与阿尔泰语系的结合产生的汉语北京话等问题作了深入的探索。1999年5月赵杰又把另一部著作《满族话与北京话》摆到我的面前，我兴奋不已。他把满语和北京土语相结合形成北京官话和"京腔"分析得相当透彻，进一步提出了"满式汉语"命题和概念，使我很受启发。赵杰说："京腔的真正形成是在清初，京腔创造者是往返于东北和北京之间的满蒙汉军旗人……""从语言内部的接触规律看，满语极大地丰富京腔的语言库，可以这样说，没有满语底层的影响，今天的这种京腔是不会出现的。"赵杰的许多论述很精辟，又有田野调查资料佐证，很有说服力。显而易见，作者通过对北京方言的形成、发展与现状的规律的总认识，提供一个语言接触理论的新模式，以此丰富了普通语言学的理论宝库，作出了自己应有的贡献。

赵杰在学术上的成就是有目共睹的，在满学界的声誉很好。前几年，赵杰曾受教育部、国家民委的指派到新疆石河子大学、北方民族大学等高校担任副校长。他到西北工作，生活很艰苦，但他任劳任怨，工作出色，曾多次受到表彰。从西北回到北大以后，他又把全身心倾注到中国少数民族双语教学研究会的工作上，为开好每年的学术讨论会和教学、科研工作，付出了许多心血。为了加强对满语言的抢救和传承，我提议学会下设"满语言文化专业委员会"，他积极支持，终于在他的努力之下，于2019年国家民委批复同意成立，这必将对满族历史文化和满学的发展起到重要的推动作用。

赵杰是著名的学者，又是一位党的好干部，虽然他过早地仙逝了，但是他给我们留下了宝贵的精神财富。谨以此文作为对赵杰教授的怀念。

刘厚生，男，1941年2月出生。东北师范大学历史文化学院教授，著名满学专家。主要从事清史、东北民族与疆域史、满语言及民族文化、满文古籍整理与研究工作。作为顾问，在满语非遗抢救、满族文化风俗研究等领域与中国满学会会长赵杰教授有深入的合作。

# 纪念赵杰教授

崔希亮

和赵杰兄认识快40年了。那个时候他在中央民族大学任教，但是经常到北大来蹭课，课余时间我们便有了很多交流的机会。毕业那年我们一起复习准备考语言学理论的研究生。从那时候开始，我们有了更多的交往。他长我7岁，当过兵，做过教师，阅历比我丰富，所以一直以老大哥的身份给我指导。

他是我的同乡，我们都来自东北。他的老家是吉林省伊通满族自治县的一个边远小镇——景家台，距离我家的直线距离不到十公里。但是他的家乡隶属于伊通满族自治县，我的家乡隶属于怀德县（现在更名为公主岭市）。伊通满族自治县位于吉林省中部，是伊通河和东辽河的上游。那是长白山脉向松辽平原过渡的丘陵地带，也是我母亲自幼生长的地方。由于这层关系，我和赵杰兄相识，便有了一种天然的亲切感。在他的老家和我的老家之间，有一条著名的边界——柳条边。柳条边的修建最早可以追溯到明代。把我和赵杰分成里外的这条边界是清朝在17世纪前后修建的一条边壕，这条边壕分为老边和新边。我家附近的这条边壕应该是新边，它西起山海关，东到吉林松花江北的法特哈。伊通是一个重要的边门。在清代时期，边里是满人的"龙兴之地"，边外是蒙古人的游牧区。沿着这条边墙设立了若干烽火台，由满汉八旗兵把守，景家台就是其中之一台。开放边禁之后，大量的山东移民闯关东来到这里，我的曾祖父就是其中之一。但是大部分山东人还是在柳条边之外开荒种地，建立村屯。那里的人文环境和地理环境决定了我们血脉里有很多共同的东西。

赵杰出生在一个满族家庭，他的主要研究方向就是满文和满语。东北人有一个特点就是比较豪爽，粗线条，热情好客，自来熟，待人接物方面与南人迥异。

满族又是一个非常讲究礼仪和规矩的民族,这就决定了出生于满族家庭的孩子自幼都懂得待人接物的礼节。赵杰当然也不例外。上世纪80年代初我们都在北大读研究生,他是我们中文系研究生会的主席,1985年五四青年节的时候我们还在一起排练大合唱《十送红军》。我们也经常会在校园里不期而遇,每次见面都会随便聊几句。他讲话非常有特色。记得有一次他跟我讲,他跟朱德熙先生请教一个问题,但是他会把讨论问题的具体时间和背景都说得清清楚楚。他告诉我:我们在朱先生家门口的楼梯边讨论的这个问题——在我看来时间和地点都是冗余信息,在他则不然。北大毕业之后他留在了东方语言文学系,住在55楼。那是一个外边用铁皮包起来的筒子楼,绿色的,我读研究生的时候在那里也住过一年,不知道是不是因为楼的外立面是铁皮包起来的缘故,住在那里很不舒服,总是头痛眼花,四肢无力。这栋楼现在已经被拆掉了。赵杰住在那里的时候,我去他们家拜访,当然少不了讨论语言问题。在家乡话中有一些词汇可能来自满语,比如"嘎拉哈"(羊拐骨或者猪拐骨)、"刀螂"(螳螂)、"蚂楞"(蜻蜓)、"嘻了马哈"(做事不认真)、"埋了吧汰"(脏),等等,但是我并不确定,这时候肯定会想到去跟赵杰兄请教。而他每次都会兴高采烈地给我讲很多。我更高兴的是,我们在一起也会讨论一些故乡的风土人情,从他那里我才知道我们家有很多规矩来自于满族的传统。

东北人的性格特征当中既有山东人的敦厚朴实,又有东北少数民族的豪放不羁。赵杰兄是一个非常典型的例子。他为人热情,助人为乐,在任何场合都喜欢跟人搭讪。和他在一起永远有说不完的话,当然大部分时间是他在说。从北大研究生毕业之后,我们的联系没有以前那么多了,虽然都是在做语言学,但是毕竟专业方向不同,大家参加的学术活动也不一样。他一直是非常关心政治的,还参加过一个马列主义研究会,这也是他告诉我的,同时他还不忘提醒我,他们的会长是邓力群,他怕我不知道邓力群是谁,还特意加了一个脚注,告诉我邓力群就是前中宣部长,这也是赵杰兄可爱的地方。在北大任教期间,赵杰兄在学术之外还有更高的追求。后来他被派到石河子大学挂职,担任石河子大学副校长,在那段时间他曾经跟我联系过,说想邀请我去石河子大学讲学,但由于种种原因一直没能成行。离开石河子大学之后,他又去了北方民族大学担任副校长。在此期间他也多次邀请我去宁夏讲学,由于种种原因还是没能成行。从西北回到北京之后,他又受邀在东北担任一家满学院的院长,还是不忘老朋友,邀请我一起去他那里看看,由于种种原因,最终也没能成行。在他去世的前几天还给我打电话,大意是说我们好久没见面了,什么时候约好一起吃个饭,好好聊聊。我这个人不愿意应酬,更不愿意到外边去吃饭,加之疫情还没有过去,所以我跟他讲,等疫情平稳之后我们再聚吧。没有想到这就没有了以后!那次电话是我们最后一次的通话。没过多久就传来他离世的消息,我简直不敢相信!也很后悔没有赴约,跟他吃个饭好好聊一聊。

赵杰的学术研究非常有特色,主要集中在满文满语方面,也会兼及民族学、社会学和历史学的一些内容。在上个世纪80年代,他曾经到东北黑龙江沿岸去做过田野调查。发现那里还有活着的满语,他采访了很多人,收集了大量的第一手资料,这就是后来他出版的《现代满语研究》的原始素材。后来他又陆续出版了《现代满语与汉语》,在研究满文满语之余,他也关注满语与汉语之间的关系。1996年他出版了《满族话与北京话》。他从语言入手,渐渐地把研究的触角伸到了民族学和历史学领域。2000年,他在北京语言大学出版社出版了《东方文化和东亚民族》一书。在新疆工作期间,他关注到民族和谐和民族发展的问题并出版了《民族和谐和民族发展》一书。在宁夏工作期间,他开始关注回族的历史和文化,出版了《回族解读》。

赵杰在汉语语言学专业的基础上,又学习了英语、日语、韩语、满语,初通法语、维吾尔语、蒙古语、锡伯语、鄂伦春语、鄂温克语、赫哲语、东裕固语、西裕固语、东干语。这在当代的中国语言学家中是比较少见的。满语属于阿尔泰语系满-通古斯语族的语言。他在满-通古斯语言的研究方面独树一帜,在国内外影响很大。在研究满语的过程当中,他大量涉猎阿尔泰语系的其他语言,这些语言都与汉语有接触,所以它们都是研究语言接触的绝佳材料。由于占有了大量的第一手资料,所以他的学术研究视野开阔。我不懂满语,但是因为从小在东北长大,日常生活中有很多满语词汇,如果不是读赵杰的著作,我甚至不知道它们源自于满语。东北方言中还有很多词汇来自蒙古语,我也没法分辨哪些来自蒙古语,哪些来自满语,这些都需要向赵杰兄请教,可惜斯人已去,令人唏嘘!

今天我们写文章纪念他,会为他的英年早逝感到遗憾!他才67岁!虽然已经过去了几个月,我一直觉得遗憾的是多次失去了当面请教的机会。每念及此,不免感到心痛。这篇小文权当是对老友的一种纪念吧！

崔希亮，1960年2月出生。赵杰教授生前好友，北大校友。北京语言大学教授，博士生导师，曾任北京语言大学校长（2005—2017），中华炎黄文化研究会副会长，北京语言学会会长，中国语言学会常务理事。现任中国书法国际传播研究院院长，兼任世界汉语教学学会副会长，教育书画协会副会长。获北京大学文学学士、硕士和博士学位，加拿大麦克马斯特大学人文科学名誉博士、韩国启明大学艺术学名誉博士，罗马尼亚锡比乌卢西安·布拉嘎大学、康斯坦察奥维迪乌斯大学名誉博士。

# 赵杰教授《现代满语研究》评介

黄行

读万卷书，行万里路，赵杰教授足迹遍布祖国的山山水水，善于用学者的眼光捕捉灵感。赵杰教授笔耕不辍，在语言学、文学、汉语、少数民族语言、民族学等领域都有涉猎。赵杰教授出身于满族，致力于满语研究，先后出版了多部有关满语研究的专著，也发表了大量有关满语的学术论文。在阿尔泰语系与汉藏语系的大框架下，用语言学理论将满语、蒙古语、日语、韩语、维吾尔语、西部裕固语等进行比较与分析，并且注重与汉语的对比与分析。

赵杰教授认为，满语受汉语的影响比较大，汉语也受到了满语的影响。17世纪40年代，满族入关，继而定鼎北京，明清以后，一部分汉民移民关外。满语和汉语这两种语言相互接触相互影响，你中有我，我中有你。关于这一观点，笔者是持支持态度的。北京话里一些汉字的声调，就是受满语轻重音的影响，发生变化的。比如，阿玛、阿哥、阿庆嫂、阿拉伯、阿司匹林等词语中的"阿"读去声，显然，这明显是受满语的影响，使得汉语平声"阿"凭添了一个去声。

赵杰教授注重满语田野调查，亲赴满族村落，奔走于满族人家，实地考察并记录下了珍贵的满语口语资料。1985年秋，赵杰教授在北京大学中文系攻读硕士研究生时，亲赴黑河、伊春、嫩江等地进行田野调查，搜集满语资料。对黑河、红色边疆农场、孙吴、逊克、嘉荫、富裕、齐齐哈尔市郊、泰来等八个县的满语进行比较，划分出黑河和嫩江两个方言区。赵杰教授当时发现，满语保存比较好的是红色边疆农场的大五家子、孙吴县的四季屯、富裕县的三家子和泰来县的大兴村。大兴村满语为 iputchi，音译为"依布气"。据赵杰教授调查，依布气当时的满语使用状况是满族老人可以熟练地使用满语交流，中年人可以听懂满语，但不大会说，年轻人既听不懂满语，也不会说满语。赵杰教授的专著《现代满语研究》①具有开创性。赵杰教授以泰来县的依布气（大兴村）为代表点对现代满语的语音、词汇、语法进行全面的描写。

在满语语音方面，赵杰教授从19个满语元音音素中归纳出8个单元音，即i、y、e、ε、ɑ、ɤ、o、u，复元音有8个，即ie、uε、iʌ、uʌ、iɔ、uɕ、iu、oω，归纳出24个单辅音音位，即p、p'、m、f、v、w、t、t'、n、l、k、k'、x、ŋ、tɕ、tɕ'、ɕ、ts、ts'、s、ʂ、tʂ'、ʂ、j（辅音后面的[']表示送气），并且分别列举了元音和辅音音位及其变体的分布环境。一部分满语音位是在汉语的影响下，从原来的单项对立转化为双向对立，赵杰教授关于满语音位的历史演变的相关章节后来被收录到徐通锵编著的《历史语言学》一书中，该章节运用现代语言学理论进行分析，对满语语音的演化进行了新的探索。②联系音位的组合探索音位双向对立与单向对立的相互转化，是研究音系演变的一条重要途径。详见图1：

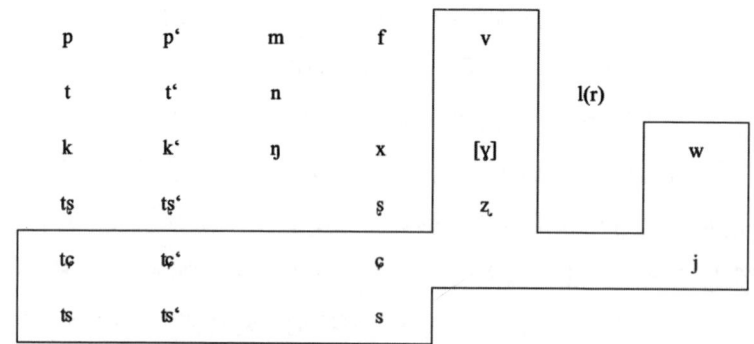

图1　满语音位单向对立与双向对立的相互转化

上图方框中满语的音位都是在汉语的影响下新形成的双向对立的音位系列。只有联系语言发展的总背景，才能比较有效地了解语音变化的前因后果。在外部语言的作用下，语言音位的单向对立与双向对立相互转化的理论是在赵杰教授对泰来县的依布气村实地调查的现代满语语音与历史文献中的满语语音比较的基础上而提出的，为历史语言学理论提供了实例，具有一定的开创性。

---

① 赵杰：《现代满语研究》，6-88页，北京，民族出版社，1989。
② 徐通锵：《历史语言学》，184-190页，北京，商务印书馆，2001。

无独有偶，关于这一理论，其弟子王新青教授在中亚突厥语语音音位的演变方面，也做了尝试性的分析，[①] 详见图2：

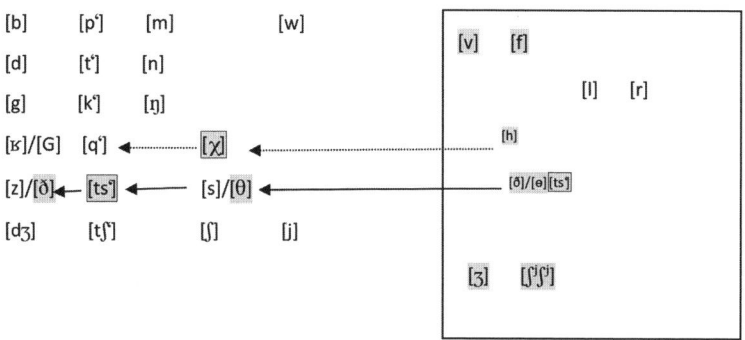

图2　中亚突厥语族辅音音位连锁合并式音变

上述音位大部分都处在双向对立的聚合当中，因而使得中亚突厥语辅音系统具有相对的稳定性。只有右侧方框中的 л [l]、p [r]、в [v]、ф [f]、ж [ʒ]、щ [ʃʲʃʲ]、[h] 七个音位处在单向对立的聚合之中。上图中有阴影的辅音均为受外来语之影响而产生的新的辅音音位，即 з [ð]、с [θ]、x [χ]、[h]、в [v]、ф [f]、ц [tsʻ]、ж [ʒ]、щ [ʃʲʃʲ]。土库曼语齿尖浊擦音 [ð]、齿尖清擦音 [θ] 与古突厥语及中亚其他三种语言的舌尖前浊擦音 [z]，舌尖前清擦音 [s] 不同，例如：сары [θɑːrɣ] "黄"、гөз [Gøð] "眼睛"、сиз [θið] "您"等，土库曼语中的这两个特殊的辅音音位，应该是受中古波斯语齿间浊擦音 [ð]，清擦音 [θ] 之影响而产生的。苏联突厥语学家埃·捷尼舍夫也这样说到：

> 特殊擦音 з [ð] 和 с [θ]……目前尚无科学的解释。有一种假设认为，应该以伊朗语的影响来解释土库曼语这两个音位的来源。因为中世纪的波斯语曾有过这一对齿间音 з [ð] 和 с [θ]。[②]

由于在波斯语 [ð] 和 [θ] 一组音位的强烈影响下，致使近似音位产生替换，即 [z] > [ð], [s] > [θ]。大量的阿拉伯语、波斯语借词被借入到中亚突厥语

---

[①] 王新青、郭卫东：《中亚历史语言文化研究》，153–156 页，北京，民族出版社，2013。
[②] ［俄］埃·捷尼舍夫：《突厥语言研究导论》，陈鹏译，44 页，北京，中国社会科学出版社，1981。

之中，为了拼写波斯语、阿拉伯语借词，所以中亚突厥语族语言中增加了小舌清擦音 [χ]、喉清擦音 [h] 这两个辅音音位。例如，从借自波斯语的 dʒahel "无知""愚昧"一词可以看出，波斯语的喉清擦音 [h] 也已经进入中亚乌兹别克语和哈萨克语之中，吉尔吉斯语则省略了这外来音位 [h]，用长元音来表示，即 [dʒahel] > [dʒaːl]，体现了音位系统经济性的原则；在土库曼语中喉清擦音 [h] 与小舌清擦音 [χ] 已经合并，如：[dʒahel] > [dʒaχγl]，即 [h] > [χ]。新增加了两个辅音音位成员 [h] 与 [χ]，由于在语音经济性原则的作用下，这两个新成员 [h] 与 [χ] 首先发生了一次合并，即 [h] > [χ]，接着 [χ] 与 [q] 再一次合并，即 [χ] > [q]。例如，从借自阿拉伯语 ākher [aːχer] "末尾"一词可以看出，在哈萨克语、吉尔吉斯语中音变为 [aqγr]，说明小舌清擦音 [χ] 有向小舌清塞音 [q] 合并的倾向。整个音变过程为：[h] > [χ] > [q]，王新青教授将这种音变称之为"连锁合并式音变"，这一音变正处在行进当中，还没有彻底完成。自 1925 年起，中亚先后成立了以中亚主体民族为主的几个加盟共和国，中亚民族除使用本民族语言之外，还通用俄语，大量的俄语词语随即被借入中亚突厥语之中。唇齿浊擦音 [v]、唇齿清擦音 [f]、舌叶浊塞擦音 [ʒ]、舌叶清塞擦音 [ʃʃ]、舌尖前清塞擦音 [tsʻ] 等是专门用来拼写俄语借词的，例如：завод [zɑvot] "工厂"、буфет [bufet] "小卖部"、журнал [ʒurnɑl] "杂志"、цех [tsʻex] "车间"。其中的舌叶清塞擦音 [ʃʃ] 在中亚突厥语中，只出现在哈萨克语和土库曼语中，例如：педучилище [bepedutʃiliʃʃe] "师范学校"。至此，王新青教授通过中亚突厥语族语言的实例，运用历史语言学的理论对中亚突厥语族语言新增的 з [ð]、с [θ]、х [χ]、[h]、в [v]、ф [f]、ц [tsʻ]、ж [ʒ]、щ [ʃʃ] 等 9 个辅音音位做了详细的论证。

此外，在满语语流音变方面，赵杰教授极为详尽地论述了同化、异化、弱化、脱落、换位、增音。按结果分，包括全部同化和部分同化；按方向分，包括顺同化、逆同化和双向同化，异化分为顺异化和逆异化。弱化分为央化、单化、浊化、擦化，脱落分为音位脱落、音节脱落，换位为满族人发音习惯所致，词语中相近的两个音位位置发生了互换，便于发音。增音是在语流中产生的过渡音，用来协调语音连接的过渡。赵杰教授对每个语流音变现象分门别类地列举满语例词，并且进行了较为严谨的论证。时隔三十余年，赵杰教授关于满语语音方面的描述与论证观点依旧新颖，且有理有据。

在满语词汇方面，赵杰教授重点讨论了满语词汇的来源包括固有词和借词。借词主要来源于汉语的方言和普通话，此外还有俄语、英语、蒙古语、藏语等借词。借词方面，赵杰教授重点列举汉语借词借用的方式有全部借用、部分借用、改造性借用、满汉并用，汉语借词的增多标志着满语由黏着语类型向汉语孤立语类型转变的质变性飞跃；满语词的构成包括词根、派生词、复合词、黏合词等；满语词的意义包括词义扩大、词义缩小、词义转移、词义搭配、词义概括范围等。

在满语语法方面，赵杰教授列举大量语法实例，得出两个结论，一是现代满语语法结构类型主要是黏着语类型，但有向孤立语类型靠拢的趋势；二是满语的词形变化逐渐减少，使得虚词在词和词之间的联系方面显得越来越重要了。赵杰教授将现代满语的词汇分为两大类，即实词和虚词。实词包括名词、形容词、数量词、动词，动词里包括副动词、形动词、能愿动词；虚词包括副词、后置词、连词、格助词等。感叹词是跨出这两大词类的一种特殊的词类，分为单独成句和位于句首两类，单独成句的感叹词大多表示应答类的，位于句首的感叹词含义较为丰富，一部分感叹词是受汉语影响而借入的，特别是受东北汉语方言的影响较大。接着赵杰教授讨论了现代满语的短语结构，短语结构包括偏正结构，联合结构、的字结构、方位结构、数量结构、后置结构、主谓结构、宾动结构、补动结构、复谓结构等。然后论述了现代满语句子成分，包括主语、谓语、状语、宾语、补语等。现代满语句子结构包括单句和复句，单句从结构上划分为主谓句、非主谓句、从语气上划分为陈述句、疑问句、感叹句、祈使句、呼应句等。最后讨论了现代满语复句，复句分为联合复句和主从复句，联合复句分为并列、连贯、递进、选择四类；主从复句分为因果、取舍、条件、转折、让步、时间、地点等七类。

总之，赵杰教授《现代满语研究》从语音、词汇、语法三个层面进行了详尽的论述，该书1989年5月由民族出版社出版，当时，在满语研究领域还没有一部《满语简志》问世，赵杰教授《现代满语研究》的出版，可视作是一部《满语简志》。因此，赵杰教授具有一定的开创性。赵杰教授《现代满语研究》以细腻的笔触，描绘出一幅幅精细的满语画卷，成为一部满语研究界的绝唱，值得反复研读。

赵杰对满语学术研究具有较高的热情，并能对中外友人提供极尽所能的帮助。给我印象较深的一次考察是 2016 年 9 月 10 日—9 月 13 日，赵杰教授带领笔者，还有日本东京女子大学原圣教授、日本大分大学包联群教授，前往吉林省伊通满族自治县，考察当地开展的满语教学活动。此次活动也是应二位日本客人申请日本文部省中国少数民族语言项目的需要进行的。赵杰教授提前联系吉林伊通满族自治县的有关人员，安排周详，全程陪同，使得本次满语考察获得圆满成功。赵杰教授乐于助人，为人热情，总是极自己所能为需要帮助的人们提供帮助，相信凡是受到过赵杰教授帮助过的人们，一定会为他的精神所感动。

此外。赵杰教授甘为人梯，殚精竭虑，培养了一批批青年学者，把自己的满语学术研究传播到更加广阔的天地。据笔者所知，赵杰教授在北京大学外国语学院、石河子大学西域研究院、北方民族大学北方语言研究院、东北大学秦皇岛分校民族学研究院（中国满学研究院）等多所高校开设了满语课程，向众多的硕士研究生、博士研究生们传授满语。赵杰教授亲临讲台，挥笔书写中间一根棍，两边都是刺的满文。星星之火，可以燎原，如今满语研究后继有人，也不负赵杰教授的一片心愿。笔者相信，赵杰教授铿锵有力的讲课，他的举手投足、他的音容笑貌、他的热情和活力、他的丰厚的论著都将深深地镌刻在人们心中那无字的纪念碑上。

黄行，男，1952 年出生。赵杰教授生前好友。曾就职于中国社会院民族研究所，主要从事中国少数民族语言研究。目前兼任社科院中国少数民族语言研究中心主任、《民族语文》杂志主编、中国社会科学院研究生院民族系主任，中国社会科学院民族学与人类学研究所副所长；研究方向为汉藏语系语言研究、少数民族语言规划研究。

# 亦师亦友忆赵杰

劲松

2020年7月5日是我和赵杰最后一次见面。那天是赵杰在北大的最后一位博士生学位论文答辩，请我当答辩委员会主席。从2007年开始，我受聘为北京大学外国语学院亚非语言文学系赵杰的博士研究生导师组成员（北京大学博士生培养有导师组制度），参与过他的四名博士生、一名博士后的培养工作和学位论文答辩，其间导师组成员多有变动，但我是一直协助他送走最后一名学生。这次答辩会因为疫情改为线上，我与他只能在线上稍作交流，感觉他有点儿精神萎顿，不在状态，没有了平日的活力和健谈。后来才知道他此时已经饱受病痛折磨。5个月后遽然离世，出乎意料，令人痛心。

我认识赵杰是在1986年，那时我在中国人民大学中文系攻读语言学硕士研究生，赵杰是北京大学中文系语言学专业的硕士研究生。1980年代的研究生年龄都比较大，经历丰富，思想活跃，追求高远，上海的语言学研究生首先组织了一个学术团体，名气很响，北京各高校的语言学硕士生也紧随其后成立了学术团体，召开过几次学术研讨会，出版学术刊物，学术气氛浓厚。1985和1986年，中国人民大学中文系接连招收了两届语言学硕士研究生班，语言学专业人气旺盛，责无旁贷地承担起学术活动的组织工作。在一些学术活动中我结识了赵杰。赵杰为人热情，活跃健谈，勇于任事，与大家融洽相处，对学术活动的推进起到了很好的作用。他年轻老成，又是学生干部，讲话很有鼓动性，总是精神抖擞，昂首阔步，充满朝气，大家都对他印象深刻，不少人与他成为了朋友。

赵杰硕士毕业后又在北大中文系继续攻读博士研究生，然后就职于北大外国语学院。我硕士毕业后也留在人大中文系任教。由于各自忙于教学，除了在一些学术会议上偶尔相遇，联系就少了起来。他任教以后教学和科研都成绩斐然，不久就被聘为教授和博士生导师。他的过人精力和成就在我们这一代人中令人瞩目。

2000年以后，人大中文系计划扩大博士点学科，缺少博导，而教育部规定，1953年之后出生的教学科研型人才必须有博士学位才能受聘博士生导师，因此系里鼓励我们在职攻读博士研究生学位。为了在攻读学位时推进自己的研究，我首先要考虑研究方向，当时我在做北京话研究，特别是轻声、儿化研究方面已经有些成果，撰写过专著和相关论文，还带领研究生进行过调查。在研究过程中对北京话的历史和来源有很大的兴趣，觉得北京话的历时研究，离不开同满语的接触，于是想到了赵杰。他不仅精通满语，也是研究北京话的专家，得到过北京话研究名家林焘先生的指导，他的博士论文就是《北京话的满语底层和"轻声""儿化"探源》，于是找他商量，希望在北大攻读博士研究生学位，继续研究北京话。我考入北大后，在他的帮助和指导下，终于以《现代汉语"儿化"动态研究》论文取得北大博士学位。赵杰于我由友转师，得到他的帮助和指导，终身难忘。

2006年，我获得北京大学博士学位后，当年即受聘为中国人民大学的博士生导师。2007年开始，由于赵杰第一任博士生导师组成员年迈换届，我和中国社会科学院民族所的赵明鸣、中央民族大学的丁石庆、苗东霞等先生陆续进入第二任导师组，参加过他的博士生入学命题、中期考核和答辩等工作，我也经常邀请他参加我的博士生学位论文答辩，我们因此接触频繁，彼此关心，互相帮助，由师转友。在我们1950年代出生的人中，这种角色转换屡见不鲜，发生在自己身上就永远值得铭记和怀念。

赵杰从2001年起援疆挂职任石河子大学副校长、新疆生产建设兵团教育局副局长，期满后又转任北方民族大学副校长，后来又担任了东北大学中国满学院创始院长、名誉院长。其间还担任过中国民族语言学会副会长、中国民族文化研究会名誉会长、中国人类学民族学联合会副会长暨中国满学专委会创始会长、中国少数民族双语会书记、代会长等众多社会兼职，行政工作繁忙，只能利用假期给北大和北方民族大学研究生上课，指导论文。来去奔波，不遗余力。20年来，我与他见面并不多，除了在北京大学外国语学院和人大文学院的博士生答辩会上见面，偶尔在学术会议上相遇，或参加几次师生聚会外，主要是电话联系，互相问候和处理一些必要事务，从未间断。每次和我谈完工作事宜，他还常常谈到自己的职业规划、学术研究和工作中遇到的一些麻烦和困惑。他生前与我最后一次通话，是让我转告大家不要去医院看望他，以免耽误学习和工作。他坚信自己能战胜疾病，坚信大家能再次相见。几天后他溘然离世，他这样匆匆忙忙地走了，就像我们每一次见面后他步履匆匆地离开。但是这一次，我再也收不到他的电话了。

赵杰经历丰富，他的自述"九过"中概括了自己的人生足迹。"九过"即"插过队、进过厂、扛过枪、读过博、任过教、留过洋、援过疆、去过宁、下过甘"，是我们同龄人中少见的。"九过"的每一个阶段，他都是同辈中的佼佼者。他志向高远，刻苦学习，勤奋写作，努力办学，多方兼职，为教育和学术的发展做出很大的贡献。虽然在外援疆和挂职，依然担任博导，挑起了教学和行政两副重担。他一生谦虚谨慎，为官勤而不怠，不沾官气；为师严而不傲，言传身教；为友诚而不虚，宽厚仁爱。特别是生活简朴，克己贵严，虽然身居领导高位，很少享用相应待遇，公务往来尽量不用公车，常常是骑一辆旧自行车或乘坐公交车，出差有火车就不坐飞机，乘飞机也多是红眼班机，尽量节约公费开支，"数十年如一日"，他的这些品德一直是我们学习的榜样。

赵杰在学术上，兴趣多样，博学多才，涉猎广博，精通满语，通晓韩语，除了研究民族语文，还研究民族政策、民族文化和历史，他不仅是一位少数民族语言学家，同时又是教育家和学术活动家，著作等身，成果斐然，贡献巨大，而且多才多艺，热爱文学，激情创作，著文发表在《人民日报》上，几乎每次见面我都会得到他赠送的新书，读他的文章和著作，如见其人，如闻其声。

赵杰也是一位学术活动家，创建、组织和领导有关学会，建立语言和文化研究机构，召开各种学术会议，开展和参与各种国际学术交流，在外事活动和访学期间宣传和传播中国语言研究，特别是少数民族语言文字研究的成果和贡献，并参与有关国际合作项目，积极发扬和传播中国学术。他的足迹遍布全国和日本、韩国等多个国家，为传承满语、推动民族语文和历史文化研究、推动双语教育研究贡献了自己的力量。

赵杰的一生是短暂的一生，也是精彩的一生，是令人敬慕和爱戴的一生，是值得我们学习的一生，是能为后世留下足迹的一生。我与他亦师亦友是一个机遇，也是一种缘分，他虽然离我们而去，却永远活在我们心中。

劲松，女，1956年7月出生。2002年师从赵杰教授攻读博士研究生。中国人民大学文学院教授、博士生导师，从事语言学与应用语言学的教学与研究工作，主要研究方向为社会语言学和北京话研究。

# 忆赵杰教授二三事

沙宗平

"秋风萧瑟天气凉,草木摇落露为霜。"转眼之间,赵杰教授离开我们已经将近一周年了。通过赵老师生前友好的种种努力,建立微信群、举行在线追思分享与检索相关资料,得知他中学毕业后,先是在其家乡插队三个月(1968年11月—1969年1月,吉林伊通县景台村);其次参军入伍锻炼八年(1969.1—1977.3),在部队光荣入党提干;后来转业至故乡工作一年(1977.3—1978.2,任伊通冲压件厂干部、伊通县政府秘书)。本科(1978—1981年春)①于中央民族学院中文系提前毕业后留校任教,硕士(1984—1986年12月)于北京大学中文系提前毕业后留北大东语系任教,博士(1990—1994年)毕业于北大中文系。

青年赵杰中学毕业后初入社会,在九年时间内完成下过乡、扛过枪、进过厂的"农兵工"人生三部曲,成长为青年干部。特别是在部队工作的八年,培养了他"五湖四海"的团结协调能力、极强的行动力与执行力和健康的体魄,使他养成了热情豪爽的性格、诚恳开朗的为人与认真负责的做事风格。1976—1978年,历经粉碎"四人帮"(1976)、结束"文化大革命"(1966—1976)、恢复高考(1977)和"改革开放"(1978),随着中国进入社会主义社会新时期,在"向科学进军""向四个现代化进军"的号角声中,青年干部赵杰开始了更加艰难的

---

① 1977级大学生于1978年2-3月入学,1982年1月底毕业,称81届。78级于1978年9-10月入学,1982年7月毕业,称82届。77级学生由三部分人组成:第一部分是成绩、体检、政审都合格者,1978年2月底3月初入学;第二部分是扩大招收的本科生和专科生,5月份入学;第三部分数量非常少,与第一部分入校时间相同,从历届优秀中学生中选拔,不用参加高考,采用与"工农兵推荐生"相同的入学路径。高逸:《77、78级的区别》,载《文汇读书周报》第1558号特稿版,随《文汇报》2015年3月30日发行。

面向科学高峰攀登的学术转型时期（1978—1994）。在北京大学任讲师（1987）、副教授（1992）、教授（1996）和博士生导师（1998），从学士到博士用了十三年，从讲师到教授用了九年时间，教学、科研和行政工作一肩挑。上述辉煌数字的背后，彰显着赵杰教授所具有的勇往直前、攻坚克难的军人气质，与严谨求实、勤奋钻研的学者风范。

## 一、燕园偶相识

赵杰教授在北大中文系攻读硕士期间，笔者在中国伊斯兰教经学院读本科（1982—1987），当时我校也聘请北大东语系阿拉伯语教研室孙承熙、张嘉楠等教授担任我们的阿拉伯语课程老师，其间笔者应北大同学邀请也曾来北大参访、听课、听讲座和在清真佟园吃饭，但是与当时的赵杰无缘相识。赵杰老师1987年任北大东语系讲师，1992年任北大东方学系[①]副教授、硕士生导师，1996年任北大东方学系教授，1998年任北大博士生导师。笔者1992年在北大哲学系硕士毕业后留系任助教、讲师（1993），由于北大的阿拉伯文图书全部在当时的东方学系图书馆借阅，以及经常向阿拉伯语教研室的老师们请教有关阿拉伯语言文化方面的问题，所以笔者经常出入东方学系所在的外文楼，有时也去外文楼听讲座，一来二去就认识了从事满语教学和满语言文化研究的赵杰教授。赵杰教授是能者多劳型学者，除了自身正常的教学与科研工作外，学术与行政工作一肩挑，先后兼任北大东语系分党委宣传委员，东语系研究生工作组副组长、《东方研究》第一副主编和东语系工会主席等职，因此在东语系也是很活跃的学者之一。

二十多年后的今天在脑海里再现与赵杰教授的第一次见面，记得是在一个阳光明媚的下午，地点就在北大外文楼前的路边，我来查阅资料，赵老师正好从办公楼出来，我们就这样在门口相遇了。赵杰教授主动与我打招呼，询问我的专业和院系，我一一如实相告，赵老师对我学习阿拉伯哲学与伊斯兰教专业表示了充

---

① 1924年，北京大学设立东方文学系，由周作人担任系主任。1946年成立东方语文学系，季羡林担任系主任。1952年院系调整，重新组建东方语言文学系（一说1978年）。1992年秋更名为北京大学东方学系，1999年6月由英语语言文学系、东方学系、西方语言文学系、俄语语言文学系共同组建北京大学外国语学院。资料来源：北京大学外国语学院学院概况（https://sfl.pku.edu.cn/xygk/xyjs/index.htm）。

分的肯定和鼓励。赵老师问我知道不知道他，我也如实地回答仅知道他做满语研究，赵老师对我的回答很满意，开心、真诚而热情地笑着。这些都给我留下了很好的印象。

## 二、"读万卷书，行万里路"

"读万卷书，行万里路"，是赵杰教授的人生理想。① 从1977年考入中央民族学院中文系起，至1995年5月29日《满族话与北京话》专著的"后记"完成时止，18年时间，通过《现代满语研究》《现代满语与汉语》《北京话的满语底层和"轻音""儿化"探源》和《满族话与北京话》等四部学术论著，② "赵杰同学"成长为"赵杰教授"。

1989年，青年学者赵杰的第一部学术专著《现代满语研究》出版。该书"系北京大学东方语言系讲师赵杰在北京大学就读语言理论硕士研究生期间，为了挽救濒临消亡的满族优秀文化遗产，使黑龙江省保留极少的现代满语得以继承下来，而历时三个月，对黑河等八个市县满语点进行语言调查，在细致的对比研究基础上著作成书的。"③ 介绍者认为，该书是现代满语研究中填补空白的崭新成果，开拓了现代满语科学研究的新天地，是了解和研究现代满语不可多得的著作。作者在"后记"中写道，自1985年9月上旬始，作者先后走访调查了黑龙江省的黑河、红色边疆农场、孙吴、逊克、嘉荫、富裕、齐齐哈尔市郊区和泰来县等八县（市）的满语口语，受到了各级统战民委、宣传部门和乡村干部群众的热情接待和帮助，得到了丰富的现代满语材料。特别是泰来县大兴镇和依布气村，获得县委统战部、县民委、大兴镇党委和依布气村党支部书记的热情支持，不仅提供了丰富而具体的活满语材料，而且在生活上也给予了作者多方的照顾，因此作者的满语普查获得了十分满意的结果。一方面是作者通过实际调查收获了丰富的材料，一方面是语言学和满语专家学者的热情支持。如美国华盛顿州立大学诺尔曼·罗杰瑞教授，著名语言学家中央民族学院马学良教授，他的导师北京

---

① 赵杰：《满族话与北京话》，302页，沈阳，辽宁民族出版社，1996。
② 赵杰教授的四部著作均系北大哲学系2021级硕士研究生成佳雯同学提供，谨此致谢。
③ 王岸英：《〈现代满语研究〉介绍》，载《满语研究》，1990（2），57页。

大学叶蜚声教授、徐通锵教授,中央民族学院副院长胡坦教授,《中央民族学院学报》主编罗安源教授,他的满文老师中央民族学院季永海老师等。① 作者近乎写实的后记不经意间揭示了北大学术的基本精神,即所谓"接地通天":严谨扎实的资料为地,清澈澄明的理论为天。作者以系统的研究,得出平实的结论:满族和汉族等兄弟民族一道,"为奠定今日之中国的辽阔版图,为中华民族的空前统一建立了不朽功勋"。②

1993 年,赵杰副教授的论文集《现代满语与汉语》出版。马学良(1913—1999)③ 先生 1992 年秋为该书撰写的序中的一段,基本上就是现实的本科生赵杰与未来的学者赵杰的一个传神的侧写,"面对赵杰同志的《现代满语与汉语》论文集,勾起我的一段往事。那是十多年前的事了(当时赵杰是民院 77 级本科生——引者注)。我每天一大早,习惯性地迎着晨光到校园散步,经常看到一个青年手捧书本在林荫道上边走边读,朝朝如此,虽各自心照,但从未交谈。或许我的职业心理,爱才心切,促使我在一个早晨与他交谈,才知道他是汉语系的满族学生。他憨厚朴实,两眼炯炯有神,言谈中似乎有些怯生讷言。从此,我们经常在校园的藤萝架下的石凳上,质疑学习。我发现他天资聪颖,好学深思,不但对现代汉语有独到见解,他还认为,我国是一个多民族多语言的国家,特别是少数民族语言的材料极为丰富,应该与汉语作共时和历时的比较研究,给普通语言学的理论做出较大的贡献,因而语言工作者应继续去探索和拓新。这是赵杰同志在大学时期就立下的宏愿。不久因学习成绩优异,提前毕业留校任教。他自知要实现他对语言学研究的志愿,必须继续深造,提高语言学的理论知识。因而他更加刻苦努力,考取了北京大学中文系语言学专业,攻读硕士和博士学位,先后师从著名语言学家叶蜚声、徐通锵、林焘教授等,研读语言学理论和实验语音学,坚持学习满语文,特别是应用语言学理论分析满语语言的语音和语言结构,并远涉黑龙江和新疆实地调查满语方言土语,获得了大量的第一手材料,发表了《现代满语研究》专著和其他有关科学论文……为阿尔泰语言和汉语相互影响和满汉

---

① 赵杰:《〈现代满语研究〉后记》,见《现代满语研究》,191-192 页,北京,民族出版社,1989。
② 赵杰:《现代满语研究》,1 页,北京,民族出版社,1989。
③ 马学良,字蜀原。著名语言学家、民族语言文学家、民族教育家、中央民族大学民族语言文学学科奠基人、博士生导师、终身教授。

语言接触的历史成因提供了科学的论据。"①马学良先生引述日本语言学家桥本万太郎教授1985年出版的《语言地理类型学》谓，"东亚大陆语言形成一个完整的连贯体""过去一千年间的历史，也值得我们深思。'中原'地区被金、元占领了三个半世纪，清又统治了将近三个世纪，过去的十个世纪的大半时间都处在北方阿尔泰诸民族的控制下"②。据此，中外语言学界提出的新问题是，汉语不可能不受阿尔泰语言的影响，该影响是出于互借，还是有历史上的渊源关系。③据马学良先生的序，赵杰教授上述研究著作的理论意义和科学价值，盖在于此。④

赵杰教授指出，"外国人至今仍以mandarin（直译为'满大人'）来代称'北京官话'，实际上就是这里所指的满式汉语。这种满式汉语是女真、满族和金、清政权与汉族接触后的一份文化产物，也是他们由满语改换成汉语过程中的一种语言成果。它在清初形成之后，有清以来对原金、元、明时期的汉语北京话进行了有力而有效的改造。"⑤作者总结归纳了以下三个方面的推动：首先，皇帝和文武官员、八旗贵族带头使用汉语古白话和满式汉语口语。特别是康熙、乾隆等皇帝不仅擅长"国语骑射"，而且精通汉文诗律书法，成为推广满式汉语的楷模和典范。其次，清代以来旗人作家积极使用满式汉语创作。例如曹雪芹的《红楼梦》，文康的《儿女英雄传》，以及民国以后老舍的《骆驼祥子》《茶馆》《正红旗下》等名作名篇的涌现可以影响一代风气，形塑现代民族语言。再次，自1644年开始，清廷和清军八旗的一半留住北京内城和京畿，这些代表朝廷上层的"核心"人口和"上等"的满式汉语，对明代本来就是以金式幽燕汉语为底层的北京话起到了决定性的导向作用。清末至民国短暂的时间，学术权威们又倡导"国语运动"，解放后不久，国家就把北京语音定为标准音。所谓"国语"和

---

① 马学良：《〈现代满语与汉语〉序》，见赵杰：《现代满语与汉语》，1—2页，沈阳，辽宁民族出版社，1993。
② ［日］桥本万太郎著，余志鸿译：《语言地理类型学》，185页，北京，世界图书出版公司，2014。
③ 马学良：《〈现代满语与汉语〉序》，见赵杰：《现代满语与汉语》，2页，沈阳，辽宁民族出版社，1993。
④ "随着国际间经济文化的迅速趋一，世界缩小得像个村落一样，作为交际和交流思想的民族语言也在迅速走向双语或融合。因此，19世纪诞生的以研究语言的分化为主体的发生语言学在经历了一个多世纪的充分发展以后，今天正在向以研究语言的统一为主题的语言接触学转向。""努尔哈赤建立后金，在和明代辽东官兵的近30年的征战中，女真人和汉人经历了分合杂居，习俗相吸，文化交融，商谈市语，通婚联姻等全方位的接触，汉语水平普遍提高，双语覆盖面明显扩大。"分别见赵杰：《现代满语与汉语》，第1页、第5页，沈阳，辽宁民族出版社，1993。
⑤ 赵杰：《现代满语与汉语》，6—7页，沈阳，辽宁民族出版社，1993。

"标准音",虽然不包括个别的土音土词,更没有说是 mandarin,但实际上其主体就是满式汉语。新中国高度统一化的 40 多年,使得首都的北京语音越来越国语化了,以满式汉语为主体的北京话正在迅速地缩小着和普通话的距离。① 赵杰教授的论著《现代满语与汉语》,从语言学研究视野,讨论了中华民族共同语言的历史发展与变迁,自明清官话、清和民国之国语至新中国的普通话,② 不仅是语言的互鉴、交流与融合,同时也是民族文化的交流、会通与历史变迁过程。作者从现代满语和汉语双语之间的语言接触、互动关系的角度,生动地揭示了多元一体的中华民族文化的历史变迁、互鉴交流与会通融合的过程。

1996 年,赵杰教授的学术专著《北京话的满语底层和"轻音""儿化"探源》由北京燕山出版社出版。语言学家、北京话专家林焘教授谓,"本书的出版,为今后我国语言接触的研究,尤其是满汉语言接触的研究开辟了一条新途径"。"近几十年来,语言学……很重要的一个分支就是语言接触的研究……探讨语言之间的接触对语音、词汇和语法所产生的影响、人口的迁徙、民族的交往以及其他和语言接触有关的因素都成为语言学家十分关心的问题……几千年来,汉族的人口不断地流动迁徙,周边的各民族有的逐渐和汉族融合,有的一直和汉族有密切的交往,甚至还统治过汉族人民,其间的语言接触是非常错综复杂的。近一千年来,中国北方的大半时间都处在阿尔泰语系各民族的统治之下,和阿尔泰语言的长期接触,对北方官话,尤其是对在这其间发展成为汉民族共同语的标准的北

---

① 赵杰:《现代满语与汉语》,7 页,沈阳,辽宁民族出版社,1993。
② 普通话:1728 年清设正音馆,在各级书院推广正音教学。确立以北京官话为国语正音。1902 年,学者吴汝纶考察日本,日本人建议中国应该推行国语教育来统一语言。谈话中提及"普通话"这一名称。1904 年,秋瑾留学日本时与留日学生组织了一个"演说联系会",拟定了一份简章,该简章中就有"普通话"一名。1906 年,研究切音字的学者朱文熊在《江苏新字母》一书中把汉语分为"国文"(文言文)、"普通话"和"俗语"(方言),并定义"普通话"为"各省通行之话"。1909 年,清政府把官话称为国语,以北京话为基础确立国语标准音。1911 年,清朝学部通过《统一国语办法案》。1918 年,教育部公布"国音"字母。1919 年,吴稚晖编写的《国音字典》出版,是为"老国音"。1924 年,吴稚晖放弃"老国音"主张,代表国语统一筹备会"决定以北京语音为标准音"。1932 年,教育部公布《国音常用字汇》,确定"新国音"为标准读音。1949 年小学"国语"科改称"语文"。1950 年《小学语文课程暂行标准(草案)》规定:"所谓语文,应是以北京音系为标准的普通话和照普通话写出的语体文。"《小学语文教学大纲(草案)》强调:"教给儿童的语言必须是规范化的汉民族的共同语言。这种语言就是以北京语音为标准音、以北方话为基础方言、以典范的现代白话文著作为语法规范的普通话。"1955 年 10 月召开的"全国文字改革会议"和"现代汉语规范问题学术会议",普通话是"以北京语音为标准音,以北方话为基础方言"。当月 26 日,《人民日报》发表社论《为促进文字改革、推广普通话、实现汉语规范化而努力》指出:"新中国的共同语,就是以北方话为基础方言、以北京语音为标准音的普通话。"

京话,究竟产生了什么影响,由于资料缺乏,至今我们仍不甚了解……赵杰以六七年的时间完成的这部《北京话的满语底层和'轻音''儿化'探源》至少在国内可以算是第一部这样的专著。"[1] 林焘(1921—2006)教授是赵杰的博士生导师,他为赵杰的著作所撰写的序阐释了赵杰自本科以来所孜孜以求的,以及攻读硕士和博士学位期间的学术与科研工作的科学意义与科学价值。根据赵杰在硕士研究生期间所发表的论文和著作的数量和质量,赵杰学习的勤奋和为学术研究肯于吃苦的精神获得导师林焘先生充分肯定。"本书原是赵杰所写的博士论文,这次出版根据博士论文答辩时专家所提意见做了一些修订。全书以北京话的历史发展为背景,选择湖北荆州和山东青州两个典型的京腔方言岛和北京郊区香山健锐营作为重点分析对象,以轻音和儿化为突破口,从共时的差异中结合历史文献探求现代北京话形成过程中满语所起的重要作用,并提高到语言接触的理论高度来认识。全书观点鲜明,颇多独到的见解,研究方法和资料的处理也都有创新之处,是一部具有开拓性意义的论著……本书的出版,为今后我国语言接触的研究,尤其是满汉语言接触的研究开辟了一条新途径"。[2] 林焘教授的序言尽皆平实之言,并非空泛的客套话可比。

1994年5月28日作者的后记谓,当26万多字的学位论文定稿打印后,好象浑身轻松了许多,这时才有时间回想起七年来劳作的艰辛。

> 我的博士选题和田野调查的起始是在《中国语文》1987年第3期发表林焘先生的《北京官话溯源》之后,那时我在中文系语言理论专业刚毕业一年,已经调查了东北和新疆的满语和锡伯语的诸方言,硕士论文写的也是满汉语言的接触问题,林先生的论文从社会语言学和民族迁移史的角度,准确分析了北京话和东北少数民族语的关系,尤其是清代北京内城满族和外城汉人的语言接触背景,并对阿尔泰语系具体影响北京话的问题表示了浓厚的兴趣。我见到这篇文章后爱不释手,在未名湖畔的山上读,在畅春园内的甬道上读,在之后的东北边

---

[1] 林焘:见赵杰:《北京话的满语底层和"轻音""儿化"探源》序,1—2页,北京,北京燕山出版社,1996。

[2] 林焘,见赵杰:《北京话的满语底层和"轻音""儿化"探源》序,2—3页,北京,北京燕山出版社,1996。

睡虎林至牡丹江的火车上也在读，终于从中激发了我研究"满语影响北京话"的信心，也奠定了我要师从林焘先生读博士承载这一课题的决心。后来，我和林先生谈及此事，师生在共同课题上很快取得了共识。从那时起，我就在林先生指导下研究起北京官话区的满汉语言接触了。

　　1988年春，我们在燕南园细心查看东北地图，确定调查的城镇和乡村，之后的两年里，我先后调查了黑龙江、吉林、内蒙古东部和辽宁北部的33个方言点。1990年入学后，除正常的博士生上课、读书和资格考试外，我先去福建长乐和山东青州调查，又两次带东语系学生去京郊香山健锐营调查南北四旗的京腔儿。每次调查前后都得到了林先生的热情支持和指导。

　　1992年春，我写成25万字的名为《京腔与满语》的论文（该论文后来以《满族话与北京话》为名，由辽宁民族出版社于1996年出版），林先生逐字逐句地修改，并和我讨论决定把这个侧重词汇的作品留待将来修改。在此基础上，我又侧重语音准备博士论文，1993年上半年先后实地调查了湖北荆州、贵州大方、湖南城步、广西融水的京腔方言岛和北方官话岛，行前的十来个调查表格全由林先生悉心帮助制定，并逐字审核，回校后林先生又多次和我讨论，指导如何从调查的材料中筛选最有价值的东西。近两万字的论文大纲写出来后，林先生仅在修改提纲上就和我讨论了几天。最后这一年的论文撰写中，林先生对几十万字的论文初稿仔细审阅，无论在材料的取舍、理论的提取，还是谋篇布局和文字斟酌上都倾注了心血。在进入四、五月份的紧张论文改写和定稿的日子里，林先生住进了北医三院，但仍然动笔眉批，三改其稿，有时一手扎针扎着吊瓶针，另一手费力地翻开论文仔细审阅，情节实为感人。在整个论文指导的过程中，林先生不仅时时倡导严谨的学风，而且经常讲述治学的态度和经验，使我不仅在学业上有了长进，在人格上也有了升华。

　　语音实验室的周燕工程师承担了本论文的大部分输入、打印、排版以及少数文字的修改工作，我的硕士生导师之一徐通锵教授几年来也一直继续关心我的学业成长，对我的田野调查和论文撰写都提出过宝贵的意见和希望，语音实验室主任沈炯副教授在我写作论文的过程中也时常给予关心和照顾，谨向以上诸位老师表示诚挚的谢忱。

我也由衷感谢文中提到的各地的发音人，是他们的第一手材料给论文提供了有力的证据，愿把我的感激之情通过将来论文的发表传递给他们。①

赵杰教授1995年5月撰写的后记谓，这本《满族话与北京话》是笔者博士论文的基础篇，从初步写作到完成定稿整整用了五年时间。1990年夏天着手该书材料的收集和笔记心得的撰写工作，尽量阅读和满族话、北京话有关的各种书籍、论文。在占有充足的书面文献材料并有了大略的思想框架后，开始大面积的语言田野调查工作。先后调查京郊原清朝香山健锐营驻地的正白旗村（1991年秋），福建省长乐县琴江原清朝八旗水师驻地的满族村（1991年秋），山东省青州市北原清朝满洲驻防旗城（1992年春），两次去吉林省伊通满族自治县景台镇（1992年夏、1994年夏），在外地考察前后也对北京城里的几位老人和年轻人做了不同程度的调查（全书行文里已有介绍）。②

综上，赵杰教授在硕士毕业后和攻读博士学位期间，在语言学家、北京话专家、博士生导师林焘教授的悉心指导下，从工作强度和研究成果方面来看，相当于撰写了两篇博士学位论文，第一篇，《京腔与满语》（25万字）论文（后以《满族话与北京话》③为书名出版），侧重词汇；第二篇，《北京话的满语底层和"轻音""儿化"探源》（26万字）论文，侧重语音。

1996年，赵杰教授的著作《满族话与北京话》由辽宁民族出版社出版。著名女真语、满语研究专家金启孮（1918—2004）教授之序谓："我国语言文化之

---

① 赵杰：《北京话的满语底层和"轻音""儿化"探源》后记，294–295页，北京，北京燕山出版社，1996。引文文字有少许改动。
② 赵杰：《满族话与北京话》，301页，沈阳，辽宁民族出版社，1996。
③ 本书分九章，共21万字。著者从满汉民族交往的历史发展、人口迁徙、民族关系、政权更迭和文化交融来探寻并揭示北京话的形成、发展的历史演变规律，进而阐述这种京腔形成的原因和过程。并对其中的满汉语言融合现象自古及今按历史顺序加以比较、分析，以历史语言学的思路运用社会语言学的方法循序渐进地加以论述。本书各章内容广泛涉及民族学、历史学、文学等诸学科领域，着重论述了京腔的产生和发展，尤其对满汉融合性词汇、语句、语调等进行详尽的阐释和辨析。林英淑：《碰撞与融合历程的探寻——评〈满族话与北京话〉》，载《满族研究》，1997（1），49页。

研究，长期以来，论述者每详于各少数民族之汉化，而略于汉族同时也接受少数民族文化。所以略者，非不想论，实因书面材料过少而收集艰难也。今赵杰先生本书，在此领域中，实开其先声：详论满族之语言即满族话对北京话之影响，而北京话又为今日全国通用之普通话的基础或底层……以北京话来论，在清代以前满语渗入以前，其中已有北方少数民族语言、语汇之影响，此则回顾北京过去之历史，即可见其一斑。远者不论，辽时北京又称燕京为其南京，历时百有余年。北宋末议攻取之，曾论及'燕人本无思汉（宋）心'（见《三朝北盟会编》），当时必因时势，习俗已与契丹相融。继而入金120年，为中都者60年，以致'舞女不记宣和装，庐儿尽能女真语'（《剑南诗稿》）。概'民亦久习胡俗，态度嗜好与之俱化'（范成大《揽辔录》）。元灭金，以北京为大都又将百年，从留传之元代白话碑及元曲中，即可窥知当时语言、语汇之变化，至于语音民间早有'南音转少北语多'之叹（郑元佑《遂昌杂录》）。则当时北京地区必人人习闻契丹、女真、蒙古诸语，不以为异。"①

林英淑评《满族话与北京话》谓，"现代北京话（十分接近普通话）之所以如此丰富、精炼，具有客气礼貌，文明儒雅，用词讲究等优点，是与汉语和满语及其他少数民族语的密切接触分不开的。北京话是我国普通话基础的一种文明语言，是我国长期居住北京的历史上各民族所创造的。在北京话的语音、语调、语汇、语序上融合了上述各民族语言之所长。因之可以说，北京话是中华民族语言的瑰宝。京腔是现代标准音的基础，《宪法》规定普通话实际上是规范化的北京话。所以研究京腔对丰富、发展和规范中国各族人民的共同语言——普通话有着重要的现实意义，而且对增强民族凝聚力将会产生积极的影响。研究北京话的形成、发展与现状的规律的总认识，为国际普通语言史的研究和语言接触学的理论提供了一个新模式，以此丰富普通语言学的理论宝库；而且为解决历史学、社会学、民族学、民俗学方面的某些问题提供了依据，为沟通相关学科共同挖掘祖国文化瑰宝将会起到桥梁和纽带作用。"②

作者在《满族话与北京话》一书的"结束语"中写道："说阿尔泰语的北方

---

① 金启孮：《〈满族话与北京话〉序》，见赵杰：《满族话与北京话》，2页，沈阳，辽宁民族出版社，1996。
② 林英淑：《碰撞与融合历程的探寻——评〈满族话与北京话〉》，载《满族研究》，1997（1），49页。

少数民族统治北京七百余年,其中女真人(金朝)和满族(清朝)的统治就占了四百多年。女真人后裔满族在和汉族的战争扰攘和文化柔道中,经过了三百年的满汉语言的接触与融合,形成了今天的带有满式汉语特点的北京话。这期间,满族统治者往返迁徙人口的移民政策和喜用汉语的文化氛围是促使满语替换成汉语并促使北京官话得以形成的主要社会原因,而满语底层(含满汉融合语)和满式汉语又是京腔得以产生,现代汉语普通话得以具备许多新特点(与古代汉语比)的重要结构原因。作为中华民族文化融合的典型,现代北京话(十分接近普通话)之所以如此之丰富,之精炼,是与汉语和满语及其他少数民族语的密切接触分不开的。阿尔泰语系影响汉语北京话不仅是一个富有社会根据的文化理论课题,而且也是一个能够挖掘出具体影响例证的语言接触宝库。"①

## 三、"时空伴随":从石河子到北京

2001年,根据党中央的指示精神,教育部启动东部高校对口支援西部地区高校计划,北京大学对口支援新疆石河子大学。经过缜密研究,北京大学派出由赵杰教授领衔和挂帅的干部和教师团队对口支援石河子大学。2002年,赵杰教授担任石河子大学副校长、党委常委、西域民族文化研究院院长(兼)。笔者时任北京大学哲学系副教授、硕士生导师,在赵杰教授的邀请和安排下,笔者先后三次(2001年、2002年和2004年)对口支援石河子大学,在时任政法学院研究生硕士点学术带头人、西域文化研究院办公室主任薛洁教授领导下工作。主要从事本科生和研究生的教学与科研工作,开设相关学术讲座,与中青年教师举行学术交流和座谈会,兼任石河子大学政法学院硕士生导师,招收硕士研究生。在石河子大学工作期间,受到了大学领导和学院领导无微不至的关怀,政法学院党委书记郭宁教授和政法学院院长刘贡南教授在工作上给予了诸多支持,与薛洁、张扬、崔卫峰、龙群等老师经常一起讨论交流相关课程建设、课题研究与研究生培养等问题。

2004年3月,赵杰教授兼职新疆生产建设兵团教育局(含体育局、语委)副局长(正厅)。2005年任北方民族大学副校长,2017年退休。赵杰教授工作

---

① 赵杰:《满族话与北京话》,299–300页,沈阳,辽宁民族出版社,1996。

一直繁忙，我们偶尔会在魏公村相遇，每次相遇，平易近人的赵老师都很热情地主动打招呼并停下脚步进行简短的交流。2019年赵杰教授与我联系，邀请我参加12月份在北方民族大学召开的北方艺术史学会的年会，并请我做有关哲学与艺术关系的主旨发言。我一方面非常感动，作为领导和资深学者，赵老师还记得我；一方面也很惶恐，哲学与艺术在北大是两个学院级别的学科，专家学者众多。后来在赵杰教授一再鼓励下，我勉力准备了一个"左手艺术，右手哲学——哲学与艺术精神漫谈"的大会主旨发言，获得与会各位老师的肯定与欢迎。2020年上半年，新冠肺炎疫情稳定期间，我和赵杰教授曾在北大校内相见，赵老师还在操心艺术学会的年会事宜，希望能与北大哲学系和艺术学院等院系合作共同办会。我向赵杰教授推荐了北大艺术学院一位副院长，他们之间进行了联系、交流，赵老师后来告诉我，艺术学院愿意合作，很有希望一起办会。约11月底，听闻赵杰教授因病住进北医三院，鉴于疫情期间医院严格的探视规定，原本想过一段再去探视（我前一段经常开车路过北医三院）。12月初，北大经院的杨晓亮老师转来赵杰教授的话说，"我很好，估计很快就能出院。让大家放心。"

谨以此文，祝赵杰教授在天之灵安好。

沙宗平，1965年1月出生，赵杰先生的同事，北大哲学系博士、副教授、博士生导师，著作《伊斯兰哲学》《中国的天方学：刘智哲学研究》。

# 赵杰教授——语言学学科建设的带头人

高一虹

北京大学外国语学院"外国语言学及应用语言学研究所"（简称"语言所"）是 2010 年成立的实体机构，10 年转瞬即逝。目前我作为语言所所长正与全所教师一起着手外国语学院语言学学科史的梳理。年轻的北大外院老师大多不清楚这个学科点源自虚体语言所，而虚体语言所的首任负责人是赵杰老师，他曾为北大外院语言学学科建设立下汗马功劳，也曾对我个人的学术研究产生了影响。

我认识赵杰大致是在 1990 年代初，约 30 年前。那时北京的语言学青年学者学术热情很高，赵杰是其中的积极分子，经常组织学术论坛等活动。他认识的人很多，包括汉语、民族语言、外语界的老先生和青年学者，也热心和善于组织活动，像是青年语言学界的一位老大哥。在他牵头或参与组织的活动中，我也开阔了眼界。记得在中央民族大学举办的一次语言学研讨，当时我只能带着上幼儿园的孩子一起去参加。作为组织者的赵杰没有介意还很欢迎，拍集体照时让小朋友站在前面。那时赵杰还时而跟我谈起"海派"研究——以复旦大学申小龙为代表的"中国文化语言学"。他赞同将语言与文化结合起来的研究路径，并鼓动北京的青年学者迎头赶上，探索自己的研究道路。我对语言与文化结合的研究路径产生了极大兴趣，投入精力了解文化语言学，并进而组织了文化语言学著作的英译和语言相对论著作的汉译，并将其融入跨文化交际和社会语言学的研究和教学。现在回想起来，自己的学术道路一路走来，有各种机遇的影响，包括早期赵杰和北京青年语言学者活动的影响。

1990 年代，我博士毕业后留在北大英语系任教，赵杰在北大中文系获得博士学位后入职北大东语系。我除了基础英语教学外，还承接了祝畹瑾老师的社会语言学课程并从事相关研究；赵杰继续他的满语研究并与韩语、日语等语言进行比较。1999年6月，北京大学英语、东语、西语、俄语四系合并成立了外国语学院，这为语言学学者的跨语种联系和语言学的跨语种研究提供了方便的条件。赵杰牵头积极联络各语种的教师，并与领导积极沟通。2000年4月7日，"北京大学外国语学院语言学研究所"正式成立，是挂靠在外国语学院下的虚体机构，名誉所长季羡林，所长赵杰，副所长高一虹，秘书宁琦。在成立大会上，季羡林先生发表了讲话。当时赵杰还从某企业拉来了十万元研究经费的赞助，在成立仪式上宣布，可惜这笔赞助后来企业并未兑现。语言所成立的消息，在《中国语文》《外语教学与研究》等多家刊物发布了。赵杰还为研究所争取到一间办公室，北大外文楼进门对面左手，105房间。

学术机构有了，接下来是争取学科成果的发表园地，目标是编辑出版集刊。赵杰老师和俄语系王辛夷老师做了不少努力。他们找了当时的院领导（院长胡家峦，负责科研的副院长任光宣）、校领导（负责文科工作的副校长何芳川），以及北大出版社，争取到了他们的支持。学校拨了出版经费。2002年12月，《语言学研究》第一辑由北京大学外国语学院语言学研究所编辑，北京大学出版社正式出版（图1）。编委会由6人构成：王文融（法语）、王辛夷（俄语）、赵杰（东语）、高一虹（英语）、钱军（英语）、彭广陆（日语）。当时集刊未设主编，

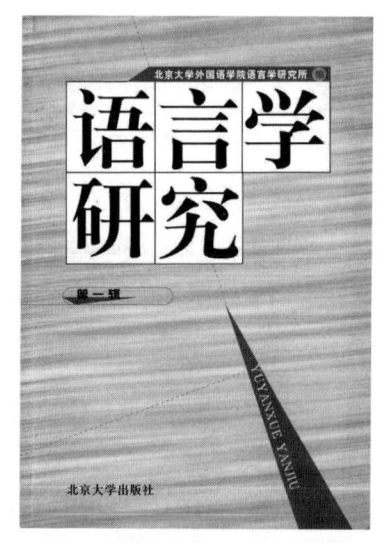

图1 《语言学研究》第一辑封面　　图2 《语言学研究》第一辑目录

赵杰实际上主抓工作，主笔了发刊词（图3）。发刊词反驳了当时盛行的外语及其研究是"纯工具性"的话语，强调了语言学的学科主体性。发刊词为外国语学院语言学研究所做的定位，突出了有深度的跨语种语言学研究，特别是理论语言学、比较语言学、对比语言学。

**图3　赵杰主笔的《语言学研究》发刊词**

现如今，发展为实体机构的语言所已经走过了十年春秋，培养出了不少在全国各高校发挥着学科带头作用的青年语言学者，《语言学研究》转由高等教育出版社出版，已出版了30辑之多，并从2014年开始成为CSSCI集刊，是全国语言学者的一个重要成果园地。

赵杰老师后来受北京大学委派到新疆石河子大学担任校领导，后来又到其他学校担任领导，我们的联系比较少了。他曾邀请我去石河子大学授课，当时我答应在方便较长时间离京时前往，但终未成行。2020年1月7日，北京大学外国语学院召开教职员工元旦联欢会。当时我和语言所的其他老师围坐于一个桌子准备全体的节目，一位年轻老师在给我化妆。久未见面的赵杰老师走过来打招呼，用手机给我拍照，我向语言所的老师介绍了他。之后他将照片微信发给我。2020

年 8 月 3 日，我微信联系赵杰，邀请他为《语言学研究》匿名评审一篇满语研究的投稿，他爽快地答应了（图 4）。没想到那就是我们最后的联系。2020 年 12 月 19 日，很突然地得到了赵杰老师离世的消息。

也许是一生做出的成就太多，赵杰讣告的生平介绍中并未提及他为北大外院语言学学科建设所作的贡献，但赵杰老师无疑是北京大学外国语学院语言学学科建设的重要带头人，他在初期建设中立下的汗马功劳，应为后人铭记。

高一虹，女，1959 年 1 月出生。与赵杰教授一起创办北大外院语言所。现为北京大学外国语学院教授，从事语言学研究工作，主要研究方向为社会语言学、跨文化交际、外语学习与外语教育。

# "语言学中没有御道"

## ——回忆赵杰先生

魏丽明

2021年11月16日,北京大学外国语学院亚非系召开全系老师会议,无意中听到赵杰教授重病住院的消息,当时的我就头晕目眩,但依然强作镇静。会后和赵杰老师微信联系,希望去探视他,他告知他在肿瘤医院住院,还不能探视。

2020年12月19日上午,突然接到他的学生发来"赵老师走了"的消息时,不相信自己的眼睛,一再询问,当确认赵杰老师真的离世时,当时就晕了,事后明白何谓天旋地转。

我求学时代就认识赵杰老师,当年旁听过东语系面向全校的选修课"东方文化"课,选课学生常常爆满,最多时选课学生高达500余人,东门附近已经不存在的一教最大的教室101常是一座难求。我正是在这门课上认识了赵杰老师。当时的"东方文化"课由老东语系各专业老师分别授课,是当年东语系老师们集体授课的"拼盘课",由"东方文化教研室"老师主持。赵杰老师代表"东方语言教研室"老师授课。赵杰老师曾在北京大学中文系攻读硕士和博士学位,博士毕业后,留校任教,在东语系主讲东语系本科生的必修课"语言学概论"课。他不属于东语系某一个专业,赵老师上课自我介绍时常常戏称老东语系是"十三个专业加赵杰(老师)"组成,他谦虚地自称自己是"东方文化"课的老师,也是学生。

1991年秋天,选修赵杰老师"语言学概论"的同学们常常回宿舍分享他们的听课体验，在同学们的描述中，赵老师总是一身得体的西服，喜欢板书，对各种外语都十分了解，常常引经据典，旁征博引，给刚刚入学的本科生和硕士生同学们留下了深刻的印象。东语系的本科生，还有研究生都在分享赵老师的名言"语言学是外语专业学生能接触到的最接近科学的学科"。记得当时同学中流传一个谣言，赵老师带十几位学生们去香山看红叶，后来证实是赵老师带领十几位选课同学到香山正白旗村做调研。

1994年我毕业留在东语系东方文学教研室任教，东方文学教研室成立于1978年，第一任教研室主任是季羡林先生。东语系之后改名为"东方学系"，东方语言研究室、东方文化教研室并入东方文学教研室，东方文学教研室顿时成为一个大教研室，"东方学"人才的聚集地。赵杰老师的东方语言研究室也加入东方文学教研室，我们成为一个教研室的同事，他的书架也移入我们东方文学教研室。赵老师授课之余继续他的满语研究，并逐渐拓展到满语与韩语、日语等语言的比较，记得当时许多老师和同学都被赵老师认真投入学习韩语和日语的情景所感动。

1999年6月，北京大学英语、东语、西语、俄语四系合并成立了外国语学院。赵杰老师希望外国语学院从事语言学教学和研究的学者们可以互相合作，多多交流，开展跨语种联系和语言学的跨语种研究。他开始牵线搭桥，忙里忙外，和学校学院各系各语种教师积极联系，并和学校学院领导汇报沟通。

2000年4月7日，"北京大学外国语学院语言学研究所"正式成立，是挂靠在外国语学院下的虚体机构，名誉所长是季羡林先生，所长赵杰老师，副所长高一虹老师，秘书宁琦老师。当时我们都被盛情邀请，积极参加了这次盛大的成立大会，认真聆听了季羡林先生的讲话。成立大会上一个女士代表企业还赞助了十万元研究经费，之后听说这笔赞助费没有到位，但"语言学研究所"有了一间办公室，就在北大西门外文楼105房间，之后赵老师忙碌的身影就经常出现在105房间了。

西部大开发之际，赵杰老师又开启了"孔雀西北飞""东雨西滴"的支边梦想。但他的编制还在东方文学教研室，他照常招收硕士生、博士生，常常回学校给同学们集中上课，指导学生的论文写作，教研室的老师们也一直和赵杰老师及其家人保持联系。赵杰老师回学校时也经常和我们分享他的支边情况和科研进展，交流他对学科建设的思考，由于后来我担任过东方文学教研室主任和东语系副主任，经常需要汇总赵老师的科研成果，征求他对学科建设和研究生培养的意见。还有他培养的博士生的论文需要送审，还需要聘请专家学者参加他的学生们的开题报告、论文预答辩和毕业答辩等事宜。在填报各种和科研有关的表格时，我常常需要联系赵老师，汇总他的科研成果，了解他的博士生选题。我关注到赵杰老师的学术兴趣也一直在拓展，对赵杰老师的了解也逐步深入，感动于他"插过队、进过厂、扛过枪，读过博、留过洋、援过疆（仍在援疆）"的人生经历，得知他在太原当过八年的兵，由于我先生是太原人，也多了一份亲切。汇总他的科研成果时，我发现赵老师的学术兴趣不断拓展，涉及语言学、民族学、文化学等领域，他还出版过十余部个人专著，其中《现代满语研究》获全国满学研究优秀成果奖，季羡林先生为他的《东方文化与东亚民族》一书做序，认为赵杰老师和自己"惺惺惜惺惺"，高度肯定赵杰老师"要繁荣蒙古学、满族学和韩国学的必要性和重要性"的建议。赵杰老师还主持过国家民委课题"中华民族凝聚与复兴"，主持过北大、石河子大学合作课题"新疆的民族迁徙与各民族共同繁荣"。他的《中华民族共有精神家园论》一书由人民出版社出版，国家民委中国民族问题研究中心认为此书是"引导全社会、各民族高度关注建设中华民族共有精神家园和各民族共建中华文化的国魂民韵工程"。

  2009 年，东语系分为四个系，亚非系成立，赵杰老师的编制在亚非系。我作为外国语学院亚非系的创始系主任，在各界领导和同事们的鼓励和支持下，在亚非语言文学二级学科的视野下开始非洲语言文学学科建设，十余年来，赵杰老师一直鼎力支持亚非系的学科建设，经常参加我们的各类学科建设活动，如参加"亚非系成立五周年学科建设研讨会""亚非系成立十周年学科建设研讨会""从东方文学到亚非文学学术研讨会"等活动，作为二级学科亚非语言文学学科博士点第一批博士生导师，赵杰老师在每一次活动中都义不容辞地认真介绍亚非语言文学学科建设的历史，分享他对学科建设远景的建议，并在亚非系开始招收"跨境语言学"方向的博士生。他鼓励我坚持非洲语言文学学科建设的理想，以弥补"亚非语言文学学科"没有非洲语言文学的缺憾，不要再出现亚非语言文学学科因为没有非洲语言文学而错失成为"重点学科"的遗憾。

亚非系成立以来的十二年期间，前来求职的东方文学方向、非洲语言文学方向的老师多达十位，每一次赵老师都认真和全系老师交流意见，旁听申请者的试讲，和求职人员多方交流，积极互动。当时来亚非系求职的老师们多是专攻语言学方向的年轻学者，赵杰老师作为亚非系语言学方向唯一的硕士生和博士生导师和学科建设的亲历者，仔细审阅他们的求职材料，对他们的求职讲座做认真的点评。赵老师对亚非系学科建设高屋建瓴的视野，百忙中"事必躬亲"地参与亚非系各类学科建设相关的活动，他的支持和肯定对我个人的学科建设理想和学术研究也产生了深远的影响。

我曾经和赵杰老师的学生一起去台湾交流，亲眼见证了他的学术书籍在台湾的首发，也聆听了赵老师在台湾各大学的精彩演讲。在台湾的书店看到赵杰老师的专著时，我们都十分感动也很意外，感佩赵老师在台湾的学术影响力。

2020年1月7日，北京大学外国语学院召开教职员工元旦联欢会。孟加拉语公共课的师生受邀表演泰戈尔的歌曲，亚非系早到的老师围坐在一起。久未见面的赵杰老师愉快地加入我们，他和蒙古教研室巴特尔老先生嘘寒问暖，汇报他最近的工作情况和科研进展，感谢老先生对他博士生的指导，之后又和我们外聘的孟加拉语教师石景武先生热情交流，高度肯定在燕园开设孟加拉语系列课程的意义，同时又拿出他时刻带在身边的笔记本，用国际音标记下他刚刚学会的孟加拉语的新年问候句子；当听说我们要表演歌曲的木尼拉同学来自新疆时，他居然和她用维吾尔语交流，木尼拉同学特别意外也十分开心。

亚非系成立以来，赵杰老师一直支持我们的学科建设，作为东方文学教研室的成员，赵杰老师也希望我们能继续传承和实践季羡林先生创办的东方文学教研室的学科建设理念。东方文学教研室从1978年至今已有四十多年的历程，亚非系自2009年开启的学科建设计划在赵杰老师的鼓励和支持下，也经历了十二年的风雨。目前可以告慰赵杰老师的是，亚非系非洲语言文学方向建设稳步推进，第一届学生已经博士毕业回校任职，非洲文化方向也开始招收博士生。

赵杰老师虽然离开我们了，但音容笑貌犹在。赵杰老师讣告的介绍中并未提及他为北京大学外国语学院亚非系所做的贡献。但赵杰老师无疑是北京大学外国语学院亚非系的学科带头人和精神引领者。赵杰老师的一生是传奇的一生，他67岁的人生充满奇迹，欧几里德说过"几何学中没有御道"，赵杰老师的一生给我们的启示也可谓"语言学中没有御道"。

魏丽明，女，1965年10月出生。留校后与赵杰教授一起在东语系东方文学教研室任教。现为北京大学外国语学院教授，从事东方文学教学研究工作，主要研究方向为东方文学、印度文学、泰戈尔研究。

# 忆赵杰学长

李红印

没想到,赵杰学长竟离我们而去,走得那么突然、那么快,以至于听到噩耗除了震惊,竟不敢也不能相信这是真的!!

我与赵杰相识是在上世纪80年代在北大中文系汉语专业读本科时。记得大三上方言调查课,他那时是研究生,跟徐通锵先生读硕士,也跟我们班一起听方言调查课。课程结束后随我们班一起赴山西忻州调查方言,这样我们班同学便有了与赵杰近距离、较长时间接触的机会,其中印象最深的是去食堂吃饭。方言调查期间,我们食宿在忻州师专,整个调查工作也在那里进行。刚到师专,中午去食堂吃饭,赵杰提议大家排队进入食堂,以给当地学校一个这是北大学生的好印象,但遭到了我们班多数同学的反对,说这样太傻了!那时的班长阿丁(丁新伯)更是笑骂他"傻X"(那时这个口头禅已很流行,同学之间经常用,越是熟悉、关系越近的越用)。因为熟悉,阿丁才敢这样"骂",也足见赵杰没有架子,并不以自己是研究生、高我们一等自居,这让我对他有了更亲近的感觉。这期间,我们一起调查方言一起闲聊一起搞活动(好像是打篮球什么的),各种活动赵杰都积极参与,建言献策,俨然把自己当成了"汉82"班级的一份子,活动中也展现出老大哥的亲和力和吸引力,让我们这些小弟弟小妹妹们愿意跟他聊、跟他玩笑,大家相处得十分融洽和舒适。

大学时光很快就过去了,之后就轮到我们考研、读研和留校工作了。赵杰硕士毕业后又投到语言学家、语音学家林焘先生门下攻读博士研究生学位。林焘先生那时虽然在中文系任教,但兼任北大对外汉语教学中心主任,中心的年轻老师都喜欢跑去林先生在燕南园的家请教。记得有一次我去林先生家,正好遇见赵杰，便聊了起来，具体内容记不真切了，大意是他鼓励我要继续深造，攻读博士研究生学位等。人生真是奇妙，也许正是这次"偶遇"，也正是他的鼓励，才埋下我日后考博的念头，也开启了我从泰国汉语教学回来后的复习、考试、攻读的在职求学之路。

时间一晃五六年就过去了，再次与赵杰"偶遇"已是我博士毕业后的某一年某一天。记得那是在北大非机动车东门，校内一侧。我从外面刚走进校内，恰逢赵杰骑着自行车从校内往东门出，看到我，他连忙下车，我也忙不迭地跟他打招呼，于是二人便站在路上聊了起来。那时赵杰已留任北大外语学院，好像担任一个语言研究所的所长，这样我们的聊天自然仍围绕着学术研究、语言学等展开。这次交谈印象尤为深刻，赵杰很健谈，说话滔滔不绝，意气风发。记得他语重心长地嘱咐我：李红印，你现在也博士毕业了，今后如何治学，要好好规划，要面儿宽一些不要画地为牢。并举季羡林先生的例子说，你看季先生除了搞语言学还写散文，并说自己也是除了搞满语研究，还经常写散文、随笔等，还出了集子。我记得十分清楚，当时聊到最后，赵杰对我说：你总不能一辈子只搞颜色词吧，要开拓新的研究领域……记得当时我只觉得他像是在调侃、玩笑，自己也跟他打哈哈，并未认真听进心里去。现在再回想，他的嘱咐是对的！一个人学问要做大，就要出新，就要不断地走出自己熟悉的舒适区，去接触和探索自己不懂、不熟悉的新领域。可惜自己这方面做得并不很好！细想想，如果那时起就认真对待赵杰学长的话，也许自己今天的成绩会更大一些吧。

再后来就与赵杰遇见少了，但仍能不时听到他的一些消息。赵杰在北大外语学院工作没多久就被派往新疆石河子大学担任副校长了，当时听到这个消息真为他竖大拇指呢！再后来又听说他结束任期回北大了，又听说他再次赴银川西北民族大学担任校领导。说实话，听到这些消息，真的很佩服他旺盛的精力和对教育事业的热忱！西部地区毕竟偏远和艰苦得多，他却能两度"西征"，没有奉献精神想必是很难下决断的吧。

最后一次与赵杰遇见是某一天的早晨。我那天早上有课，到校早，先去学一食堂吃饭，然后回院准备上课。记得那时还是早春，还有些寒意，在校园路上，远远看到一个熟悉的身影走来，竟是多年未见的赵杰。他穿着深蓝色运动服，像是刚晨练完，健步走着，十分干练，没有中老年人常见的发福体态。这次遇见距离较远，因为要上课，我也没有打招呼和上去攀谈，想着以后还会在校园里遇见，下次再聊吧。但万万没想到，这次擦肩竟是与赵杰在校园里的最后一次相遇。

时间来到了2019年年末，谁也没有想到，人类遇到了百年未有之大变局——新冠疫情大爆发，世界各国、全社会进入隔离、封闭状态，人们的生活发生了质的变化，大家由现实生活转向虚拟网络空间——上网课，发视频，看视频，微信交流等——线上生活，云端见面流行起来。一次同事姚骏老师发给我一个小视频，我打开一看，竟是许久未见的赵杰学长，在众多年轻学生的簇拥下，正挥毫泼墨——记得写的不光有汉字，还有满文。写完后博得众学子一片叫好声和鼓掌声。视频里，赵杰穿着他最喜欢穿的浅蓝色衬衫，颜色很亮，人也精神，黝黑的面庞，黑亮浓密的头发，两眼炯炯有神地看着宣纸，提笔、落笔、转锋、勾挑等。看完视频，我微信回复姚骏说：赵杰老师很滋润呀！看着那么年轻精神，多少年都没变呀！姚骏说：是呀！咱们哪天过去看看他，一起喝几杯！我说：好哇！很久没见到他了，要去看看，喝几杯，敞开聊聊。然而没多久，我便收到姚骏的微信，说赵杰老师病重入院没救治过来竟溘然长逝，走了！

我与赵杰学长年龄有差距，研究领域也不相同，但却因着些缘分有了人生轨迹上的几次相遇和交流，虽然不多，却记忆深刻！现在回想起来，他谈话时的音容笑貌还会十分生动地浮现在我的眼前。虽然赵杰学长人走了，但他那种坚定不移、执着追求的精神却没有走，仍将激励着我们继续前行，做好自己的事。现在要出纪念文集了，零零碎碎写下这些文字，算是我作为学弟对学长的一点追忆和悼念吧！

李红印，男，1964年1月出生。本科期间曾与赵杰教授一起赴山西进行方言调查。现为北京大学对外汉语教育学院教授，从事对外汉语教学和研究，主要研究方向为词汇学、汉语词汇教学。

# 泪冷霜胡笛

## ——怀念我的班主任赵杰老师

### 兴安

赵杰老师在我大学四年中，担任了三年的班主任。他也是我学生生涯中担任班主任时间最长的班主任。得知他不幸病逝的消息，我非常难过。他刚67岁，正是一个学者的黄金年龄，却英年早逝，让人不敢相信。他生前是北京大学外国语学院亚非语言文学系的教授，博士生导师，研究满族语言，包括清代满语书面语研究、满汉语言接触、现代满语、锡伯语研究，阿尔泰语系比较语言学理论等，在语言学领域具有独特的地位，出版了《现代满语研究》《现代满语与汉语》《满族话与北京话》《东方文化与东亚民族》等10多部著作。我虽然做一些当代文学研究，却很惭愧，对赵老师的专业和研究所知甚少。但我对他的学术成就以及孜孜以求的人生追求，一直充满了敬意。获悉他病逝的消息，悲伤之余，脑海里不断闪现他四十年前的音容笑貌，一个念头不断地提醒着自己，应该为他写一篇纪念文字。可是我想了很久，真是不知从什么地方写起。在我的记忆中，他是一个全身心扑在学习、研究和事业中的人，感觉他几乎没有业余生活，除学术研究之外，几乎没有其他的个人兴趣和爱好。但他真是我记忆最深的班主任之一。

1981年，我从北京六十六中毕业，考上了中央民族学院（中央民族大学的前身）汉语言文学系，据说那一年汉语言文学系在北京只招一名应届毕业生，我幸运地成为这个唯一。我所在的81级只有一个班，四十多名同学，包括了来自全国各地的蒙古、朝鲜、藏、维吾尔、满、回、苗、壮、彝、畲、瑶、土家、布依、达斡尔、东乡、撒拉、保安、黎、拉祜、阿昌、裕固、独龙等二十几个民族。班主任就是因学习成绩优异而提前毕业的 77 级学长赵杰。第一次班会前，他找我谈话，希望我担任班长，我起初是不大情愿的。我小学时一直是个淘气的学生，上了初中，到了北京，摇身一变成了乖孩子，从初二到高二，我当了四年的班长或团支部书记，还被选为宣武区（现已并入西城区）团委委员。这四年里每一位班主任都对我相当关照和信任，初二的班主任李丽香老师一直到现在我们还有联系，她只比我大几岁，却是一个非常善良有主见的大姐。四年里有光鲜有快乐，但其实内心挺压抑的，因为那会儿我对自己要求非常严格，甚至到苛刻的程度。所以，上了大学以后，我希望放飞自己，那会儿也确实是中国改革开放、思想解放的好年代。我想做一名普通学生，让自己专心学业和文学的爱好，远离班级工作和对自己的束缚。但是赵老师耐心地说服了我，理由倒不是"当了班长会给将来毕业分配加分"这样众所周知的好处，而是他仔细查看了我的档案和履历，相信我有能力做这个工作，同时，他恳切地希望我支持他的工作，因为他虽然毕业，留校当了老师，但是他想继续学业，报考北大的研究生，他希望我分担他的一些精力。就这样，我一气儿做了三年的班长。说实在话，这三年我的工作并不是特别尽心，我的心已经飞翔起来，我把更多的时间花在了写作、阅读，办校园诗刊，还有谈恋爱，甚至还兼职了学校的广播站播音员和总编辑，做了校演讲团的团长，有时候我真是无暇顾及班级的工作。所以，某种程度上我辜负了赵杰老师对我的信任和托付。好在我们班没有什么特别各色的人，加上有团支部书记王海霞等班委成员的共同努力，保持了班级的正常运转。期间大概有一次，我感觉到了力不从心，而且有些同学也开始对我的工作产生质疑，打了退堂鼓。这个时候还是赵老师支持了我，鼓励了我，同时在全班级班长的投票选举中，大多数同学把信任票投给了我。这都成为我大学时代比较难忘的回忆。

出生于吉林省伊通县城的赵杰老师，十几岁就到农村插队，又在部队当了八年兵，任过排长和分队长，转业后做过工厂领导和政府秘书。1977 年恢复高考后，他成了首届大学生，兼任过班长、书记和系学生会主席。这些丰富的社会资历和部队经验足以将我们这个班塑造成一个响当当的有军人作风和严格纪律的集体，但是他没有这样做。他给了我们更多的空间和自由，他认为大学生应该保持自立和独立性，将学业摆在更重要的位置，这当然与他多年的感悟和性格有关。因此，他平时很少过问我们的个人生活，也不大关注我们的思想动态。这种"散养"的管理方式，其实也契合了现代大学教育的管理模式，尤其适应了1980年代中国改革开放初期，思想解放的大环境大趋势。现在回想起来，我觉得班级的氛围和风气是好的，尤其是前三年里，大家都相安无事，没有面临毕业分配时的干扰和竞争，有的潜心学业，两耳不闻窗外事；有的热衷于爱情，享受初恋的甜蜜和美好；有的执着于写作，浸染于文学新时期与世界文学的交汇所引发的文学的反思与嬗变；有的热心于体育项目，跑步、踢足球、练体操和打网球；有的沉湎于舞会，学交谊舞和蹦迪……那个时候，班里的多数同学，即使来自五湖四海的各个民族地区，都能在宽松自在，没有压力的环境中各显所能，各有所得，自由生长。毕业时，有两位同学王海霞、伍先华被推荐上了研究生，前者后来成了国家非物质文化遗产的顶尖专家，后者担任了广西民族大学的副校长。当年班里年龄最小爱练体操的王茂爱，担任了贵州省委统战部的常务副部长、省侨务办主任。更多的同学成了国内外各个领域的专家、学者和教授，有的成了传媒和出版界的高级记者或编审，有的在基层担任了领导干部，有的经商开辟了自己的一片天地。我列举这些只是想说明我们这个班，虽然没有人特别的大富大贵，但是他们生活和工作得安稳、喜乐、健康，虽有三位同学（马存斌、姚尚诗、王海霞）英年早逝，但总体没有大起大落。这大概也是赵老师可以安心和欣慰的地方。

写到这里，本想打住，但有些往事不自觉地被诱发出来，让我无法止笔。1981年我们入学不久，赵杰老师因为要报考北大的研究生，经常去北大听课，同时也经常带来北大那边最新的学术思潮与我们交流。有一次，他专门请来一位美国学者给我们讲"语言的深层结构"。记得他穿着军绿色的中山装，瘦高的身材，头发斑白。我印象中他就是后来在中国语言和文学界鼎鼎大名的乔姆斯基，但是二十多年后，有一次我问起赵杰老师，那次讲课的是不是乔姆斯基，他竟然断然否定了，媒体也报道说，2010年参加第八届生成语言学国际学术研讨会是乔姆斯基首度访华。我有些失落，但是我始终觉得那个我在八十年代见到的美国老头就是乔姆斯基，因为记忆中的那个人与后来照片上的乔姆斯基真的是太像了。我后来读了他的《句法结构》《语言与自由》，还有最近在国内出版的《乔姆斯基精粹》（The Essential Chomsky），感觉就如同真的见过他一样。至少对我来说，第一次知道乔姆斯基，并且至今还在读他的书，这些都与赵杰老师有关。

1984年9月，赵杰老师如愿考取了北京大学的语言学研究生，离开了班主任的岗位，我们班也进入了即将毕业的大四阶段，我虽然继续担任着班长的工作，但是隐隐感觉某种氛围的变化。记得新来的班主任张菊玲老师见我的第一面便让我有些尴尬。她和我说的第一句话是——"你是八旗子弟"。我愣住了，以为是和我开玩笑，因为她是研究明清文学和满族文化的专家，这样的开场白也是自然，但是她的语气和表情看起来不像是开玩笑，倒像是戏讽，一种接近善意的揶揄，或者介于玩笑和嘲讽之间的调侃？我当时只能苦笑一下岔开话题。也许我想多了，但我不喜欢有人第一次见面就先给你下个定义或者带上一顶帽子，至少它过于主观和武断。但是，后来我一直琢磨张老师的这句话，竟然发觉她说的也并非没有道理，那个时候的我确实在学校和系里是个另类，不讲政治，不受拘束，特立独行，自由散漫，喜欢歌德的《少年维特的烦恼》和拜伦的《恰尔德·哈罗尔德游记》，并专心于写作和文学聚会，关键是还领着学校的"月钱"（即学校每人每月18元的伙食费；"月钱"，旧指八旗子弟的俸禄）。我提起这些陈年旧事，无意表达对张老师的不恭，只是想把淤积在心里近四十年的疙瘩化解，或者只想表明赵杰老师那种"散养"的管理方式可能更适合我。或者再自私一点说，就是赵杰老师的离开，让我的"保护伞"没有了。果然，在那之后，我时常受到系领导的批评。1985年6月毕业实习期间，我在贵阳市的一家工艺品商店，花一元五角钱买了个戒指，戴在手指上，纯为好玩，结果受到了实习领队的点名批评。还有一次特别荒诞的经历，几乎让我愤怒和崩溃。大三那年，我写了入党申请书，有一天系里两位老师找到我，气氛异常紧张，他们告诉我：组织上做了外调，有人说你父亲是"三种人"，决定暂缓考虑你的申请。我当时脑子嗡的一下。"文化大革命"开始时我才四岁，记忆中的父亲是记者和作家，经常下乡到呼伦贝尔草原深处采访，和当地的牧民成了要好的朋友。还记得六岁那年，我得了腮腺炎，一岁多的弟弟还在吃奶。我父母都分别被关在不知什么地方。一天晚上，两个戴红袖标的年轻人带着母亲回家给弟弟喂奶，我捂着肿胀的腮帮子，站在炕里的火墙边茫然地盯着他们。奶奶和那两个人争辩着什么。喂完奶，母亲又被带走了。这些记忆已经像烙印一样深深地刻在我的脑海里。所以，我不理解父亲怎么会是"三种人"？再说，即便父亲是"三种人"，子女就不能要求进步了吗？那几个月，我深深地陷入绝望之中，回到家总是躲避父亲无辜的目光。后来组织上通知我，经过调查，所谓"三种人"的罪名是子虚乌有。听到这个消息，我并没有如释重负，我感觉即使在八十年代，那个充满希望的年代，也总会有一些暗流侵蚀着我们的信心。由此，我更加怀念赵杰老师。有一次我和他见面说起我的遭遇，他劝我，你天生是个文人，古语说"文人不护细行"，所以，你不必拘泥小节，正所谓"大德不逾闲，小德出入可也"。彼时，我才从那段阴影中走出来。

毕业以后，我与赵杰老师联系很少，多数是在班级聚会或校庆上匆匆聊上几句。他援疆去新疆石河子大学担任副校长，之后又挂职到宁夏北方民族大学任副校长，同时，他奔波于国内各地，组织和参加学术研讨，还多次去日本、韩国等学术机构进行访学和交流，所以见面的机会就更少了。后来听说他离了婚，女儿去了国外，他一个人独自生活，一直到过世。这时，我忽然想起他结婚那年，我和全金玉同学代表全班给他买的礼物，那是一幅油画，一只木船扬帆漂泊在大海上。画面中浪涛滚滚，电闪雷鸣。这是我俩精心挑选的礼物，以表达对他的事业和婚姻一帆风顺的祝福，可现在想来，那只在海浪中孤帆远航的船却成了他人生的写照，更成了他爱情与婚姻的谶兆。这让我陡然心怀愧疚。还有就是我没能更多地与他联络，听取他对我人生和工作的建议。这些都成了永远的遗憾。不说了……

最后，我以我在丙申年写的一首旧体诗，作为我的这篇文章的结语：

马汗踏雪泥，大漠白草稀。
故人乘骑去，泪冷霜胡笛。

2022 年 6 月 2 日于北京洗马斋

兴安，著名文艺评论家、作家、编审、水墨艺术家。蒙古族。中国作家协会会员、中国当代文学研究会理事、北京作家协会理事、内蒙古师范大学民族文学研究中心特约研究员、世界华文创意写作协会理事。1985 年毕业于中央民族大学汉语言文学系。曾任《北京文学》副主编，现任作家出版社编辑部主任。

# 亦师亦友的赵杰老师

张健

2020年12月19日上午九点多，我正开车准备去看望父母，接到好友国庆（赵老师的学生）的电话，说赵老师走了，突然听到"走了"两字，以为自己耳朵出了问题，以为这个"走了"只是说赵老师又背起行囊远赴东北或西北去搞研究了，以为……怎么可能？怎么可能？就在6月份赵老师还到我办公室来，精神矍铄地跟我说起他的研究计划，希望能与北语的老师一起开展民族语言研究；国庆节还通过微信互致问候，赵老师还问我这个"乡妹"有无回长春看看伊通河。至今，手机中依然保存着赵老师的微信，保存着与老师的微信信息。微信在，仿如赵老师还在。

与赵老师因书而相识。1999年的夏天，赵老师来到北京语言大学出版社汉语编辑部，与坐在我前面工位的责编沈庶英就书稿《东方文化与东亚民族》的修改进行探讨。当时我还是一个刚工作三年、独立做编辑工作不久的小编辑，向赵老师礼貌性地问好，没想到身为北大知名教授的赵老师很关心地问了问我学什么专业、从哪个学校毕业，说我找对了工作，所学专业不仅可以用得上，当编辑还有助于个人专业的提升，并说好书稿需要好编辑、好编辑成就好书稿。赵老师的几句话，使年轻的我对编辑的内在价值有了更深的认同。赵老师是一个令人尊重的亲切长者，这是对赵老师的第一印象。

之后因《东方文化与东亚民族》一书的重印、再版由我负责，跟赵老师的接触日渐增多。每次见到赵老师，差不多都是刚从石河子回来、从银川回来，或者刚去哪儿参加完一个学术会议，过几天又要离开北京，赵老师的日程总是排得满满的，但人总是精气神十足，跟赵老师讨教秘诀，他说每天早起都要跑步。有一年夏天，受赵老师之邀到北大参加一个学术会议，会后赵老师说放松一下，带我看看夏天的北大校园。赵老师准备了相机，在临未名湖的一棵垂柳下，赵老师说这个地方照相好，光线正合适，人在柳下，可以照出未名湖全景，取景时人要在画面的偏左或偏右位置，眼睛望向湖水，人景合一。约一周后，接到了赵老师寄来的照片，这是我第一次在北大校园照的照片，也是最为满意的一张照片。赵老师不仅是一个高产的大学者，还是一个热爱跑步、热爱生活的人。

赵老师常说我有福气，进到一个好的平台，也常提醒我在高校工作不要丢了自己的学术，学历、职称都要趁年轻多努力。我深以为然，在2005年鼓足勇气报考了北语的在职博士。考上不易，读下来更不易。在选择博士论文方向时，曾犹豫不定，是选择与工作更相关的教材研究方向还是选择语言本体研究方向，前者相对做起来轻松些，但理论建树较难，后者挑战大，需要投入更多的精力和时间。向赵老师讨教，赵老师说博士阶段是一个人学术上的高峰阶段，最好抓住这个关键阶段逼迫一下自己，你有硕士阶段语言学学术训练的根基，何不借此提升一下自己的本体研究能力。于是，毅然更换了原来拟做的题目，一头扎进汉语本体研究中。一边担负着出版社主要负责人的工作，一边只能在忙完工作外搜集分析语料、写论文。熬夜成了常态，疲惫焦虑挑战着身体和心理的极限，偶尔会怀疑自己，也会产生放弃的想法。那几年，赵老师差不多每次从银川回到北京都会跟我见一面，问问我写作的进展，也会跟我讲他又写了几篇文章、出了什么书。当然，赵老师最常跟我说的就是，你现在多好，工作好，职称也有，再把博士拿下来，那多完美。赵老师以他特有的方式鼓励着我。就这样，坚持着，终于写完了博士论文。博士论文答辩，赵老师是答辩专家组组长，赵老师见证了我生命中最难忘、最珍贵的时刻。

赵老师生病我并未知晓，直到听闻赵老师仙逝，才知他已重病很久。逝者已逝，唯有写此小文以补遗憾，以为纪念。

张健：女，1972年4月生。赵杰教授生前好友。北京语言大学文学博士，编审。现任北京语言大学科研处处长、校学术委员会秘书长。主要研究领域为汉语教学语法、汉语教学资源建设、数字出版等。创办了《国际汉语教学研究》学术刊物。

# 慎终追远　恪守其志

## ——促进民族地区汉字的推广和发展

苗东霞

赵杰老师离开我们已近半载，每每看到与"国家通用语言文字推广普及"相关的内容就会想起与他一起筹办中国少数民族双语教学研究会的分支机构少数民族汉字推广专业委员会的情景。我非常钦佩他的远见和执着，他的远见植根于他的专业修养，他的执着则源于他对民族教育事业的深厚感情。

我到中央民族大学（原为中央民族学院）工作是1986年，那时赵杰老师已经离开民院，去北京大学中文系攻读硕士研究生，毕业后又留北大执教。无缘与赵杰老师共事，是一件遗憾的事。2002年，我赴吉尔吉斯斯坦比什凯克人文大学访学，赵杰老师到了我的家乡——新疆，开始了三年的援疆生涯。他先后担任过石河子大学副校长、新疆生产建设兵团教育局副局长（正厅级）等职务。这段经历使他对新疆产生了深厚的感情，有关新疆的人和事，他都给予支持和帮助，这成了我与他关注共同的事业并相互信任的契机。

2005年赵杰老师离开新疆到宁夏北方民族大学担任领导职务，几年后他又历经辛劳创建了东北大学中国满学院，并担任首任院长。他还参与了多个有关少数民族的学会的领导和组织工作，如担任中国人类学民族学研究会副会长暨中国满学专委会创始会长，中国少数民族双语研究会书记、代会长等学会领导工作。他为中国少数民族语言文化事业的发展倾注了毕生心血，做出了卓越贡献。

在他的鼓励和帮助下，我担任了少数民族汉字推广专业委员会主任，任职以来，深感推进和开展这项工作不易，特别是这种由社会组织社团发起的分支机构，困难更多，我是在赵杰老师热忱而激昂的情绪感染和鼓励下才坚持下去，用他的人脉与资源为"少数民族汉字推广专业委员会"搭建了更有影响力的交流平台。经他力邀，我们专家委员会聘请到何九盈（北京大学）、黄德宽（清华大学）、刘士勤（北京语言大学）、邢向东（陕西师范大学）等学术界重量级的专家学者为学术带头人。由此可见赵杰老师在学术界的号召力和影响力，如果天假以年，他会使专委会发挥更大的作用，惠及更多民族地区的教师和学生。

至今难忘他每每说起少数民族汉字推广专业委员会工作时的激动与憧憬，足见他对专委会工作的认真和关切，现在想来，他以短暂的生命和只争朝夕的精神为推进专委会的工作竭尽了最后的努力。

逝者已逝，追远未已。我们将恪守其志，尽遂其愿，竭己所能，做好少数民族汉字推广专业委员会的工作，促进民族地区汉字推广事业的发展。

苗东霞，1960年10月出生，赵杰教授生前语言学同行好友。现为中央民族大学中国少数民族语言文学学院教授、博士生导师，中国突厥语研究会副会长，中国少数民族双语教学研究会秘书长。主要从事国家通用语言文字教学与研究，突厥语族语言研究。

# 赵杰教授:从北京来到石河子

薛洁

作者按:2001年,教育部指定北京大学对口支援石河子大学,赵杰教授身先力行,来到我校工作数年,在文化援疆、北大名师讲学、学科建设、科研机构创立等方面做出了重要成绩。惊闻噩耗,我们赋一首小诗和一幅挽联,以表缅怀之情。

### 缅怀赵杰教授

薛洁、王宗磊、汪学华

下乡扛枪,上学留洋。
教书育人,桃李芬芳。
德才显彰,率先援疆。
奉献石大,铭记传扬。

品德崇高多能博学　援疆抒才情
创办研院共事数载　永别泪沾襟

以下是我写于2003年的文章,原本是为了纪录赵杰老师在石河子大学所作的工作,如今重新找出,谨以此纪念赵杰老师。

2001年6月,随着国家教育部指定北京大学对口支援新疆石河子大学,由此迈开了国家一流名校扶助边疆高校的坚实步伐。北京大学博士、博士生导师赵杰教授作为两校党委推荐、新疆生产建设兵团党委任命的副校长,全身心投入石河子大学教学、科研管理工作,做出了突出成绩。特别是在创建北大著名博导、院士"文化西援工程"系列学术活动、为石大"211"工程创建新学科、申博、硕士点学科建设和创立西域民族文化研究院方面的贡献尤为突出。

赵杰1953年出生于吉林伊通,满族。1968年中学毕业在东北农村插队,1969年在华北参军,1974年加入中国共产党,1977年进吉林伊通冲压件厂工作,1978年考入中央民族大学中文系,并提前毕业留校任教,1984年考入北京大学中文系硕士生,又因品学兼优而提前毕业留校任教,1994年获博士学位。1996—2001年又先后在韩国、朝鲜、日本留学累计三年。插过队、进过厂、扛过枪、读过博、留过洋、援过疆(仍在援疆)的实践,熏陶、铸造了他做人、做学问的品格。

西部大开发的号角,高校对口支援的创举,促成了赵杰"孔雀西北飞"援疆梦想的实现。北大、石大两校确立对口支援关系后,赵杰第一个提出北大与石大合作的重大课题,第一个来讲学,第一个任挂职副校长。

2001年9月,石大领导一行前往北大商议对口支援事宜。赵杰作为北大方成员之一,在商谈会上发表了热情洋溢而又富有见解的发言。会后,他马上与石河子大学领导商定合作项目,连夜赶写出课题论证,并于11月下旬来石大讲学和主持课题。6天时间里,赵杰连续做了9场学术报告,主持了2场课题研讨论证会。报告内容集语言学、民族学、文化学于一体,讲述了中华民族源远流长且博大精深的文化。他渊博的学识、精辟的讲演,赢得了广大师生的阵阵掌声。研讨会上,他悉心听取每位老师对课题论证的意见,几易其稿,具体指导各位老师的分工合作,拟定以《新疆的民族迁徙与各民族共同繁荣》命题,分上、中、下三卷来完成两校为中华民族凝聚与复兴而奉献的宏篇巨作。2002年2月,春节、寒假还没过完,赵杰就辞别亲人,来到石大挂职上任副校长,开始了他脚踏实地援疆、科教兴新兴西的征程。

科技兴新,教育为本,西部开发,教育先行。赵杰深知在高校抓素质教育和营造学术氛围的重要性。到校的第一件事就是和校领导共商学校发展、创新大计。他对自己主管的各项工作的要求是要创新,还承担了语言学、韩国语的教学。为了把石大办成新疆的重点大学，他和北大常务副校长迟惠生、副校长郝平一起把日本大学、香港中文大学校领导请到石河子大学参观、座谈，使两所名校加入了北大、石大合作群体，为石河子大学走向国际化迈出了重要的一步；他和两校领导一起策划并组织了在石大举行的北大、石大"相约在西部"的同台文艺演出，"西部开发，教育先行"的同台演讲，石大到北大举办非艺术类专业学生画展，均收到很好的宣传和社会效果。其中，尤为突出的是亲自主持，做成了两件从无到有、前景无量、意义深远的大事。

其一，是发挥北大学术优势，引进北大著名博导、院士，创建文化西援工程。一年来，在北大、石大领导支持下，赵杰开始组织、邀请北大在全国有重大影响的一流学术专家来石大进行以讲座、座谈为主的学术指导活动。为了实施、运行这项文化工程，他多次与诸多大师联系，不是电话就是利用假期登门求请。大师们被他的真情实感所动，先后有黄楠森、闫步克、曹文轩、王晓秋、魏英敏、许智宏、张国有、梁柱、董学文、王天有等教授就有关哲学、历史学、文学、中外关系、伦理学、生命科学、工商管理学、邓小平理论等方面的系列讲座在石河子大学开设。北大学者以严谨的治学精神、先进的文化理念、丰硕的研究成果，深入浅出且新意频出的讲演，深深吸引了石大广大师生。师生们深知是教育部的对口支援，是赵教授的牵线搭桥，是北大学者的倾情奉献，才有师生不出家门就能聆听到北大学术大师们的讲学真谛的福气。北大著名博导、院士每人除必讲三讲外，还与校领导、研究生处等有关部门研讨石大发展大计，到相关院系召开座谈会、咨询会，全方位地支援石大的教学、科研工作。对口支援以来，北大给石大营造了前所未有的学术氛围，为石大的学科建设、研究生培养奠定了基础，也为本科生报名率的提高增强了极大的吸引力。

其二，是立足新疆本土文化，发挥石大文科优势互补作用，创建西域民族文化研究院。在边疆高校，要使教学研究跃上一个新台阶，还必须抓特色办学。赵杰创立西域民族文化研究院并亲自兼任院长，部署实施，言传身教，做了大量具体工作。从2002年3月起他就开始构思立意，并去天山和准噶尔盆地实地考察，亲手把一片片瓦、一粒粒沙收拢、装好带回，以收藏、积累文物资料；又带领研究人员走访新疆社科院、新疆大学、新疆考古博物馆等单位。7月，他和石大领导一行去北大与有关领导、专家研讨合作项目事宜，使北大、石大领导和专家签署了合作研究西域民族文化的协议。并带领石大领导前去拜访全国学界泰斗、东方文化、西域文化研究的学术大师季羡林教授，受到季先生的热情接待和高度赞扬。之后他又多次向季先生汇报石河子大学及西域民族文化研究院筹建的情况，季先生同意并欣然提笔书写院名，高兴地接受了聘请他为西域民族文化研究院名誉院长的请求，还与石大校领导一起讨论西域文化，做了具体指示。

赵杰认为：西域民族文化源远流长，世界四大文明在这里交融碰撞，丝路文明同兴共荣的各民族也在这里汇聚交融，在东西方文化交流的历史长河中独树一帜，是世界四大文化圈交汇处的文化富矿，是外国学者心驰神往、中华民族为之骄傲的沃土，也曾经孕育了多种语言、文字、民族、宗教的历史奇迹，西域民族文化与其他地方文化一起共同缔造了绵延炳焕的中华多元一体文化。这不仅是两千多年中国多民族团结奋进的丰碑见证，也是历代屯垦戍边创造的人间奇迹，成为中华民族灿烂文化宝库中的重要组成部分，也构成了新世纪西部大开发取之不尽的文化资源。创建西域民族文化研究院，宣传中华民族的先进文化，弘扬中华民族精神，是西部大开发中的又一重要创举，也是稳定边疆，搞好民族团结的创新。

经过半年多的努力创业，研究院发展呈欣欣向荣的态势。在初设三个研究中心、一个研究所、一个文物收藏馆、确立六大研究项目的基础上，最近又集中整合了石大政法、师范、商、经贸这四所学院的师资资源，并引进人才，建立了能代表石大文科特色、门类较齐全的三个研究所（兵团社会文化、新疆农垦经济、丝绸之路商贸研究所）、四个研究中心（民族宗教、语言文学艺术、历史民俗、命名学研究中心）和一个文物收藏馆，在六大研究项目（新疆古代民族迁徙与融合史、西部开发文学与文化研究、兵地民汉民俗文化比较研究、伊斯兰文化与中国传统文化的接触融合、宗教与新疆的发展稳定、汉语与突厥语的互动研究）的基础上，又集中特色和研究实力，确立了三大研究方向，即西域民族文化与新疆的繁荣稳定、西域屯垦与新疆的农垦经济、西域民间民俗与新疆的开发文学。

赵杰长期致力于语言学、民族学、文化学的教学、科研工作，近些年来，出版个人专著6部，其中《现代满语研究》获全国满学研究优秀成果奖，《东方文化与东亚民族》受到全国学界泰斗季羡林先生的高度赞赏。他现在还在主持国家民委课题《中华民族凝聚与复兴》和北大、石大合作课题《新疆的民族迁徙与各民族共同繁荣》；发表的语言、文化、民族学等方面的论文、散文达190篇，并在海内外举行相关学术演讲达50多次。去年"十一"他没回家，把自己关在图书馆，为西域民族文化研究院首期专刊和石大学报写出长篇论文《论西域民族的发展过程与结合特性》，填补了石大在西域民族学研究上的空白。

赵杰放弃了首都北京优裕的生活，放弃了女儿临高考所需要的辅导和父爱，放弃了温馨舒适的家庭，放弃了美国、日本、韩国数所高校的高薪聘请，选择了为石河子大学倾情奉献的对口支援工作。只身一人在石大，校领导、同事对他生活上关心，他总是觉得大家工作忙，婉言谢绝，不愿麻烦。有时做饭、洗衣、家务都是自己抽空突击做，会议结束得晚了，仍然去食堂吃学生餐，不让师傅单炒菜，怕影响师傅下班。赵杰教授还有一周两个晚上（20：00—23：00）的韩语任选课。工作最忙时，若19：30还抽不开身去吃点饭，只能出了办公室就奔教室。不知实情的学生，下了课又请教提问，他耐心解答，有时拖至凌晨才回到住处，煮点面条填填肚子……

为了支援兵团另一所高校——塔里木农业大学，他去南疆阿拉尔塔里木盆地边缘讲学，一天讲6个小时，还要座谈。塔农大领导要陪他去喀什参观，并说"不去喀什，等于没到过新疆"，但他为了石大的工作，不去旅游，开完几天讲座和座谈会就火速赶回北疆的石河子大学。

为了建立韩国忠南大学和石河子大学的姊妹关系，他和韩方多次联系，和外事处精心安排，从头到尾，接送、陪同韩国忠南大学校长，又当翻译，又当领导。还在全校开设韩语课，为学生课上授课、课下辅导，经常废寝忘食。其情其景令人钦佩，令人感动。最近，终于使韩方同意并达成了两校每年互派30名留学生的协议。

2003年2月，赵杰由于工作成绩突出，被教育部等国家七部委授予"全国学校对口支援先进个人"荣誉称号。

薛洁，女，1955年12月出生。赵杰教授担任石河子大学副校长期间同事。石河子大学马克思主义学院教授，兵团民间文艺家协会主席，《中国民间文学集成·新疆兵团卷》主编。

# 一支教鞭育新秀，两袖清风留塞北

## ——回忆赵杰教授

杨蕤

2020年的冬天比往年来得更早一些，未到大寒节气，整个塞北大地便笼罩在一片冰雪之中，就在这个严寒的时节，赵杰教授走了。

那是2020年12月中旬的一个晚上，在一个民族学会理事的微信群里突然冒出一条令人震惊的消息"赵杰教授因病治疗无效于2020年12月19日5时20分在北京逝世。"后面还讲了一些赵杰教授在满语研究、人才培养方面的突出贡献，惋惜之情溢于言表。微信群里的多数人不敢相信这是事实，赵杰教授平时身体特别硬朗，而且活力四射，即使在寒冷的冬天经常单衣薄衫，身体素质与年轻人相比也毫不逊色。后与赵杰教授的学生核实，证实群里的信息，赵杰教授真的走了，走得很突然。

赵杰教授是于2006年从石河子大学调入北方民族大学并担任副校长职务，当时学校的名字尚为西北第二民族学院。那时候我刚从复旦大学博士毕业，在文化旅游管理系任教，对赵杰教授没有过多的印象，只记得赵杰教授上任伊始就到文旅系调研，其中提到西北第二民族学院要为博士点努力的事情给我留下深刻印象。因为以当时学校的实力和具体情况看，申请博士点几乎就是天方夜谭的事情。作为一所年轻的大学，缺乏学术积淀，又处于经济欠发达地区，本科人才培养都显得捉襟见肘，遑论博士人才的培养。记得当时校园中讨论较多的话题就是大学老师应该安心教书还是潜心学问，足以看出当时学校的发展尚处于中国高等教育的"初级阶段"。不管怎样，赵杰教授的一席话令教师们尤其是我们这些青年教师听了后特别振奋，觉得这所不起眼的大学有前途，个人也有奔头。事实上，不怕做不到，就怕想不到。有些事情就像赶火车，赶上了顺顺当当上车，快速到达目的地，赶不上只能顺着铁轨徒步前进，目的地遥遥无期。但这里有个前提是需要未雨绸缪，否则只能永远跟在别人后面走。事实证明，赵杰教授的想法是完全正确的。此后，每逢国家有申请博士授权单位和博士点的窗口期，赵杰教授不仅亲自摇旗呐喊，而且亲自披挂上阵，以学术带头人的身份积极准备中国语言文学博士点的相关材料，为学校早日成为博士授权单位奔走呼号。虽然学校随后两次冲击博士点的工作均以失败告终，但若没有前期的思想储备和申博实践，北方民族大学恐怕在申博的道路上还要走更长的路。

此后在工作中与赵杰教授有了较多的接触和交往，深刻感受到赵杰教授不仅是一位平易近人的领导，更是一位有情怀、有思想、有温度的学者。

凡是与赵杰教授打过交道的人都应有这样一种印象，就是赵杰教授没有一点官架子。在任北方民族大学副校长期间，无论何时何地何场合，赵杰教授均能"降下身段"平等地对待每一个人。作为一名普通教师，虽然我与身为副校长的赵杰教授没有多少工作上的往来，但每每在校园中遇到赵杰教授，他总是提前热情地招一招手，有时候会把你拉在一边聊聊学术、时事，抑或生活琐事，把你当做朋友来诚信交谈，没有矜持，也全无领导干部与平头百姓之间的距离感与拘谨感。在与赵杰教授的交流沟通中能够感受到一位学者的善良与良知。著名历史学家杨向奎先生曾讲，就知识分子来说，必须保持清流品格，不可迎合不正之风。只要知识分子群体能够保持清流品格，民族就不会亡。有时候赵杰教授就颇有一些"傲立独行"的知识分子风骨，具有一些像杨向奎先生所言的清流品格。

赵杰教授是一位极其健谈的学者，这也大概是一位语言学者的专业优势。赵杰教授时常外出进行学术报告或其他学术活动，没有门户之见，也没有高下之分，学术足迹遍布大江南北、长城内外；讲座内容既有语言学研究的老本行，也有对时政形势和国家大政的解读，涉猎范围十分广泛。这一点恐怕与赵杰教授勤学、勤思、勤写、勤记的好习惯有关。在与赵杰教授相处的过程过中发现，无论是工作会议、还是学术讨论，他的发言总是思路清晰、表达流畅、铿锵有力、妙语连珠。赵杰教授还有一个随时随地记笔记的好习惯，总是随身携带着一个小笔记本，无论是鸿学硕儒之言，还是村野童叟之语，只要是有价值的信息，他都认真地记录下来。有一次到赵杰教授的寓所聊天，发现他的书架上堆满了写满的笔记本，可以看出坚持记录业已成为他的一种习惯。当然，赵杰教授广博的知识与他丰富的人生经历密切相关。他曾经把自己的经历很形象地总结为"九过"，即"插过队、进过厂、扛过枪、读过博、任过教、留过洋、援过疆、支过宁、下过甘（甘肃，笔者注）"，足迹遍及白山黑水、黄河上下、天山南北。

无论是处于什么样的职位，赵杰教授从未离开过三尺讲台，从未脱离过教学科研的第一线，甚至从行政岗位上退下来，他还坚持带学生、做科研。退居二线后，赵杰教授有了更多的时间可以从事学术研究，似乎进入了一种全新的学术状态，用他自己略带调侃的话讲，就是"六十岁之后，学术生命才刚刚开始"。是啊，作为一名人文社会科学研究者，六十岁退休之后生活阅历丰富、思想认识成熟、学术积淀深厚，的确是学术生命的黄金时期。退休后，赵杰教授不仅在北方民族大学继续指导硕士研究生，搞科研，还在东北大学成立了满学研究院，担任院长一职。可惜天妒英才、天不假年，事业未竟赵杰教授过早离世，离开了他所钟爱的语言学研究，确为学术界尤其是满语研究界的一大损失，更为学界所深深惋惜！

在与赵杰教授相处的十余年中，时常能够得到赵杰教授的指导，遇到工作不顺之时他则以长者的身份进行开导勉励。2016年，我在北京国家行政教育学院培训三个月，那时赵杰教授已回到北京大学，还记得他邀我到北京大学外国语学院的工作室畅聊，中午一起在北京大学教工食堂用餐，还特意领我参观润朗园季羡林故居的情景。今天，斯人已去、物是人非，每思及此，不禁凄然。

对于浩瀚无垠的宇宙而言，即便是活了800岁彭祖的生命也不过是流星般的短暂一瞬。因此，生命的意义不单以长度能够丈量，更在于过程的精彩。赵杰教授虽然离我们而去，但他对西部高等教育工作的无私奉献以及在学术领域所做出的突出贡献将不朽世间！

赵杰教授千古！

杨蕤，男，1975年4月出生，与赵杰教授于北方民族大学工作期间共事。现为北方民族大学民族学学院院长，主要从事边疆历史地理学、西夏学、民族考古学、宋代东西流通史等领域研究。

# 与赵杰教授关于田野中国学的五次对话

谭必友

北京大学教授、东北大学中国满学研究院创办院长赵杰先生离开我们已有一段时间了。在他离开我们之后很长一段时间中,我一直无法从哀痛中回过神来。尽管几位朋友反复催我,我却一直无法下笔为赵先生写点什么。最近我想,无论怎样,都必须尽快走出这个心理阴影,将我与赵先生的学术交往做一个简略交代,以不负我们之间的学术追求。这也是对熠园问学的一个交代。

必须说,赵先生是熠园问学最重要的导师之一。2014年,我与洪文雄等几位志同道合的学界朋友加上我们的学子,在湖南师范大学创办了熠园。熠园是一个简称,全称应该是湖南师范大学民族学与人类学研究中心熠园工作坊。熠园问学的核心内容是我提出的田野中国学。田野中国学的概念由我于2013年提出,并刊发在《北京行政学院学报》上。但其时这个学术概念还十分粗糙,与学术界形成的学术共识还缺乏足够的兼容性。我们急切地需要一位学术大咖一起来完善。

2016年12月底,赵杰教授来湖南师范大学做学术报告,经朋友介绍,我得以与赵教授见面,并向他讨教田野研究相关问题。那次见面后,赵先生给我印象深刻,我也希望抽出一个学期时间去他正在创办的东北大学中国满学研究院访学,以便与他讨论更多的学术课题。2017年3月,我去了东北大学秦皇岛分校,原本是与赵先生面商访学细节。但赵先生提出,访学不如调动,这样大家可以长期在一起研讨学问。我们没有成为正式的师生关系,反倒成为正式的同事关系。就这样,2017年4月底,我来到了东北大学中国满学研究院工作。但调动的事宜太复杂,我在此不介绍其中弯弯曲曲的故事了。我从此正式成为他领导下的一名科研人员，但我一直以来以师生来看待我与赵先生之间的关系。

在满学院期间，我们讨论的学术问题很广泛。当我第一次与他讨论田野中国学概念时，他并不看好，给我提出了几个疑问。他当时的疑问现在回忆不起来了，但过了一周，他主动来到我的办公室，严肃地说，田野中国学这个概念非常好，必须集中力量来做这个学科建构工作。看来他回去之后认真地思考了这个问题。从这个细节中，也看出赵先生的为人，在学术上，他从来不固守己见，而是乐于思考、追求真理。有了赵先生的新见解，我们有了第二次对话。后来，我们在秦皇岛又就此问题相约做了两次对话。后面两次对话，都是事先约定了日期的，两个人很认真，提前做了思考，然后再见面对话。我非常佩服他思维敏捷、逻辑性强、知识面广，能够就一个问题反复深刻地向纵深拓展。他是一位非常理想的学术对话人。非常遗憾的是，我当时没有及时地把我们的对话记录下来，以致现在回忆起来，模模糊糊。大致的内容就是，我们的民族文化研究，应该尽量减少对具体民族文化的标签式研究，因为我们认为国内各民族包括汉族都经过了民族之间的长期融合，很难找到绝对纯粹的民族文化，而应该在中国这个共性的基础上来讨论问题。同时，也要强调学术研究的社会服务功能。为了尽快让田野中国学有一个清晰的架构，并吸引更多学术界同行参与对话，我们两个人制定了一个实施方案。

第一，再做三次学术对话。田野中国学的学术设想涉及民族文化的融合、涉及社会服务即传统所言经世致用，我们两个人约定，利用寒暑假或其他合适时间，于2019年1月、7月、2020年春天前往湖南岳麓山、湘西凤凰三潭书院、湘西浦市古镇，分别再做三次学术对话。

第二，积极筹备出版《田野中国学》集刊。为此，赵先生积极与国内学术大咖取得联系，邀请他们为《田野中国学》集刊担任学术指导。他把兰州大学杨建新教授（我的博士生导师）、中央民族大学戴庆厦教授、北京大学王邦维教授、中央民族大学杨圣敏教授、中央民族大学金炳镐教授、东北大学陈凡教授等学术界大咖都邀请过来，担任学术指导。

第三，筹备出版与田野中国学有关的教材。他让我提出一套教材编写方案。我提出先编写《田野中国学论纲》《田野中国学调查理论与方法》两本书。他表示同意，并说，等我们的研究深入到一定程度之后，再编写《田野中国学概论》。他希望我们有计划地逐步实施这些教材编写任务。

以上方案中，我们已经出版了《田野中国学》（民族出版社，2020）集刊第一集。由于受到疫情影响，加上赵先生突然去世，我一个人一时无法完成第二集的编辑出版任务。下面将我们约定的后三次对话再稍作介绍。

为什么选择去岳麓山对话，一则我在这里工作，再则，岳麓山是湘学讲求经世致用的重镇与核心。同时，经由岳麓书院的长期坚持，经世致用问学精神成为清中期以后中国学术的标杆，对中国历史发展具有重要作用。所以，我们相约在此做田野中国学第五次对话。希望岳麓山经世致用的精神能够给我们更多启迪。2019年1月26日上午，我们在湖南师范大学红楼宾馆如期举行第二次对话。由于有了前几次经验，我在这次对话之后，及时将对话整理出来，留下了当时比较完整的记录。下面内容是我当时在微信上发表的文章记录。

## 田野中国学的麓山对话

2019年1月26日，北京大学博士后导师、中国人类学与民族学联合会副会长、东北大学中国满学研究院院长赵杰教授，从北京来到岳麓山，我们在湖南师范大学红楼就"田野中国学"进行第五次对话！由于我们各自对本课题进行了认真思索，相对于前几次来说，本次对话涉及主题更多，本文择两要点介绍如下：

（一）此前赵杰教授提出，田野中国学与国学是中华优秀传统文化的两翼，一个研究文献中的传统，一个研究田野里的传统。所谓"礼失而求诸野"是也。这一次，赵杰教授对这个提法进行了修订，提出中华优秀传统文化三足鼎立的概念。文献国学——文献中的传统；田野中国学——地面上的传统；地下考古——地面下的传统。国学、田野中国学、考古学乃是中华优秀传统文化的三足，三足鼎立而后中华优秀传统文化完备矣！

（二）对于田野中国学相关理论、方法、与西方人类学、民族学、文化学等学科的关系等问题。我们把这次对话选择在岳麓山进行，就是希望借助麓山文化的经世致用精髓，为我们提供更多的灵感！田野中国学无疑是在中西文化的激荡下产生的，既有西方人类学、民族学的纯知识性特点,从西方人类学、民族学借鉴了完整的研究方法,同时又有中国传统的经世致用学问的前后继承!更有中国传统文化对"文"的巨大功用(能量)的思想!因此,在某种程度上,我们已经不是西方人类学、民族学的"中国化",而是对中国传统的"田野研究学"的发扬光大。这就是田野中国学的内核。

一个上午时间在这个理性而富于激情的对话中很快打发了。对话细节将在我们编辑的《田野中国学》集刊中刊发。

由于赵杰教授行程很紧,送他上车时,我们约定,如果时间许可,我们将分别在湘西浦市古镇进行第六次对话,在凤凰三潭书院进行第七次对话。我们将这三次对话分别命名为:

"田野中国学的麓山对话"(主要探讨田野中国学的经世致用学术追求);

"田野中国学的浦市对话"(主要探讨田野中国学关于文化能量及其释放,以及在一带一路上的传播);

"田野中国学的三潭书院对话"(主要探讨田野中国学对多民族国家的价值)。

对话结束后,许多学者通过媒体参与了远程对话,对我们的对话做了很精彩的评论,按照发言顺序,摘录如下:

陈伟(湖南师范大学图书馆):古有朱熹与张栻论道麓山,悠然一长啸;今有赵谭二师,从浦市对话到红楼,妙绝两无伦。

刘顺峰(湖南师范大学法学院博士):文化三足,相当有意义。

田雪枫(巴基斯坦旁遮普大学—东北大学秦皇岛分校联合学位博士生):田野中国学若要成为"主义",还需要各位教授在"一带一路"沿线国家中多做考察。

杨志刚(巴基斯坦旁遮普大学—东北大学秦皇岛分校联合学位博士生):我虽然没有独特的发言见解,作为文化艺术工作者,在谭老师的影响下我们深刻地认识到,以市场经济为导向的今天,不但要独善其身,还要不断鞭策自己用学术为国家做贡献,推动社会进步,以熠园精神为国家的一带一路做成绩!所庆幸的是我们正跟随谭老师走在一带一路的路上！

程林盛（巴基斯坦旁遮普大学—东北大学秦皇岛分校联合学位博士生）：历史文献是前人对过去的记录留存，可以读得"文献里的中国或世界"；田野资料是当下人的生活呈现，可以看得"现时里的中国或世界"；考古资料是有意与无意间沉淀下来的实物，可以拼得"实物映衬的中国与世界"；三者相连，的确可以"心新相印"呈现"字·物·人"互联的故事与文化！"文化+故事"在"经世致用"的指引下，想必会把过去的、地下的转变成今天人们生活的动力与成果，并带动一个地区进步。知识与文化还是要生产力化。

谷重（巴基斯坦旁遮普大学—东北大学秦皇岛分校联合学位博士生）："田野中国学——地面上的传统"的提出，实际是西方理论的本土化容纳、提升、溶解，本质是对"经世致用"思想的延续与创新。"田野中国学"与文献传统、考古学三足鼎力观的提出，具有一定的学术高度，指导意义。在不偏离准确解读经学文献传统的基础上，田野中国学在应对实际问题方面，更具有现实优势。

马纯英（巴基斯坦旁遮普大学—东北大学秦皇岛分校联合学位博士生）：文献、田野与考古，穷天究地，囊括了古往今来、中西融汇的文化，这应该是文化研究的制高点了吧？

为什么定了浦市对话与三潭书院对话？这是因为，浦市古镇是煜园的田野基地，这里也正是田野中国学的鼻祖清代严如煜在此开展浦市调查并写作《苗防备览》的地方。他在书中提出了许多光辉的思想。而三潭书院是由苗族官员吴自发于光绪初年捐修的一所书院，建在苗族、汉族、土家族等多个民族聚居的凤凰县吉信镇，是民族团结与民族融合的标志性建筑。这两个地方都与我们要讨论的田野中国学的研究领域、研究理论等高度相关，我们决定到这两个地方做深入对话。遗憾的是，后面两次对话尚未来得及实施，先生突然离去，使我们的田野中国学对话戛然而止！

先生是一个十分坚强的人。由于受疫情影响，2020年我们几乎没有机会见面。每次与他通电话，他只说有点小毛病。在他去世前两天，他的博士生杨明突然给我打电话,说先生重病了。我立马给先生打电话核实。电话响了很久才接。显然先生当时接电话已经有些困难了。但先生却在电话中说,没事的,很快会好的,等好一点,我再去看他。我也就嘲笑自己想得太多了。谁知,这是我与先生最后一次通话。在先生的指点之下,田野中国学获得了新的思想、新的界定、新的视野。但可惜,留下了两个问题并未得到解决。赵先生是语言学家、民族学人类学家、教育家,一生从事过很多领域的科学研究,成绩斐然。在他最后的岁月,他阐释的最后一个理论问题是田野中国学。

煜园以倡导田野中国学而自负。煜园将把赵先生指示的"传统文化的田野研究"这个大课题作为学术团队的长期规划课题而坚持下去。

谭必友,男,1968年2月出生。与赵杰教授合作创立田野中国学,在东北大学秦皇岛分校民族学研究院(中国满学研究院)与赵杰教授共事。湖南师范大学公共管理学院社会学系教授,博士生导师,民族学与人类学研究中心主任。东北大学秦皇岛分校民族学研究院(中国满学研究院)教授。巴基斯坦旁遮普大学客座教授、马来西亚理科大学合作博士生导师。《田野中国学》集刊主编。

师生情深

# 孜孜矻矻、好学不倦的赵杰老师

彭嬿

2020年12月19日5时20分，新冠疫情仍在肆虐之时，忽闻恩师赵老师病逝的噩耗，不禁悲从心中来，难以接受。在我们眼里，他永远年轻，永远神采奕奕，永远忙忙碌碌，休闲、假日对他来说不存在，讲座、出书是他的日常，"振兴满学，让满学发扬光大！"是他拳拳赤子之心；"让汉、民、外三语联合，创造更多的学术精品！"是他的梦想和追求。因为他为人谦和、友善，我们都亲切地称呼他为"赵老师"。虽然他很早就是教授，45岁就当了博导，但除了会议和讲座外，赵杰教授这个称谓很少用到。同门们更喜欢称他"赵老师"。在我们眼里，他就是我们尊敬的学业导师，是我们可亲的长辈，也是我们可信赖的兄长！照片上的赵老师还是那么精神，脑海中赵老师的形象还那么清晰，可他已经离开了人世，也离开了他毕生的最爱——语言学。

静下心来写这篇回忆文章的时候，正是一年一度的考博战纷纷拉开序幕的时候。对我来说，虽然浓浓的"硝烟味"早已成为过往，但却是我师从恩师——敬爱的赵杰老师追寻自己学术梦的开始。已经毕业多年了，每年的这个时候，我总是会想起赵老师带着我们观看北大校园的情景。悠悠天宇旷，切切思师情！此时此情此景，不知道娄斗桥还记得否，那个青年才俊每天骑着自行车从这儿路过的时候还顺便关心一下湖水中的鱼，也不知道外文院楼前的迎春花怒放的时候又多了几个怀揣梦想的人，更不知道那个刻着乾隆亲笔题字的大钟会不会感到寂寞和冷清？

其实还在更早的时候，即1996年我还是一名硕士研究生的时候，去北京搜集资料，旁听了中央民族大学召开的一场学术研讨会。当时赵杰老师的发言引起了我强烈的兴趣。他当时在会上主要谈的是关于满汉语言接触的现象，其中他讲到一个"辗转返借词"——"档子"的来龙去脉时深深地启发了我。无独有偶，我硕士毕业论文写的也是关于语言接触的论文，而且也涉及了这样的语言借用现象。硕士毕业后我还想继续求学，看到招生简章上赵杰老师可以招收博士生了，于是就毫不犹豫地报考了他所指导的方向。当然，经过全力以赴的备战和考验，我们三人最终幸运地成为他的博士开门弟子。

我怀念赵老师勤勉、卓尔不凡的一生。每一个辉煌的人必有一段辉煌的历史。入校后，我们才进一步得知赵杰老师不仅经历丰富，而且学业成绩优异。他本科、硕士都是提前毕业，本科阶段因成绩优异还接受过冰心老人的接见，硕士师从名师叶蜚声、徐通锵先生，博士师从名师林焘先生。当我们感叹此生不可能达到赵老师的学术高度时，他却说季羡林先生是他的榜样，还把我们领到季老先生家附近，告诉我们每天朗润园最早亮起的灯光就是季老先生的。他经常给我们讲季老先生还有其他先生的故事来激励我们，告诫我们天外有天，山外有山，不能妄自菲薄，更不能固步自封，还经常用"不畏浮云遮望眼，只缘身在此山中"来勉励我们。至今想起来仿佛是昨天一般。

我深深地钦佩赵老师对语言学所投入的热爱和执着。他撰写的硕士论文《现代满语研究》部分内容就收进了徐通锵先生编著的《历史语言学》一书中；他的博士论文更是获得了很高的评价。就是这样，他依然不忘初心，醉心于语言研究。他口袋里随时装有一个小本子用于记录语料。有时候我们师生几个聊天，他会突然拿出小本子记。他说我们几个人来自不同地方，说话很有特点。比如我，可总结为"三快"——语速快、过渡快、停顿快，说话像机关枪，并且他认为这是语言影响的结果。有时候学妹们说个什么新词或什么话他也记录下来，说这可以拿到现代汉语课上讲。总之，大到会议、讲座中一些专家学者的新观点，小到一些日常趣味说法，都会引起他的关注，然后最终都会成为他论著的一部分语料。他还非常喜欢和我们谈他的一些理论建构，有些设想后来变成了同门们的论文选题，还有些想法则变成了他的论文题目。他这种对语言学的热爱，使他也变得"无趣""死板"。尤其是师生聚会时，他除了谈语言学研究、谈对我们学术上的期望外似乎没有可谈的爱好。

赵老师好奇心极强。我认为这是他能够达到现在这样大的成就的最重要的原因之一。他不仅爱记录，而且非常喜欢问，他对什么都好奇。我们同门中间有懂蒙古语、朝鲜语、维吾尔语、韩语的学生，他会经常问我们这些语言的语音特点和语法特点，尤其是语音特点。我记得他还没有去石河子大学对口支援时，就对维吾尔语中的重音和语法上的重音后移特点非常感兴趣，还让我发音，他记录，然后他再发一遍。他去石河子大学对口支援，回来说跟大学维吾尔族老师学了几句话，还学给我们听。毕竟有极好的语音学造诣，他学得非常地道。后来还出了一本跟维吾尔语有关的著作，这也让我们大开眼界。

赵老师思维极为活跃，不论听他讲课还是听他讲座，他古今中外、纵横捭阖，汪洋恣肆，大有"指点江山"之势。我不知道他是怎么记下那些繁复、枯燥的各种音标的，更不知道那些古今中外的名作佳句他是怎样做到烂熟于心的。他这种信手拈来、心到口到的表达能力和不落俗套、毫无羁绊的想象力往往使人们误以为他是从事文学研究的学者。事实上，他确实发表了很多文学作品，而且正是这种文学素养给他的语言学研究锦上添花。读他的文章或著作你可以感受到一种人文精神和文学的关照。

赵老师对我们要求高，且严格。我记得我读博士第一年，他要求我和其他同门一起听他给本科生讲《现代汉语》。他那节课我收益良多，在很多人眼里难懂、枯燥、乏味的课程变成了充分展示他语言学才华的舞台。后来他的一些话也成了我上课必说的口头禅。诸如"语言学要研究的不仅是'什么'的问题，更要研究'为什么'的问题；"为什么我们发现不了问题，是因为我们'习焉不察'""没有那个金刚钻，就不要揽这个瓷器活儿""发音就是习惯"等。期末考试的时候，有一道汉字注音题，是给王维诗句"愿君多采撷，此物最相思"中"撷"字注音，我写对了，但有学妹没有标对音。赵老师就语重心长地教育我们，中文和国学功底是从事语言学研究的核心基础，一定要夯实中文功底，然后又拿了很多学者的故事来论证他的观点。此后对于他的其他课程，我们丝毫不敢懈怠，不是怕他生气，而是觉得愧对他的一番苦心。即使这样，他时不时还会拿别的学校的同级博士或年龄相当的博士"说事"，"啊，某某能写出来那样的论文，你们是不是也可以啊？"或者，"你看，某某和你们年龄差不多，也是女性，她能做出这样的成就，你们也可以吧？"因同门中女生多，他还经常提醒我们，"你们别看你们和某某同龄，但他比你们要多搞5年学问。"

赵老师不仅对我们要求严格，对自己的要求也很严。我们去做语言调查之前，他训练我们国际音标。每天让我们照着镜子练，第二天检查，还经常讲王福堂老师几十年如一日，临睡前一定要念完一遍国际音标才睡觉的故事。学到小舌颤音的时候，我们都发不出来，他就讲他练小舌颤音都快被大家看成神经病了，但最终还是学会了。我们出去调研的时候，条件比较艰苦，他成天乐呵呵地问这问那，不知疲倦，一直和我们一起记音，讨论音值，时不时地把自己关于满族的风俗和文化传统共享给我们。白天调研结束后，晚上就督促我们整理当天的语料，总是核对到很晚才睡觉，遗留的问题第二天再核实问清楚。调研结束后他又督促我们尽快整理出来发表，自己则又忙别的事情去了。他的日程安排得很紧，今天上课，明天演讲，中间还出国讲学，但他一本一本的著作出版了，一篇一篇的论文发表了，没有见他抱怨过，也没听说他请过病假。他不上课的日子里，偶尔会在校园里碰见他骑着他那七成新的自行车走过来。这时候他一定会停下来和你说上一会儿的话，然后挥一挥手走了。他总是精神抖擞地东奔西跑，好像浑身使不完的劲头，忙不完的事儿……

高山安可仰，大海亦无声。恩师赵老师带着他未实现的梦想，带着亲人、朋友和我们这些他用心血培养出来的学生的沉痛的哀思走了。

这一别，欲见颜容何处觅，维思良训弗能闻。

这一别，满园苗株伤化雨，一门桃李哭秋风。

愿赵老师在天堂的路上一路走好！

彭嬿，女，1967年6月出生，1999年师从赵杰教授攻读北京大学博士。现新疆大学中国语言文学学院教授，全国汉语方言学会理事。主要从事双语、方言和语言学理论教学和研究工作。

# 恩师赵杰教授的半岛缘分

荣慧艳

知道赵老师生病是去年的 11 月 23 日，同门在群里发了消息，非常吃惊，就连着给赵老师发了几条信息。没跟他通电话，是因为大家都说电话里的赵老师气息不够，就想着先不打扰他了。

后来就一直和赵老师保持微信联系，他也一直都回复，也想着早点去医院探望他，赵老师一直说过两天。没想到 12 月 19 日一早传来噩耗。

我一直以为赵老师只是腰腿的毛病，手术治疗后就无大碍了。没想到他病得那么重。我和他算是联系比较频繁的，但他的病情，他从来没有告诉我一句。也许他一直是乐观的，想着病好的那一天，想着把最好的一面展示给他的学生。

去年年初开始，赵老师在石景山图书馆微信群给大家讲中华文化。他很享受讲课的感觉，也很认真地给在群里留言的朋友一一致谢。前几次讲座后，我们都会通电话，聊讲座的收获，聊准备这一次讲座需要投入的时间和精力。但后来因为我的学生们到了毕业季，系里事务繁忙，赵老师接下来的讲座我错过了线上直播，只是下载了音频，打算有时间好好学习。没想到再次聆听这些音频时，赵老师已是故人。

现在想想真是后悔，赵老师的最后一讲是中医药文化。他说自己晚上腿疼得睡不着觉，疼得直冒冷汗，有时只能在椅子上连坐几个小时……我后悔的是，如果这次讲座我听的是直播，那么我一定会马上去见赵老师，至少能陪他聊聊天。

想起和赵老师的初见，是在朝鲜的金日成综合大学留学生餐厅饭桌前的一次长聊，那一次我们一直聊到餐厅的灯熄灭。后来赵老师一直和我谈起这个情景。虽然我早已记不起我们当时谈的是什么。

赵老师曾在韩国讲学三次，作为高级访问学者到朝鲜访问一次，他在韩语语系的归属研究上做出了自己的贡献。他和朝鲜半岛的绵绵缘分，我想由同在半岛待过多年的我来梳理，是最恰当不过的了。

1995年前后，赵老师在北大东语系跟班学习了一段时间的韩语后，准备结合古今汉语、满－通古斯语族来研究韩语的起源和语系归属问题。于是，在北大朝鲜语系的帮助下，赵老师成功申请到了韩国国际交流财团的研修项目，于1996年3月首次踏上韩国的大地。

赵老师此次赴韩研修的单位是汉城大学（现改名为首尔大学），他的实际邀请者是汉城大学人文学院的满语专家成百仁教授。在成教授的安排下，赵老师开始了在汉城大学语言学系的听课学习，主要听韩国语音学会会长李炫馥教授的普通语音学和韩国的标准音两门课。李教授是留英博士，讲课用韩语，但黑板上写的全是英语。通过这两门课，赵老师系统学习了韩语语言学知识，又补充了英语的语音学理论知识。

李炫馥教授经常带赵老师参加韩国的各种学术会议，在水安堡韩国语言学年会上，赵老师用韩语发表了论文《中韩送气音和擦音的比较》。之后，赵老师与李教授一起筹备汉城国际语音学大会，并合作撰写了论文《韩汉人互学对方语言的母语干扰》，同时，赵老师独立创作的论文《中韩送气音对比考》也被收录到了大会的论文集中。

在这期间，汉城大学语言学系筹备出版了《李炫馥教授还甲论文集》（在韩语里，"还甲"是指60周岁），论文集中也收录了赵老师的论文《中韩擦音音值的比较》。

在没有课的日子里，赵老师每天早出晚归，蛰伏在汉城大学图书馆的自习阅览室里，写出了两万字的研修结业论文《论韩国语满语元音和谐律松化的共同性》。这篇论文的韩文版在韩国《东亚文化》第34辑、中文版在北大《东方研究》1998年号上发表。在这篇论文中，赵老师提出，韩语和满语元音和谐律松化和解体的音变路径相似，原因也基本相同，内在的原因是各自的语词都在由长音节向短音节简化，外在的原因是两种语言都不断借用汉字音且又深受汉语的影响。赵老师的这篇论文填补了国内满韩语比较研究方面的空白。

汉城大学的研修不仅在赵老师的学术生涯，也在他的生活中写下了浓重的一笔。也就是从那时候开始,热爱音乐的赵老师喜欢上了韩国知名歌手薛云涛的歌《原点》;也是从那时候开始,赵老师喜欢上了汉城大学的紫霞渊,并在回北大后,逢北大百年校庆时,写出了散文《未名湖与紫霞渊——兼及中韩两校和两国文化之特性》,发表在1998年5月北大百年校庆专刊和1998年7月26日的《人民日报》上。在该散文中赵老师深情地写到:

> 未名湖的波纹蓬勃着青春的律动,紫霞渊的静水蕴涵着奋进的潜流。推而想之,中国确有未名湖的宏大伟岸,韩国也确有紫霞渊的小巧玲珑。中国面积如此之大,人们过去的行事就像未名湖的鱼、水一样悠哉大气,慢条斯理,似乎有博雅塔的文化后盾,有"千树万树梨花开"的地大物博。虽然现在开放跃进的潮流已经加快,但气氛仍显得那样平静、舒适、祥和。韩国面积如此之小,人们的处事也像紫霞渊的鱼、水一样,勤快流动,节奏紧急,生机勃勃,富有进取,在有限的舞台上演出了"威武雄壮的活剧"。
>
> 未名湖与紫霞渊正是中韩两国人民心中的文化圣地,两湖所代表的不具型的精神形象已经成为两国学子净化的魂灵。两湖的未来在这里设计,两岸的文化在这里互补,两国的友谊在这里升华。

1996年下半年赵老师回国后,北大东语系的领导支持他趁热打铁从事汉韩语对比研究的想法,同意韩国梨花女子大学中文系对他的讲学邀请。于是,1997年新学期伊始,赵老师重返韩国。

此次,赵老师在中文系讲授的课程有研究生的汉语音韵、汉语语言文学课,中文本科高年级的汉语写作课,全校本科生的通识课教养中国语。

在此期间,赵老师还担任了在韩中国教师联谊会会长的职务,展示了他良好的行政能力,成为驻韩使馆教育参赞的得力助手。1997年5月,赵老师带领在韩中国教师队伍,由汉城火车站出发,至韩朝边境三八线上的板门店参观。站在1953年中国和美国代表举行谈判的会议桌前,赵老师许下了希望南北早日和平统一的美好愿望。离开板门店,参观队伍又辗转来到了位于水原市的三星总部和位于大田市的韩国科学院、科技城。面积和中国的一个省差不多的韩国,竟然有如此发达的科学技术，这给赵老师留下了深刻的印象。

同期，赵老师也加强了和韩国知名高校在学术方面的交流活动。4月，他在韩国的延世大学做了题为《北京话的特色》的讲座。5月，他在仁川的仁荷大学讲了汉韩语言对比。11月，应高丽大学孔在锡教授的邀请，为该校中文系师生讲了《现代汉语的发展及中国当前研究汉语的趋向》。

1997年11月20日，赵老师在汉城大学国语教育系主任、韩国知名词汇学研究专家金光海教授的主持下，为全体教授和研究生做特讲——"韩国语的起源"。这是一场很专业的讲座，赵老师从比较语言学的角度和语系理论的深度，列举了满语、蒙古语、日本语等例子，说明了韩语的发生、发展之环境。中国人在韩国最高学府讲韩国语的起源，这应该是有史以来的第一次。

赵老师一向生活朴素，在韩国也保持了这样的传统。1997年下半年，硬是坚持在焖点米饭和炒大白菜的俭食状态下写完了《韩国语语系归属新探》的上、下篇。回国后继续修改、充实，分别发表在中国社会科学院《当代韩国》1998年的秋季和冬季号上。在下篇中，赵老师给韩国语的语系归属研究指明了方向：只要我们把历史比较法和语言接触研究结合起来，并深入调查韩语的古语——高句丽语以及一些富有存古成分的方言，特别是密切结合还没有消亡的现代满语，抓紧进行寻根觅源的研究，韩国语的语系归属问题，一定能得出令世人满意的答案。

作为一名以东北亚语言为主的比较语言研究者，赵老师两次到访韩国，也专门调查过吉林延边地区的朝鲜族语言，但尚未去过朝鲜，这是一大遗憾。所以，1999年他成功申请到了国家留学基金委的项目，得以在当年的6月到9月，利用暑假的时间，到朝鲜金日成综合大学进行为期三个月的高访。

赵老师当时被安排住在了大学对面留学生宿舍楼的320房间。宿舍楼的一层有留学生专用食堂。在此期间，我正在金日成综合大学攻读硕士学位。就是在这里，我和赵老师初次见面，并相见恨晚。一日吃完晚饭，我们一直坐在餐桌前聊天，聊到服务员要下班了，走过来催我们。后来这一场景深深刻在我和赵老师的记忆里。在有幸师从赵老师学习后，我们聊到朝鲜，都会提到这件事。原来，师生缘分冥冥之中早已注定。

白天赵老师会去金大听朝鲜语课，一个干瘦的男老师（可能是教会话课的安正均老师）讲课幽默风趣，在课上，他会让每个同学翻译，然后大家讨论，他再指点迷津式地一锤定音，他在不经意中，在带领同学积极参与中把朝鲜语的词汇、语法、语义讲透了。赵老师后来和他成了朋友，1999 年 8 月 31 日晚上，赵老师跟金大的辅导员、还有这位老师到平壤之外的妙香山参观，晚上在不大的清川饭店吃饭，三人都喝得尽兴，这是赵老师平生以来喝酒最多的三次之一，赵老师戏称这次是为了中朝友谊而达到了"酒逢知己千杯少"的境界。

赵老师此次访问朝鲜的主要目的之一是拜访朝鲜语言学界的泰斗、院士金荣晃教授（我的硕导）。8 月下旬的一天，这一愿望终于得以实现。赵老师在金大外事科长的陪同下，在一间会客室里见到了金荣晃院士。二人的话题主要是朝鲜语的起源与发展、朝鲜语与通古斯语族的亲缘关系。金院士也认为朝鲜语特别是古代朝鲜语属于阿尔泰语系通古斯语族，并且与女真语、满语有亲属关系和借用关系，他特别强调古代东北邑娄、勿吉语尤其是扶余语言对朝鲜语形成和完善的作用，渤海国材料的缺乏是朝鲜语研究的遗憾，高句丽语料十分珍贵，使赵老师对通过对比满–通古斯语族来研究朝鲜语有了更大的信心。

在朝鲜高访的日子里，金大外事处安排赵老师参观了平壤市内大同江畔的主体思想塔、金日成的故居——万景台、平壤少年宫、锦绣山纪念宫等。赵老师也曾信步走到位于驻朝大使馆附近的友谊塔，那是朝鲜人民专门为感谢中国人民志愿军而修建的纪念碑。

转眼日子来到了 8 月底，赵老师和我们留学生一起乘坐高丽航空的飞机，到白头山参观。白头山的秋天松柏繁茂，空气不仅是清新的，而且是芳香的。这里几乎是距离中国最近的地方，边境是一条狭长的山沟，甚至能看清楚山沟对面奔跑的汽车车身上印着"吉林省安图县"的字样。作为土生土长的吉林人，这让赵老师备感亲切，也陡生出了思乡的情绪。

登上白头山顶，天池如镜。赵老师应邀在白头山的纪念碑前用朝文题辞。汉义是：

*参观白头山感慨无量，中朝友谊万岁*

*1999 年 8 月 29 日于白头山顶*

这也是赵老师对朝鲜三个月高访的谢辞。三个月的朝鲜高访短期而高效，收获感触颇多，许多惊心、铭心之事永远收藏在了赵老师的留学记忆里。

从朝鲜回国后，赵老师的工作方向发生改变，他选择远赴新疆的石河子大学支教。其间接受位于韩国大田市的忠南大学讲学半年的邀请，于2004年8月底再次到访韩国。

在忠南大学中文系，赵老师每周上三门课，一门是研究生的现代语言学理论，一门是本科高年级的中国文字学，另一门是本科生的实用中国语。每隔一天上午各上两节研究生课和本科高年级课，下午上四节本科生课。讲课之余，赵老师将大量的时间投入到韩语的学习中，因为他有两个梦想——为石河子大学访韩时做翻译、在忠南大学用韩语做讲座。

12月2日下午，在忠南大学人文学院的会议礼堂，赵老师用娴熟的韩语做了特讲——"中国的民族政策与民族文化"，实现了第一个梦想。

12月中旬，石河子大学向本春校长一行来忠南大学访问，赵老师兼职随行翻译。这次翻译经历是赵老师留学日本、韩国、朝鲜期间语言实际运用最长、锻炼最大的一次。

赵老师在忠南大学讲学的这半年，对韩国的社会和文化有了更深刻的认识，比如，韩国大学教授的社会地位、治学的严谨，韩国对儒家文化的继承，韩国社会以人为本的思想等。

2005年2月春节期间，赵老师带前来探亲的女儿到济州岛参观。济州岛的龙头岩、西归浦、城山日出峰以及当地热情的韩国大妈，这些美丽的自然风景和温馨的人文氛围都给赵老师留下了难忘的韩国印象。

2018年7月3日，赵老师以东北大学秦皇岛分校中国满学研究院院长的身份，重返济州岛，参加第三届"中韩21世纪海上丝绸之路发展与合作方案"国际研讨会，并于开幕式后作题目为"秦皇岛在东北亚21世纪海上丝绸之路建设中的历史贡献和现实担当"的主题演讲。

虽然赵老师已驾鹤西去，但他在半岛留下了深深的足迹。他的学识，他的人品，必将被朝鲜和韩国的友人所铭记。

荣慧艳，女，1976年3月出生。2001年师从赵杰教授攻读博士研究生。现为对外经济贸易大学外语学院副教授，从事韩语教学工作，主要研究方向为汉韩语对比。

# 恩师赵杰对我的影响

包萨仁

2020年12月19日早上一打开手机就看到师弟发来的一则简短的消息"赵老师走了",脑袋"嗡"了一下,不可能吧?一星期以前还和赵老师通过电话,怎么就……之后的几天脑子里都是赵老师的事儿,无法平静下来。

1998年我从北师大硕士研究生毕业到内蒙古大学任教。我的专业是现代汉语,主要承担少数民族本科生的现代汉语和应用文写作两门课的教学任务。工作了几年,发现自己有必要继续深造。当时,内蒙古大学和北京大学正好有一个"手拉手"人才培养计划,于是2003年我就依托这个项目报考了北京大学的博士研究生,并在当年很荣幸地成为赵老师的第三位蒙古族弟子。复试时初见导师,就给我留下了深刻的印象:平易近人、没有架子。我攻读博士研究生学位的三年,赵老师先后在新疆和宁夏挂职,虽然身兼行政职务,但赵老师从不耽误我们的课程,开设专业课的学期都要从新疆或宁夏赶来,集中给我们上课。老师对国际音标的精准发音、对音变模式理论的深度解读及扩展、对汉语和阿尔泰语系语言相互影响研究的新认识都让我们受益匪浅、终身受用。

我是蒙古族,所以博士论文选题自然要与蒙古语有关,最后选择了蒙古语族语言中的东乡语和汉语接触研究作为博士论文选题,由此我和语言接触研究、东乡语研究结下了不解之缘。从田野调查开始到博士论文的完成,赵老师悉心指导,每每遇到解决不了的难题时,只要与赵老师沟通就会迎刃而解。现在我还记得,当把我的博士论文初稿拿给赵老师看后,赵老师就说:"论文一定要有理论总结,否则就是一个材料的堆积,没有任何研究价值,从东乡语和汉语接触的过程来看,你可以总结一个改向—同构—互协模式。"这一提示极大地提升了我博士论文的质量，也对我以后的研究工作产生了深远的影响。不论是我个人写文章，还是指导研究生写毕业论文，我总会强调：通过对语料的详尽解释，最后必须要有理论提取。这一主张得到了同行们的认可，这正是赵老师留给我的宝贵财富。

赵老师属于多产学者，而且文章内容不限于语言研究。有人说赵老师能写那么多，是因为他下笔快。赵老师的确写得快，有些文章随想随写，写完之后稍作修改就能定稿，而且通俗易懂、文笔流畅。我非常佩服老师这种本领。不过赵老师著述丰富，主要还是因为勤奋。老师不管多忙，每天晚上一定会挑灯夜读，坚持写作，但熬夜也极大地影响了他的健康。老师思路敏捷，能够从小问题总结出深刻的理论，我想这也是语言研究者必备的素质之一。

老师做学问有一股韧劲，勤奋、好学、不怕吃苦、不耻下问，对一个音位的发音、对一种语言现象都要进行反复的验证。赵老师随身总会带着一个笔记本，走到哪儿，碰到特殊的语言现象随时记录下来，这不仅体现了赵老师的好学精神，也是赵老师知识面广的原因。这种好学精神值得我们学习。老师在《黑龙江满族满语调查的经过与经验》一文中介绍了自己为了调查满语，只身前往黑龙江满族屯的经历。读完这篇文章后被老师吃苦耐劳、坚持不懈的精神所打动，就像文中说的"生活和环境的艰苦，磨炼了我的意志，从某种意义上说，它使我更珍惜这调查的机会来之不易，深知索取'语言公主'和'蜂蜜'的艰难，我很自豪地成了处女地的开拓者"。对从事社会语言学研究工作的我来说，语言调查是必不可少的功课，在语言调查中如果没有赵老师的"筚路蓝缕开拓，刻苦顽强拼搏"的精神，调查工作肯定是要失败的。

赵老师语言研究方面的论著特点可以归纳为：材料与方法并重；共时与历时兼顾；定量分析与定性分析结合；描写与解释结合。老师从大学本科开始到攻读硕士、博士学位都受到了中央民族大学和北京大学名师的严格语言学训练，可以熟练使用严式国际音标记录汉语、满语及各种语言的方言，从而进行精细的描写研究，并从理论高度给予科学的解释。通过研究观察到的语言现象，描写语言的共时面貌，再由此及彼，寻求它们历时音变的来源，寻找亲属语言之间鳞次栉比的渐进性变异。即使讨论"老生常谈"的双语现象，也与众不同，对双语的历时梳理和共时创新、双语在文化强国中的微观作用等内容都有理论与方法的精辟论述。老师的这些语言研究思路和方法正适合我现在从事的社会语言学研究。每每阅读老师的论著，总会有颇多收获。

赵老师语言表达能力极强。读赵老师的文章就是一种享受，用词恰当、丰富，言简意赅。印象最深刻的一个事情就是赵老师在担任中国少数民族双语教学研究会书记时，每次双语教学研讨会闭幕时一定要请赵老师做总结发言，老师的总结发言幽默风趣、重点突出、声音洪亮，最后老师还会赋诗一首，这也成为了研讨会最亮丽的风景。

赵老师为人正直随和，对工作、对研究充满热情和兴趣，我要把对他的敬佩、感恩作为今后工作的动力，努力做好自己的本职工作和学术研究。

谨以此文悼念赵杰教授！恩师安息！

包萨仁，女，1973年10月出生。2003年师从赵杰教授攻读博士研究生。现为内蒙古大学蒙古学学院副教授，从事少数民族汉语教学工作，主要研究方向为社会语言学。

# 赵杰老师与他的老东语系普通语言学课

姚骏

到现在都很难相信,那个精力旺盛,脸上带着微笑,早上起来还在校园里慢跑的赵杰老师已经永远离开了我们。在疫情期间,他还邀请我一起参加了他最后一个博士生的答辩,视频的那头,赵老师依然充满活力。没想到一切都是这么突然……

最早认识赵杰老师是在东语系为本科生开设的限选课"普通语言学"上。赵老师一身整洁的休闲西服,工整的板书,各种外语例证娓娓道来的讲课方式,给我留下了深刻的印象。作为刚入大学学外语的本科生,当时完全不知道语言学为何物。而正是赵老师的一句"语言学是外语专业学生能接触到的最接近科学的学科"让我明确了未来的方向。硕士阶段我选择了朝鲜语语言学方向,而在博士阶段赵杰老师成为了我的导师,我最终选择了历史比较语言学作为我的博士方向。

现在每当看到书架上的索绪尔的《普通语言学教程》和布龙菲尔德的《语言论》也常常让我的思绪回到三教的"普通语言学"几十人的大课堂上。那个说话自带诗人气质的赵老师似乎还没有远去。在此谨记录一些已经逐渐模糊的记忆碎片,来纪念恩师。

语言学对于一般人来说可能是一个有点儿难以掌握规律的学科,以至于现代语音识别和自然语言处理研究的先驱 Frederick Jelinek 曾经调侃:"每当我开除一个语言学家,语音识别系统就更准确了。"通常中文系讲普通语言学都使用叶蜚声、徐通锵先生的《语言学大纲》,但赵老师给我们这帮大二的外语系菜鸟们直接使用《普通语言学教程》和《语言论》两本早期经典上课,现在回想起来也是觉得不可思议。

当时听课，初生牛犊不怕虎的我们竟然没有人觉得这门课很难懂。这主要得益于赵老师对语言学理论准确的把握，择其精要进行清楚的讲授。至今还能想起赵老师讲索绪尔的最大贡献是厘清了现代语言学的研究范围。在现代语言学之前，基本上都是语文学，讨论的内容很杂。"就像以前的人研究国际象棋什么都研究，棋子是怎么样的，最早谁发明的，有哪些著名的棋手。语言学却只关心棋子之间的相互关系。语言学只关心语言成分之间的规则。"他只用了《普通语言学教程》中的"国际象棋的比喻"，一下子清楚地指明了现代语言学只关心语言符号之间的内在规则，而对于语言符号的"外部性问题"并不在意。

普通语言学当时周课时是两学时，要想把这两本经典书籍的精要准确地教给本科生需要对知识内容有通盘的把握，这就要求教师对语言学本身有较深的体悟。后来博士期间由于赵杰老师在北方民大任职，我开始跟随赵老师的本科老师民大罗安源教授学习语音田野调查和现代汉语语法研究，并因送书等机缘拜访了赵老师的硕士导师徐通锵先生。两位老先生对语言研究的精到而独特的理解，终于让我明白，赵老师扎实的语言学功底是在名师的指导下不懈努力获得的。罗老师还提到，赵老师当年假期就泡在图书馆一本本翻阅《中国语文》，学习非常刻苦。现在一些所谓的知名学者以讲课内容让人听不懂而自命不凡。赵老师的课至今给我的印象是把一门内容很难的课清晰地让大部分学生听懂，我认为这样才是一位"好教师"。

但仅仅让学生听懂是不够的。学习要有好的效果，还需吸引学生。语言学在外人看来是很枯燥的。反复辨别发音的细微差别，斟酌用哪个词更合适，历史上汉语有没有复辅音，这些问题常人都会觉得很无聊，甚至有些浪费时间。如何把一无所知的学生领进门，对所有教语言学的老师来说都是有相当的难度。而赵老师却从身边的事例说起，一下子抓住了学生。

有一次讲音位的变体，按课本讲是"一个音位的多个实际变体"，非常直白，但是让初学者不知所云。赵老师马上举了一个汉语拼音方案的例子："大家试着读一下'新闻''一碗饭'，是'wén''wǎn'。"同学们一读才发现，如果按"w"来读会非常怪，实际发音是"v"带有摩擦。一个小小的例子就解决了大家的疑惑。

讲到历史语言学中经典的"格林定律"，讲的其实是日耳曼语言中所发生的一系列有规则的辅音变化,内容本身谈不上什么有趣。但是赵老师在讲规则之前谈起了格林兄弟著名的童话故事,一下子把研究者的身世和冷冰冰的语言学规则联系在一起。现在很多学过的语言学规则可能会忘记,"格林定律"却牢牢地印在心里。

当然作为东语系开语言学课的老师,也得上出自己系的特色,后来我在中文系听了很多语言学课才发现中文系的例子多是从汉语的方言里举例。而赵老师的课总是立足于东语系这些语种里的例子。有一次讲汉语中比较特殊的卷舌音"r [ɻ]",这个音在很多语言里没有。为了引起我们的注意,赵老师又特地举了韩国学生的例子。他说韩国留学生读"r"很像"ㄹ [l]",但是韩语中的ㄹ在音节前做辅音时是边音,并没有卷舌的特点,而且也不是国际音标的 [r]。随后他又发了一个标准的大舌颤音,在场的同学们都会心地笑了。利用精准的外语例子来阐释语言学的概念,一下子就拉近了理论和学生的距离,也使得这门课更抓住了本系学生的心。从学生的特点出发举例,而不是照搬课本的示例,让赵老师的课在众多的普通语言学课中别具一格。其实现在想起来,普通语言学从最初就是源自语言比较的,更多的外语例证,可能也更符合这门学科的初衷吧。

除了讲解的深入浅出让学生易于理解之外,赵老师的课还有他自己的逻辑,那就是激发学生的自主思考。老师讲得再好也是老师自己的东西。一门课之所以成功也不仅仅是老师讲清楚内容,学生完全理解,真正的优秀课堂在于优秀的教师和优秀的学生的思想碰撞。赵老师似乎更喜欢激发学生热烈的讨论。他在课上经常会结合东语系学生的特点引发一些争议性的话题,在师生互动中深化学生的思考。有一次讲到历时语言学的语系归属问题,照本宣科讲语音对应规律是比较常见的讲授方式,课本也是以早期的格林定律来讲的。但这种方式对没有德语背景的东语系学生来说还是过于生僻。赵老师谈起了东语系学生比较熟悉的韩语和日语。一般认为,韩语和日语在语言学界是归属不明的语言,当然主要是认为其语言受汉语词汇的影响较大。赵老师根据斯瓦迪士核心词列表,列了韩语和日语日常生活中最常见的词汇,并与蒙古语和满语进行了比较,大部分词还是能找到相应的语音对应关系,一下子课堂气氛就活跃起来了。坐在下面的韩语和日语专业的同学们纷纷又提出了一些常见固有词和老师进行了讨论,虽然受到汉字较大影响,大部分词还是遵循了阿尔泰语系的特点。通过这样的师生交流,学生不再是单纯的接受者，冷冰冰的语言学规则也变得亲切起来。

斯人已逝，这些本科时赵老师给我授课时的点滴似乎已经成为逐渐模糊的记忆，但是依然亲切。一个老师真正让你尊重，在于这个老师在你身上留下的印迹。正如赵老师经常教导我们的"一门课教给学生的不应该仅仅是知识，而是所有上课讲授的知识都忘却之后留下的那一部分"。也许赵老师教授的具体知识已经无法想起，但是他深入浅出的教学方法，以学生为中心的教学理念，现在还深深地印在我的脑海中。

在此记录下这些，以纪念恩师赵杰先生。

姚骏，男，1978年11月出生。本科期间选修赵杰教授的语言学课程，2004年师从赵杰教授攻读博士研究生。现为北京大学对外汉语教育学院副教授，从事对外汉语教学和研究，主要研究方向为对韩汉语教学、韩汉对比。

# 怀念恩师

李欣

至今仍不相信赵老师真的离开了我们，脑海里时常出现赵老师精神矍铄行走校园和田野调查的样子。提笔写此文，伤心不止。

往事太多，点点滴滴涌上心头。2007年，我在宁夏大学读硕士研究生时，赵老师应邀为我们讲授国际音标课程，看到赵老师的简介时，大家都惊呆了。尽管国际音标课程对于我们来说，近似"玄学"，可赵老师幽默风趣的讲授让国际音标变得亲切起来，每个音标在赵老师口中都赋予了生命，他都能够列举生动的活语言语料，不仅有汉语普通话及方言，而且还有不少是少数民族语言，如满语、蒙古语、突厥语的例子，因此，很大程度上提高了所有同学的学习兴趣。赵老师不仅讲授音标理论，而且积极引导学生参与到国际音标的练习中，对每位同学都从发音方法和发音部位进行专业而严格的训练。随着学习的深入，我渐渐明白这些语料都是先生几十年如一日深入语言田野调查一线的宝贵积累，而且从那时起，国际音标于我而言，不再是陌生的朋友，反而逐渐成了熟悉的伙伴。从这个意义上来说，赵老师是我进入语言学研究领域的启蒙者。

2011年我开始师从赵老师在北京大学攻读博士学位，老师带我学习语音学、语音接触等理论，精心教导我做人做学问，引领我迈进学术研究的大门。读博期间，赵老师一直往返北京与银川之间，校园、教室里见到的总是他忙碌的身影。记得有一次老师下午要赶飞机，中午下课后还在教室里对我近期的学习情况进行指导，同时指导我的论文开题，结果连吃饭的时间都耽误了，谈话后他从教室直接赶往机场。赵老师就是这样一个不知疲倦、认真负责的导师。

在很多人看来，语言学专业、语言学课程是枯燥乏味的，如果听了赵老师的语言学课，一定会改变之前的看法。老师无论是给博士生还是本科生开的语言学课，都一样充满了灵动感，语言的每一个要素在赵老师那里是有旋律的音符。记得读博期间，旁听过老师给本科生开的汉语语言学，他不仅用大量的汉语语料深入浅出地讲授汉语语言学理论，而且还能列举韩语、日语、英语、泰语等语言中具有代表性的语料与汉语进行对比，极大地提高了学生的兴趣。从师三年来，老师不仅教会了我从事语言学研究的理论和方法，而且潜移默化中也教会了我语言教学的方法与精髓。

赵老师一生致力于研究满语、满汉比较语言学等方面的研究，勤勤恳恳、兢兢业业，先后出版《现代满语研究》《现代满语与汉语》《北京话的满语底层和"轻音""儿化"探源》《满族话与北京话》《从日本语到维吾尔语》《清代满文与现代满语》《满语方言研究》等著作，同时还发表了《汉语方言中日、朝、韩语借词的辨析》《论阿尔泰语系与北方汉语接触的音变模式》《北方民族语言的发生态势与研究路径》《从锡伯语20年变化看满语的音变走向》《中日汉字音的推链式音变及日本语的擦音化》《满语、朝鲜语语音对应规律探拟》《论汉语与东南亚诸语的接触关系》《满汉语言接触与清代北京话的形成》《现代汉语陈述式复合词的分化特点》《韩国的"汉语热"》《韩国语语系归属初探》《韩国语语系归属新探》《当代韩国》《韩国语的汉字音和近古汉语的音变律》《汉民族共同语形成史话》《京北喇叭沟门乡满语透析》等约190篇论文。赵老师在这些著作里，提出了一些重要的语言学本体理论与语言接触理论，阐述了中国少数民族双语习得理论和少数民族双语教学理论对推动中华民族"多元一体"语言体系和教育体系构建和发展的重要意义。这些研究成果和学术探索都是老师留给我们的宝贵学术财富，我们将继续精修老师的学术著作，努力向前，积极探索。

2020年12月19日，注定是个令人悲伤而难忘的日子。逝者长已矣，生者如斯夫，那些与老师有关的温暖片断，将永远留在学生心里。敬爱的赵老师一路走好！学生不会忘记您的教育培养之恩。

李欣，女，1981年9月出生。2011年师从赵杰教授攻读博士研究生。现为包头师范学院文学院教师，主要从事现代汉语、第二语言习得研究等教学工作，主要研究方向为阴山地区语言接触及汉语方言研究。

# 带我走进锡伯语研究的先生

## ——悼念恩师赵杰教授

秦平

2020年12月19日上午，惊悉恩师赵杰教授病逝的消息，一时怔住，呆坐在沙发上，许久未能回过神来，直到家人喊我时才发现已泪如雨下。

得知恩师住院，一直微信联系问候，未曾想短短数十日，恩师竟驾鹤西去，几欲提笔写文悼念恩师，脑海里都是恩师灿烂的笑脸、挺拔的身姿、洪亮的声音，很难去接受那么健康、乐观、善良的一个人竟然永远离开了我们，眼泪随着写下的字落下，心如刀割。

2011年冬天，那时我硕士三年级，赵杰教授当年想招一名本科专业为满语或锡伯语的博士，硕士导师赵阿平教授就将我推荐给了赵杰教授，由此与先生相识。那年寒假，趁着在北京转车的机会到北京大学拜访了先生，初次见面，先生的谦逊、和蔼给我留下了深刻的印象，他仔细询问了我的学习情况和备考情况，鼓励我好好复习，争取早日考上北大跟随他读博士，也是那次见面，坚定了我一定要读博的决心。

寒假期间闭门复习，由于我属于跨专业考博，语言学基础薄弱，考试的参考书看起来异常困难，每每想要放弃的时候就给先生打电话，先生耐心给我讲解读书中遇到的问题，一再鼓励我坚持下去，把书多读几遍，把难点吃透，尽管很用心地去复习了，2012年的考试依然以英语两分之差落榜。之后经历了很长一段时间的心理挣扎，在继续考博或工作之间摇摆不定。这时先生给我打电话问我愿不愿意再考一年，我说出了自己内心的挣扎，先生为我描述了读博之后的生活，他对学术研究的热情深深感染了我，思考了几天后，从内心认定读博就是我想要的生活，于是告诉先生我会继续考博，他很开心，他希望有更多的学生来研究满语、锡伯语，之后每次联系都鼓励我认真复习，2013年我如愿以偿地考入北大，正式成为先生的博士生，跟随先生走上满语、锡伯语研究之路。

博士课程的前两年，跟随先生陆续学习了满语研究、国际音标、历史语言学、语言学研究方法等课程，同时也在先生的建议下，去听北大中文系开设的一系列语言学课程，以打牢我的语言学基础。

满语、锡伯语是我本科时学了四年的专业核心课程，在先生开设此课程之前已有了不错的基础，一直不理解为什么在博士阶段还要为我开设这门课程。一学期的课程结束，我理解了先生的良苦用心。本科阶段的学习，目的是掌握这门语言，解决是什么的问题。博士阶段再学这门课程，解决的是为什么的问题。先生在授课过程中会提出很多问题，都是我之前未曾思考过的，为我打开了研究这门语言的一扇窗。

国际音标课非常有趣，先生能将各种音发到位，令我佩服不已。在这门课上，先生还教会了我如何下田野、如何记音、如何选取发音人等知识，我也在先生的鼓励下攻克了满语、锡伯语中的大舌颤音，学会了如何寻找发音合作人，如何与发音合作人相处，这为我日后的田野调查带来了诸多便利，拉近了我与发音人之间的距离，让我顺利完成了田野调查工作，为我日后博士论文写作储备了丰富的第一手资料。

从我入学之初，通过与先生的多次交流，最终将锡伯语研究作为我博士论文的选题。先生告诉我，日本的锡伯语研究做得非常好，我要想做好研究，也要学好日语，关注日本学者的研究，于是我又学习了日语。在我后来着手准备博士论文时，发现日本学者发表的锡伯语研究成果大部分都未翻译成中文，要想了解日本锡伯语研究状况就要读日文文献，当时很感激先生早日提醒我学习日语，为我后面博士论文的准备工作带来了诸多便利。

确立了选题之后，博士一年级下学期我就跟先生商量去新疆伊犁察布查尔锡伯族自治县做田野调查的事情，先生很支持我早日着手调查的决定，从制定计划到进入田野，先生一直指导、关注我的调查。先生曾在多年前赴察布查尔县调查过锡伯语，对锡伯语的概况非常了解，田野中一再提醒我要仔细辨音，注意有没有新的音变现象产生，注意在多种语言接触共存的背景下，锡伯语在词汇、语法方面的发展变化。

经过先生的提醒，在语音方面发现了锡伯语口语中长元音的存在，通过梳理文献发现，中国学者在研究中没有提及长元音的存在，日本学者中，从早期的服部四郎等学者到年轻学者儿仓德和的研究中都对长元音有过记录。但是，日本学者所讲到的长元音与我在调查中所发现的长元音是不一样的，日本学者认为长元音本身在锡伯语中就存在，我调查所发现的长元音则是由于音节省略而形成的，同时找出了长短元音的最小对立对儿，进一步证实了长元音的存在，厘清了长元音的产生机制。在调查中这一小小的发现得到了先生的认可，此后我又两次赴新疆进行调研，在不同的村子选取发音人验证这一音变现象，最终确定这一音变现象确实普遍存在于锡伯语口语中。

从读博之初在新的研究领域中的水深火热，到一点点拨开迷雾，从理论学习到田野实践，博士阶段的每一步都离不开先生的指导与鼓励。从一个只知锡伯语是什么的初学者，到逐步走上探寻为什么的研究之路，从一个未经锤炼的锡伯语学习者，到对这门语言产生敬畏之心的研究者，先生是我的领路人，带我走上探寻一门语言奥秘的奇妙旅程。

如今先生已离我们而去，每每念及，音容宛在。虽不能再聆听教诲，不能遇到困惑时再找先生指点迷津，但先生在世时给予的指导与关爱将伴随我今后每一步的成长。无尽的怀念，诉诸笔下时竟显得如此苍白无力，也许，怀念先生最好的方式是继承先生未竟的事业，延续其学术理想，以慰先生！

恩师千古，怀念恩师……

秦平，女，1986年4月出生。2013年师从赵杰教授攻读博士研究生。现为河北民族师范学院避暑山庄研究中心讲师，从事语言学教学工作，主要研究方向为锡伯语口语、满文文献研究。

# 赵杰老师引领我走进满－通古斯语言比较研究

张殿典

听到赵杰老师去世的消息，非常悲痛。2016年我有幸成为赵老师的博士后，是赵老师带着我走上了比较语言学研究的道路。我不仅找到了新的研究兴趣，还接触和学习到了多门学科的理论知识与方法，学术视野得到了极大的开拓。在专业以外，赵老师宽厚、勤勉的人格品质也在影响着我，他的为人、为师、为文都是我未来人生中的榜样。

赵杰老师毕生致力于满语研究，著述丰赡，取得了令国内外学界瞩目的显著成就。在语言比较研究方面，赵杰老师凭借熟知多语的得天独厚条件和语言田野调查的硬功夫，又深谙语言描写、对比、比较、接触等理论，为汉语、阿尔泰语等语言的研究提供了意义深远的方法和思路。

在我求学期间，赵老师不嫌我学识鄙陋，为我制定了关于满－通古斯语族语言比较研究的学习计划，并不厌其烦地教授我语音学、历史语言学等学科的理论方法。但满－通古斯语族语言繁多，并且一多半都在境外，想要做好比较研究的工作是非常艰难的。赵老师建议我从词缀研究入手，这是因为，满－通古斯语族诸语言均是黏着语类型，词的结构非常明显，几乎所有的构词和词形变化都是通过词缀的方式体现的。并且，以往对词缀的研究，多是根据语言经验列举词缀成员，或者以排比例句、归纳特点的方法阐释例句，少有将词缀看作一个独立的、成员间有密切联系的系统加以阐发的。词缀虽然不是词，不可以独立使用，但它仍然具有类化功能和语义价值，是满－通古斯民族先民范畴化思维的集中体现，从词缀产生的历史过程，也可管窥满－通古斯民族先民的认知隐喻思维模式。特别是俄境的满－通古斯语诸民族长期深居西伯利亚腹地，社会发育迟缓，语言、文化上较少受别种民族影响，语言中保留的古老成分相对较多，其中构形词缀系统尤为接近于满－通古斯共同语的原始形态，适合作为历时比较和早期形式构拟的基点。如能系统地研究好词缀，不但是一个创新，通古斯语的研究也不怕没有章法了。在与赵老师多次讨论之后，我们决定将词缀的研究分两步走，即探讨词缀的来源、发掘词缀的语言学意义。前者从两方面进行考察，一是放眼于整个阿尔泰语系。利用历史语言学的理论方法，注重原始阿尔泰语的分化和投射，参考其他语族对应的词素，找出词缀从原始形式到现存定态的演变脉络。二是着眼于语族内部。阿尔泰语系三大语族虽在语音形式、形态结构和句法规则上都有共同点，但语族间仍存在较大差异。满－通古斯语的原始形式应是探讨其词缀来源的首要参考对象，尤其应重视各语言实词虚化为词缀的语法化过程。比如，宾格词缀来源和后置词 baru 的关系；与－位格词缀表时间和表空间的语法意义之间的关系；从－比格词缀和原始满－通古斯语的动词形式"*dur-"、满语使动—被动态词缀和动词 bumbi（给）、执行体词缀和各语言有"来""去"意义的动词；满语、锡伯语的条件（假设）式词缀和连词 bici……，立足于词素的发展变化，将共时研究和历时研究有机结合起来。这样的研究也会给语法化、认知语言学理论提供多民族的语言材料。

词缀还蕴含了丰富的语言学意义亟待发掘。如满语的使动态、被动态中缀"-bu-"很可能是动词 bumbi 语法化的结果。结合汉语"给"类词的研究，可找到支撑这一观点的依据，即"给"本身所隐含的方向性和可投射双 VP 结构的语义表征，以及满语 bumbi 词义和语法功能的演变特点。这样，不仅对某个词缀、某个语法点做出了解释，更大的意义在于实践了类型学的理论观点，启发后续的研究，不仅可以参考有亲属关系的阿尔泰语系语言，更可以参考其他语系语言的发展规律。

研究伊始，赵老师就对我说过，满－通古斯语保留了很多阿尔泰共同语的古老成分，但是因为大部分语言在历史上没有文字，能够用来进行语言学研究的传世资料非常少。这是进行满－通古斯语比较研究的一个大困难。如能深入满－通古斯语的分布地区进行语言调查，则有望解决一部分困难，但满－通古斯语又分布在中国东北地区和俄国的西伯利亚及远东地区，目前还缺乏去国外进行语言实地学术调查的条件。所以，赵老师让我留意收集国内外关于满－通古斯语研究的信息，总结国内外的学者研究的焦点，特别是俄国学者的研究兴趣，因为他们对通古斯语向来有自己的一套科学的调查研究方法，研究结果较为可信……在赵老师的指导下，我搜罗到了一千多条国外通古斯语调查研究成果的信息并制成了详细的目录，并且至今我也仍然在坚持收集、丰富目录，期待有一天它能帮助满－通古斯语研究者更好地做研究。

  赵老师引领我走上满－通古斯语比较研究的道路，既传授我方法，又启发我拓宽研究视野，使我至今仍然保持着对满－通古斯语研究的热情。犹记得 2018 年端午节，赵老师请我和师妹程烨在艺园吃饭，席间，赵老师真挚地说我有科研能力，让我一定不要放弃做学问。我当时一边做博士后的课题，一边还要照顾两个刚上幼儿园的小孩，时时感到力不从心，是赵老师的这句话鼓舞了我，直至今天，这句话也是我拾起信心、迎难而上的动力。想到这里，又禁不住泪湿眼眶。恩师慈父般予我如此多的教导和关心，我心中将永存感念！恩师的倏然长逝，留给我无尽的哀伤和遗憾。

张殿典，女，1983 年 2 月出生。2016 年师从赵杰教授从事博士后研究工作。现为华南师范大学文学院讲师，主要研究方向为满－通古斯语研究、出土文献语言研究。

# 语言的田野与田野的语言

## ——兼忆赵杰老师的言传身教

陈帅

赵杰老师给我印象最深的就是他好像永远风尘仆仆地走在田野调查的路上。老师的学术生涯是从田野调查开始的，他在给我们上课的时候曾讲过当年在黑龙江乡村做田野调查的情景。1985年10月老师去黑龙江省富裕县三家子村做满语调研。齐齐哈尔富裕县三家子村与泰来县依布气村是全国知名的两个仍使用满语的村子，当时老师是北京大学中文系语言理论方向的研究生，刚刚调查记录过山西五台方言和黑龙江省黑河地区的满语口语，国际音标娴熟，语言田野调查经验丰富。他常在月黑风高的晚上独自在村子里穿行，想要掌握更多田野的信息，老乡告诉他，当地经常有东北虎出没，老师听后虽然惊出一身冷汗，但并没有打消他继续做田野调查的念头。

老师的母亲是满族，他有一定的学习满语的先天优势。但是满语毕竟是濒危语言，人们在日常生活中很少使用，老师的满语是成年后为了调查语言从头学起的。去世前他仍在讲授满语课程，他可以用满语流畅地表达，可以用满文潇洒恣意地书写对联，这与他年轻时满语田野调研的扎实根底分不开。记得老师曾在课堂讲述一位语言学老教授在菜市场上听到两个小贩用方言骂架，老教授对这种下里巴人的粗野言语显示出格外的兴趣，在一旁听得津津有味，久久没有离去。老师用这个例子告诉我们田野中活语言的魅力。

## 一、语言是进入田野的主要路径

语言学因为要记录活语言，对田野是非常重视的。人类学家常年深入田野，也要学习和记录活语言，语言是进入田野的主要路径。人类学的先驱马林诺夫斯基因为机缘巧合，在太平洋岛屿上待了几年，将民族志的方法不断完善形成了一种独具特色的研究方法，并逐渐为其他学科所借鉴，田野成为了相对独特的认知空间。早期人类学者从事对他者的研究，到异民族中做田野民族志，首先要学习当地的语言。而且这些学者大多并非语言学家，在学习材料缺乏的情况下学习一门外语是非常困难的，有的时候还会遭到当地人的一些恶作剧，奈杰尔·巴利在《天真的人类学家：小泥屋笔记》中有过让人忍俊不禁的描述。但是从事异民族异文化的研究，语言却是第一道门槛。语言不仅是沟通的桥梁，还是思维的工具及文化的载体。一种文化的早期，人们主要还是通过感官来认知世界的，所谓"如鱼饮水，冷暖自知"。文化成熟后，则更多是用语言来感知和思考外部世界。

雅思贝斯在《历史的起源与目标》中提出，公元前600—公元前300年间是世界的轴心时代，标志就是古希腊出现了苏格拉底、柏拉图、亚里士多德，以色列的犹太教先知，古印度的释迦牟尼，中国的老子、孔子等，这几大文明都对现在有着深远的影响，因此被称为文明的轴心时代。这也是语言文字初步形成的时期，这个时期就奠定了一个民族最终要讲什么话，要走什么路。这也是文化的原创期，在这一时期之后，语言逐渐成熟，文化也逐步成型。人类虽然也通过感官来认识世界，但更主要的是通过语言来认识世界。这就像人类只能接受一个波段的声音，他对世界的认识也是被语言所处的"波段"形塑着。满语中用很多词来形容马，根据马的年龄、颜色等的不同，分别有不同的单词来表达。爱斯基摩人也有四百多种说雪的方式。人类学家博厄斯在1940年发表的"科学与语言（Science and Language）"中称，英语中单一的"雪（snow）"对爱斯基摩人来说简直无法想象，他们细致地区别了"飘落的雪""正在融化的雪"，并且还有其他雪的说法和分类。每个民族的语言都与他们的生活环境有着很强的内在联系性，它们是在人类适应环境的过程中形成的文化标识。

一般认为在很偏僻的地方，保留下来的语言是最为古老的，与此相应的，偏远地区的文化也相对古老。这是时间与空间上的一种对应关系,所以人类学家深入异民族做的民族志主要还是为了追古鉴今,对当下的社会发展问题有所洞见。挪威学者埃里克森来我校讲座时曾向我解释过他的著作《小地方,大论题:社会文化人类学导论》书名的用意,他说要重视小地方背后大的联系性。人类学物的研究重视对稻米、咖啡、盐、糖等小的食物内在联系性的研究,往往在微小事物基础上展开宏大叙事。学者喜欢跑到荒郊僻野就是为了在最不起眼的风俗民情、在当地的俗言俗语中看出传统社区村落的自然观世界观文化观。

## 二、田野中的语言与民族交往交流

我曾跟随赵杰老师到甘肃临夏进行回族习俗的田野调查,去的时候在当地一个人都不认识,直接就去清真寺找阿訇访谈。那个阿訇就住在清真寺里,老师就拿出小本和他聊了起来,边聊边记。虽然是初次见面,但是他们聊得很投缘,阿訇说的那些生活习俗及宗教礼仪老师都知道,他们不像是一种单方面的了解,更像是老友的双向交流。聊了一段时间后,阿訇对老师的学识也很惊叹,当得知老师的名字后,他恍然想起来说还看过他写的文章,如他乡遇故知一般。这次调研是老师在兰州大学讲学期间临时安排的,早上出发晚上就回到了兰州,甚至都没在临夏住一夜。但是他和那位素未谋面的阿訇就像是多年的老友,有着说不完的话,调查的内容越来越丰富和深入。老师的田野调查能力让我非常钦佩。老师跟阿訇之所以相谈甚欢,是因为他们有共同的语言,也就是田野的语言——当地人的语言。如果我们缺乏这种语言,相互的交流就会产生隔阂。本来我们想表达的是一种关怀,但对方很可能会觉得是一种侵犯,这就是我们常说的"好心办坏事"。

老师来到宁夏后开始从事回族的研究。对于他的研究当地的一些人是有看法的,他们觉得老师是满族,对于回族的一些内部性事务肯定是陌生的,怎么能做学术研究呢。老师因此而受到非议,我作为学生也非常困惑。但老师并不以为意,他去宁南山区做田野,住在当地回族农民的窑洞里,他回来后跟我们讲起当地的艰苦环境及农民努力致富的进取精神,能够看出他深受感动。有些人做学问是做很精致的研究,用高深的术语,复杂的模型,讲一个很简单的道理,然后发表在顶级期刊上，并获得国家级项目。赵老师却是把论文写在祖国的大地上，做学问特别重视田野工作，他反对唯学历、唯资历、唯"帽子"、唯论文、唯项目。这一点对我影响深刻。

## 三、田野的代表性问题

有一年暑假赵杰老师跑了南方的好几个地方，写出一部专著，他每到一地，根据田野调查和收集的资料，就能写出一章来。王希杰先生对这种研究方法提出质疑，认为这种小范围内的研究能否说明实际情况，毕竟中国那么大，一个小地方发现的问题是否具有普遍性。当年费孝通先生做的江村经济的研究也受到他的同门利奇的质疑。这个问题引起我的困惑，就是社会科学对社会的认识究竟能达到什么样的程度，我们是否需要去很多调查点的田野才能把一个问题说准确。

从结构主义的观点看，每个田野都是原型社会的一种变体，社会是比人心更复杂的存在，对其基本结构及运行机制的研究必然要有一个由浅入深的过程。有时一个人提出一个概念工具就能极大提高我们对社会的认识并推动社会的发展。比如韦伯对官僚制的研究就揭示了现代社会组织形态。有的人类学者要在异地他乡待上一年半载甚至几年才能确定是否能就当地区域做深入的研究并最终形成学术成果，这主要是受田野的场域与研究者的问题域契合程度的限制。

每次从田野回到住地后我都有恍若隔世的感觉，这种感觉很奇怪，跟旅游回来并不一样。按理说都是从我熟悉的地方去了一个陌生的地方，又回到了熟悉的地方。但是去田野和去旅游真的不同。后来我发现，在田野中我们并不只是一个旁观者的身份，我们会入戏。以前学界对田野的认识是，学者是一个照相机或摄影机，要客观地记录田野。后来意识到这是不可能的。我们会不自觉地卷入到田野的纷纷扰扰中去，只有当我们置身其中的时候，我们才能体会到真实的田野。而且，田野是无法穷尽的，比如美国社会学家葛学溥对我国华南沿海地区凤凰村的研究，形成了著作《华南的农村生活：广东凤凰村的家族主义社会学研究》。我国学者又对这个村子做了追踪研究，使得凤凰村成了一个学术名村。赵杰老师去的富裕县三家子村也是这样，研究者众多。所以说，一千个人类学学者眼中有一千个田野，对田野的描写也是"远近高低各不同"。

赵杰老师去过我国所有县一级的地方，还去过加拿大、美国、韩国、日本等地求学访学，对于异文化的视角是比较熟悉的。他说做语言研究不掌握几门外语是很难做出成绩的，来自一门语言材料的理论说服力是有限的。同样道理，只描写了一个村庄就说中国农村怎么样肯定也有局限性，所以费孝通先生后来又做了云南三村的研究，后续又出版了《行行重行行：中国城乡及区域发展调查》。这说明了单一田野的局限性，但谁又能抹煞像《江村经济》这样的田野研究代表性作品的地位呢。

## 四、毕生奔走在田野

赵杰老师在退休之后依然过着四处奔波的生活，他的研究区域拓展到南方的十八洞苗语研究。老师一直说做学问要做两手，一手是大家都看不懂的，一手是大家都能看得懂的。所谓大家都看不懂，就像郭沫若的甲骨文研究、季羡林的吐火罗语研究，这属于冷门绝学，大家都不懂。所谓大家都看得懂，就像郭沫若的诗歌、季羡林的散文，这些都是广大读者喜闻乐见的。老师在季羡林先生身边工作多年，这种研究境界也成了老师人生追求的目标，他一直持以满语为重点的历史语言学、比较语言学研究和以人类学、民族学为重点的民族文化、比较散文研究。他的语言学研究从黑龙江濒危满语的精细描写、满语与汉语融合、北京话中的满语语音挖掘与分析、北方民族语言接触、新疆蒙古语特征分析、十八洞苗语发展趋向预测研究，可以说完成了东北、华北、西北、华中的一个闭环。他的民族研究从满族、回族研究到新疆各民族、雪域高原各民族，最后到苗族的研究。他的文化研究不仅涉及国内各民族文化，还包括对日本文化、韩国文化的比较研究。在2020年疫情期间，老师在石景山图书馆做传统文化讲座，他邀请我去听，讲座共十二讲，讲到语言、文学、饮食，如数家珍，异彩纷呈，这同他多年来走遍祖国大地，深入田野调查、大量收集鲜活的语言文化材料是分不开的。

老师的一生是奔波劳碌的一生，他很难停下来，他先是自己去做田野，后来带着学生去做田野，退休后又是自己去做田野，几乎走遍了全国。无论是做田野还是校内开会，他都是小本本不离手，随时把他认为有用的东西记下来，他像一块超级海绵一样收集利用能接触到的一切。

天行健君子以自强不息，老师的一生很好地诠释了中华民族的这种生存理念，老师一生行行重行行，深入到生他养他的父老乡亲们中间，将自己的汗水泼洒在他热爱的土地，开出灿烂的生命之花。

　　谨以此文怀念我的老师。

陈帅，男，1983年7月生出生，2007年师从赵杰教授攻读硕士研究生。现为北方民族大学学报编辑部办公室主任，从事人类学研究工作，主要研究方向为物质文化与区域变迁。

# 西部求学 得遇良师

## ——追忆恩师赵杰先生

王贵卿

2020年12月19日,是个难忘的日子。这一天,我和同门弟子们含泪悼念,一起送别了恩师赵杰。恩师突然辞世,犹如星辰陨落,无不扼腕叹息。作为学生,除了感叹生命无常外,悲痛的心绪,猛然间又将我带回过去,带回到跟随恩师读书的那段日子。

2008年的秋天,我考上了北方民族大学的语言学专业研究生,师从赵杰老师。赵老师是北大的博导,为支援边疆地区的教育事业,来到北方民族大学担任副校长,硕士生导师。能够成为他的学生,何其有幸。怀着激动的心情,办完入学手续后,我便赶去赵杰老师办公室拜谒。初见赵老师,没有想象中的古板严肃,倒像是一位认识多年的老朋友,和善易近,亲切随和。赵老师精力充沛,对待学生十分亲切,有机会就召集我们同门几个学生相聚,谈做人的道理,讲做学问的方法,每每相见,相谈甚欢。

还记得12年前,2009年大年初六,刚过完春节,我们同门4人便赶到学校跟随老师学习满语课。除了汉语母语和英语,满文是我人生中接触的第三种语言。老师是国内满语研究领域的杰出学者,著有《清代满文与现代满语》《满语方言研究》等著作,发表满语及有关满语辞书研究的论文百余篇,满学领域研究成果丰富,有幸在赵老师的门下学习满语,着实是一种幸运。那段时间,学校还未开学,银川的冬天极冷,在赵老师的鼓舞和带动下,大家学习满语热情很高,有时候为了赶时间,晚上也要上课。赵老师为我们讲授的是季永海先生的《满语语法》，因为书籍难以买到，他亲自为我们每个人复印了讲义，讲述满文的发展史，一一纠正满文词语的发音。赵老师授课方式幽默诙谐，深入浅出，一堂课下来，大家总是意犹未尽。结课时，我们向老师致谢，并合影留念，他浅浅一笑说："不用谢我，学习好就是报答。"简单朴实的一句话，却饱含了对学子们的殷殷期待。

　　研一的寒假，赵老师的满语课程陪伴我们度过了一个充实的假期。暑假7月，老师又带我们同门几个学生去云南参加国际人类学与民族学联合会第十六届世界大会。那是我第一次参加世界级的盛会，也是我第一次走进七彩云南这片神奇而美丽的土地，当时激动而又好奇。会议安排了200多场专题会议和多场学术讲座、专项展览、学术考察。赵老师受大会邀请，组织召开的专题会议以阿尔泰语系研究为题，从学术研究和文化发展的角度讲述了阿尔泰语系的相关知识。专题会议结束后，赵老师安排我们去参加学术考察，自己一个人离开昆明奔赴外地，参加下一个会议。正如老师的一位故友评价：赵杰老师每天不是在开会，就是在开会的路上。

　　我是跨专业报考的语言学专业研究生，对于这个来之不易的学习机会备感珍惜。初次接触语言学，只觉得是一门有趣的学科，对于语言学的分类和研究内容知之甚少。了解语言学，先从它的历史学起，赵杰老师给我们开设了历史比较语言学课程，历史比较语言学是语言学中极为难学的一门学科，语言的谱系分类、演变规律和语言比较法，特别是音系方面的知识，我学起来特别吃力。结课考试的时候，大家普遍反映课程内容较难，希望老师以论文或者开卷方式进行考核。赵老师坚持原则，他说闭卷考试才公平，一门课学完，还是要多回头温习，不光做到"我学过"，更要做到"我学会"，最终比较语言学的课程还是以闭卷收场。临考前几天，我发奋学习了一通，最后的成绩80分，如果说赵老师是引导我一步步走向语言学殿堂的领路人，我觉得自己离这所殿堂又近了一小步，前路漫长，任重又道远。

　　课堂上，赵老师经常说的是，"别无我有，别有我优"，要求我们无论是在校园，还是走向社会参加工作，不仅要掌握别人没有的技能，还要比别人做得更好。

一晃毕业近十年。往昔，您的谆谆教诲，将永远铭记在我心里。今日，我怀着无比沉重的心情写下此文，表达对您的哀思，深切缅怀您，敬爱的赵杰老师！

王贵卿，女，1983年出生，2008年师从赵杰老师攻读硕士研究生，现于中国石化报社担任报纸新闻编辑。

# 缅怀恩师赵杰先生

高亚军

又梦到先生了。

第一次梦到先生是在他仙逝当天的中午。2020年12月19日凌晨5点20分，先生永远离开了我们！我是在当天9点39分在老师徒弟群通过陈帅师兄发的消息得知的，消息太突然，那一刻真的难以接受，记忆中先生一直是那么精力充沛，走路带风，英姿潇洒！

初见先生是在研究生复试期间。当时我考研英语成绩不理想，两分之差被迫调剂，北方民族大学同意接收我的调剂意向，不过换了专业，不是我报考的现当代文学，而是语言学及应用语言学。因为换了专业方向，复试前我一直在突击语言学知识，还查询了导师简介，当时就被北京大学博导支援西部任北方民族大学副校长先生的履历折服。当时我就想，如果能复试成功并且投到先生门下那该多好啊！转念一想，分数不是很高，又调了专业，复试能否成功都是个未知数，还想着跟名师，简直是痴心妄想！命运就是这么神奇，复试之前，先生在欢迎复试研究生大会上激情发言，听得我心潮澎湃，更加仰慕。我也不知哪来的勇气，竟然在会后斗胆追上先生索要联系方式，意想不到的是，先生在简单了解了我的基本情况后，竟然很爽快地给我了，还说可以考虑接收我为弟子，并拍拍我肩膀嘱咐我好好复试，别紧张！那一刻，我感觉特别有力量，没想到大学校长级别的教授这么平易近人。之后我全力以赴应对复试并顺利通过，更令我没想到的是，在我收到确认待录取信息的同时也接到了先生发给我的短信，恭喜我顺利录取并承诺接收我为弟子！那一刻，我真的无比兴奋。

入学后，别的同学都在为双向选导师纠结烦恼时，我一身轻松，带着送给先生的礼物（本科优秀毕业生荣誉证书和假期做的先生专著《东方文化与东亚民族》读书笔记）去见了先生，先生很高兴，说这是他喜欢的礼物，希望以后能收到更多这样的礼物，我们的师徒关系就这样正式开始了。

印象最深的是上先生的国际音标课，我们都被先生的认真和耐心所折服。这门课先生不使用教材，而是把每个音标都工工整整抄在黑板上，要求我们也整整齐齐地记在笔记本上，他说："就这样一个音一个音地记，最基础也最扎实，基本功练好了，以后好多发音问题都能迎刃而解！"他先对每个音标示范发音，然后再带领我们读，我们像小学生一样认真跟着先生读，先生时不时还会走到每个人身边听我们单独读，及时进行纠正，一遍又一遍，不厌其烦！有时，先生还会举有趣的例子进行讲解，逗得我们哈哈大笑，课堂气氛特别好，我们都很喜欢这门课。记得学习大舌颤音 [r] 和小舌颤音 [R] 时，大家都犯了难，对我来说，更是难到极点，先生不知给我们示范了多少遍，讲了多少遍发音技巧，其他同门陆续会发了，只有我仍发不好，先生满头大汗却并不生气，鼓励我说："已经很好了，要多加练习，会越练越好的。"接着，先生跟我们讲他当年初学这两个音时，怎么也发不准，但他下定决心一定要发好这两个音，不顾别人的异样眼光，每天都在疯狂地练习，最终能很标准地发音了！我们听完很受鼓舞，我也学先生勤学苦练，最终发出了这两个音，虽然跟先生比还是不标准，但我做到了，这让我很有信心。

先生不仅在学业上指点迷津，在生活上也是我们的榜样。他虽然是大学副校长，但是没有官员派头，生活极为简单朴素，常常是在教工食堂买几个馒头或者烙饼带回公寓热热吃，简单对付一下就又投入到书稿写作中。我们几次跟先生在外吃饭，去的都是普通饭馆，点的菜也很家常，吃不完的先生还不忘打包，说回去热一下还能当夜宵，不能浪费。2011年暑假，有幸得到先生支持去北京大学参加第九届中国语言学暑期高级讲学班，其间先生让我跟他去中央民族大学参加一个学术会议，我们约定的见面地点是在地铁站，先生说坐地铁既方便又便宜。这让我想起他每次出差，乘坐的大多是红眼航班，先生总说，红眼航班不耽误时间，深夜走凌晨到，工作一点都不耽误，便宜又方便，多好！

三年很快，一眨眼就到了毕业季节，考虑很久，我最终决定回老家就业，先生虽很遗憾我未能继续深造，但还是尊重我的选择。他还一再表示，因为帮不上忙，觉得很抱歉。毕业那天，我和同门宗振华请先生吃谢师宴，我们边吃边聊，忘记了时间，忘记了世界，直到餐厅打烊！最后的离别是在北民大家属院，我和宗振华哭了，先生轻搂着我俩也动了情，不停地祝福我俩前程似锦。

毕业后，我顺利考入县城高中工作，教学任务繁重又艰巨，起初，我经常跟先生诉苦抱怨，后悔自己当初没铆足劲儿继续考博，先生每天那么忙，却从不嫌我烦，总是像对自己孩子一样安抚我鼓励我。近几年，我在单位也渐渐做出一些成绩，常常兴奋地跟先生分享喜悦，先生在电话那头也很为我高兴，这大概是师生情谊最好的体现吧！

梦境中，先生还是那么和蔼，穿着那件白衬衫，手扶眼镜头略垂，认真研读论文，茶杯里的茶还是那么浓酽，只是已经不冒热气了，我说，老师，我帮您再换杯茶吧，没拿稳，茶杯掉了，"砰"的一声，惊醒，玻璃碎片全部扎进我的五脏六腑，刻骨铭心的疼！

高亚军，男，1986年6月生。2010年起师从赵杰教授攻读硕士研究生。现就职于天津北京师范大学静海附属中学，从事高中语文教学工作，高级教师。

# 追忆赵杰老师

王婷婷

我刚入北方民族大学的时候,听舍友廖玲玲说起她来学校上学的情形,她说她面试的时候,见到他们语言学专业的一位北京大学的博导赵杰老师,她想硕士三年跟随赵老师学习,面试完回家的路上她就给赵老师打电话,表达了她的意愿,希望赵老师能收她为弟子。后来,她如愿选择了赵老师为她的硕士研究生导师。

记得有一次阎崇年先生来北方民族大学做讲座,是赵老师做主持。阎先生的讲述很严谨、思路很清晰,讲了关于历史学治学的三点,每一点阎先生都讲得很清楚,我至今都记忆深刻。赵老师做主持,在台上表现得潇洒自如、诙谐幽默而不失学者风范、大家水平。最后,赵老师还送了阎先生一幅他自己亲笔写的满汉书法字画。只听得身后观众的一片赞美声:"这赵杰校长就是有水平。"

还有一次是北方民族大学研究生自主学习空间成立,在揭牌仪式上,赵杰校长说:"这是学校送给研究生的一个礼物,希望大家能有一个自主学习的良好空间。"记忆中的赵校长冬天穿着黑色呢子大衣,白衬衫,风度翩翩,头发有几缕向上翘起,增添了几分随意,让人觉得他来不及打理。他走起路来迈着又大又快的步子,很赶很忙,感觉到他对时间的那种高效利用。我们平日里去宿舍对面的教工餐厅吃饭,会看到赵老师匆匆地在窗口买上很简单的早餐或晚餐带回宿舍吃,赵老师就连买饭的动作也是很急很快,每次在校园里看见赵老师,他都是脚步匆匆,很急很快,来不及看周围一眼,俨然是一个军人雷厉风行的风格。

跟赵杰老师结缘是在北方民族大学的国际音标课上,赵老师当时是北方民族大学的副校长，也是我们文史学院的老师。每次国际音标课，我都去听赵老师的课。记得第一次去听赵老师的国际音标课，老师一个一个地为我们纠正发音，轮到我了，问到我的情况，知道我是山西人，他说山西是他的第二故乡，他曾在那儿当兵好多年，他对山西有着很深厚的感情。赵老师很欢迎学生去听他的课。

有一次上赵老师的课，赵老师从俄罗斯带回来的面包，让我们品尝，他亲自带了小水果刀给我们在底下切成了很多小块，每人品尝一块，还让我们一同观赏他在俄罗斯的所见所闻，他坐在教室第三排的正中间，学生们围坐在他的周围，一圈一圈围坐着，前面的坐着，后面的站着，他要照顾到大家都能看得见。他一边翻他的相机，一边给我们讲着他这次假期游历俄罗斯的经历，翻到一张和阎崇年先生一起在游轮上的照片，说他和阎先生这次是一起去的，同行的还有其他学者。还有一张是一位俄罗斯十四五岁少女的照片，照片上的小姑娘穿着红色衣服，青春靓丽，深邃而炯炯有神的一双眼睛，白皙的皮肤，很能代表俄罗斯美少女的形象特点。还有很多张代表俄罗斯风土人情的照片，赵老师一张一张边翻边给我们讲着，我们陶醉其中，好像我们和他一同去了一趟俄罗斯。课后还感意犹未尽。

在老师的课堂上，除了学习国际音标，更让我们有不一样的见识，不一样的收获。他总是能把他在全国各地以及国外的各种见闻趣事、感悟认识给我们穿插进来，让我们的课变得异常丰富而有意义。老师每个假期、每去一处地方游历、调研、讲座、见闻，都会和我们分享他所见所感所知的精华，这不仅开阔了我们的视野和格局，更对我们是一种激励和鼓舞。

2015年毕业前夕，我去图书馆上晚自习，又一次偶然遇到赵老师，他正去图书馆五楼北方语言研究院做他的学术研究，这样的情形有很多次了。每当我坐在图书馆写论文不想坚持时，就想起赵老师，不由得内心生出无限敬佩之情。赵老师还在那样地刻苦奋进，像他那样年龄的人，好多我的父辈们，我认识的好多人，都已经退休，休闲自在地安享晚年了。可赵老师却还像青年一样昂扬向上、奋发有为。远远超出我们这些后学晚辈们太多太多，令我们觉得汗颜、惭愧。这次我们快要离校了，已经举行完毕业典礼，我去图书馆研究生自主学习空间填毕业相关的一些材料，之后，我去赵老师北方语言研究院的办公室坐了坐，明天就要离校了，想和老师告个别。老师送了我他写的一本书《回族解读》。记得当时，老师问我毕业后的去向，我说我一直想去北京，我从小内心就有一种"北京情结"。赵老师鼓励我继续读博士，去北京读。

我毕业后来北京工作。赵老师每次做讲座，都叫我们去听。有一次去北京老八旗营饭店听老师做第二次满文化讲座，赵老师讲完请我和他的博士后学生张殿典师姐一起吃饭、聊了聊考博事宜，给了我好多宝贵的建议并让我多跟张师姐请教学习。

后来，我也去社科院与崔宝莹师姐们一起去听过老师的讲座，老师讲完匆匆坐车离开去开别的会议了。我们从教室出来时，老师已坐上车走了。老师大概觉得我初来北京，走时还不忘嘱咐崔师姐送我坐上回市里的校车。后来，老师每次做讲座，也都会给我们发来信息。对于进入企业工作的我来说，每一次听讲座，就如同重回一次校园，能听老师讲课，能与老师、同学们相聚，那是多么地令人兴奋，每次参加完就仿佛充了一次电，浑身充满了学习的动力，梦想又一次在心中燃起。但2018年后，由于我忙于工作、家庭，北京路程又远，没能有机会去听老师的讲座。2020年7、8月份，老师在石景山图书馆做线上讲座时，给我们发来信息，让我们加入进群，我一直到2020年10月在石景山图书馆线上听老师讲座。群里发通知最后一讲老师是去石景山图书馆做线下讲座。我当时很想去听的，可还是没能去。原以为以后还会有很多次这样的机会的，没想到那竟是最后一次听老师讲座的机会，以后再没有了，多少懊悔也来不及了！

来到北京后，2016年、2017年我工作之余，去北大中文系、历史系、哲学系听课，大大丰富了我的业余生活，也是我刚来北京时的精神支柱。这也得益于赵老师对我的鼓励和支持，让我受益匪浅。老师请我在北大学生餐厅吃过两次饭，毕业后单位的伙食尽管很不错，但每次出去就餐我还是首选学校餐厅，这也是一种学校情结吧，始终怀念学校，始终怀念在学校食堂吃饭的情景。赵老师一生始终保持着他艰苦朴素、勤俭节约的作风。在餐厅吃饭他会接一碗食堂免费的稀饭，从不会点餐过多浪费粮食。赵老师一生不管身处何位，都始终保持着这种勤俭节约的习惯。这也深深地影响着我们，使我们在之后的人生中也无形中践行了老师的这种优良作风。

同学们都说赵老师亦师亦友，甚是贴切。这是大家对他一致的评价一致的印象。赵老师有次去太原，老师青少年时当过兵的地方，我邀请老师去家里做客。赵老师生性随和，与我的家人也很聊得来，成为了好朋友。我的爸爸、妈妈、哥哥、嫂子、妹妹，还有两个小朋友，他还给两个小朋友取了小名进进、邦邦。邦邦的大名也是赵老师取的，叫王邦雄。他是哥哥家的儿子。老师说邦是安邦治国、胸怀天下之意，雄是当年邦邦出生的那一年正好是雄安崛起之年，又寄寓他能成长为杰出人才。老师和我的家人一起建了一个群，老师起名思亲。大概老师是觉得我们这个大家庭其乐融融，让他也有家的感觉吧。

赵老师给我的人生和进入社会立身处世很多教益与启示。

首先是赵老师身上有很多理想主义和浪漫主义的色彩，虽然他在现实当中也遭遇过很多挫折和打击，但他能始终通达和乐观地去看待这一切，包括一些人和事，不管别人曾如何，他都能宽容和善待，一笑而过，从不去计较，不曾在内心里记恨过谁。这是很难能可贵的。

其次是赵老师始终给人传递的是正能量，从不把负面情绪传递给别人。以前，我总觉得这样会让自己很累很苦。自从我参加工作，进入社会以后，我才逐渐领悟到这是一种立身处世之道。社会不同学校，在社会上只有自己很强大才能对抗一切来自外界的侵犯。你的脆弱和困难，你的软肋是不能轻易向别人去诉说的。否则，有可能别人会抓住你的软肋，落井下石。对于做学问的人来说，一颗仁慈善良的心，很难防社会之冷酷。社会有时是冷酷的，防人之心不可无。

最重要的还是赵老师做学问的可贵精神。他曾经当过兵，进过厂，后来到北京上大学、读硕士、博士，留洋任教，成为北大教授博导、博士后导师，又有从政经历，这些都离不开他超常的勤奋和进取精神。乐观奋进，这一点是值得我们永远去学习的。一个人，只有积极进取，乐观奋进，才能在社会上立足、发展。

赵老师的许多精神一直在激励着我们，影响着我们。使我们在以后的人生道路上永远积极乐观地去进取、努力，不计较不气馁不颓懈，永葆一颗赤子之心，永葆对生活和理想的热爱与追求。赵老师思想和精神永在！

王婷婷，1986年7月出生。赵杰教授学生。现就职于华新燃气集团，党务管理岗，政工师。

# 深切怀念我们的老师赵杰先生

王俊杰

作为先生的学生,我是没有资格为老师写东西的,可是不写心里又觉空荡荡。在我心中对先生是高山仰止。

先生去世的消息,我是从朋友、同学那里零星听到的,当时我在塔什库尔干县农村深度扶贫,特别震惊,又相当惋惜。因为就在前不久我还在与先生商量,邀请先生来学院开讲座。因当时是疫情期间,所以讲座暂时推后。

细想起来,我与先生已经5年多没有见面。入疆以后,虽然偶尔发短信问候先生,但问候极少,更不敢和先生提自己专业学习上的事。入疆六年,我整整驻了三年多的农村。

我是2012年9月入北方民族大学文史学院的。说实话,我并不是好学生,但我喜欢语言文字学,所以我特别关注每一位研究语言文字的专家学者。这些专家里面,赵杰先生是我最佩服的一个。先生已是花甲之年,无论何时都是一身笔直的西装,说话总是干脆有力,给人第一感觉便是特别精神。先生当过工人、军人、教师,一生阅历无数。从研一开始,我受先生指导,先后跟随他学习国际音标和历史语言学。当时,在我们的师兄弟里面,我并不算最优秀的。因为好多人都会满语、西班牙语等,他们的发音都比我标准。但我偏向文字学,理论方面占一定优势。我努力向先生学习国际音标,奈何自己的发音欠佳,先生就不厌其烦地教。

老师对专业的热爱,大家有目共睹。在传授知识的同时,先生总是会提到自己的求学经历。令我印象最深的两件事,一是先生当学生时,假期为了能够学习知识,减少开销,买了一大筐西红柿,每天坚持只吃西红柿,最终读完了《中国语文》杂志的所有文章。其二，就是先生自己学习国际音标的经历，为了能够学好国际音标，先生利用别人吃饭、休息的时间，一遍一遍地练习"大舌颤音"和"小舌颤音"。

说到自己的求学生涯，先生都会讲到自己的老师。我从先生那里认识了岑麒祥、罗常培、罗安源、叶蜚声、戴庆厦等一大批语言学家。先生每次讲起他们，既是一种钦佩，又用意很深。有一次，我问先生有关丁声树先生的一些故事。当时先生有点激动，说在这些语言学家里，他见过很多，唯独没见过丁先生。我问先生为什么有人称丁先生为"丁圣人"，先生说："丁先生将他所有的积蓄都献给了国家，这点一般人做不到。"当时我并不能体会到这话里的内涵，直到工作以后才有所感悟。其实，先生又何尝不是呢？他为了学术而学术，申报的课题，很少去主动报账，等想起来，已经是过去的事了。

说到先生，我不能不提到研二。那时候，赵老师在北京和银川来回往返。北大和北民大，一字之隔，却深深凝结着先生的心血。有时候买不到飞机票，先生就坐火车来，常常是还没来得及休息，就召集我们上课。老师从来没有因为"一字之差"而区别对待学生。他常常鼓励我们多读书、深研、读博、发表文章。那时候，我经常在宁夏大学和北民大两所学校求学。在宁大我向蔡永贵、刘鸿雁老师学习文字音韵学，所以在文字学方面我要比其他同门知道得多一点，这样自然也加重了学习的负担。记得有几次我特别累，就没去上先生的课。先生很生气，专门打电话给我。等我到后，先生才开始上课。以后我再也不敢不去上课了。在课上，先生经常夸我理论知识掌握得比较好，但在实践上缺乏火候。印象最深的是研究社上的最后一堂课，先生语重心长地对我说，如果今后出书了，他愿意第一个为我作序，而且出钱帮助出版。在学生时代，那是多么令人引以为豪的事啊！

那时老师不仅仅是硕导、博导，还是学校副校长。为了我们专业的发展，他常常利用各种机会，筹备大型的学术交流会，想方设法请一些语言学大家来北民大。在先生的努力下，交流会按时举行，我们才有机会结识一大批语言学家。很是遗憾，作为穷学生的我们，当时只是想逃离课堂，过上胡吃海喝的生活。现在想想，当时的我们是多么愚蠢啊！真是愧对先生的一片良苦用心！在结识先生的几年里，先生不仅教我们知识，还教我们做人。在课堂上他是良师益友，在学校，他为学校的发展尽心尽力。他通过自己的人脉，邀请了阎崇年、于丹、六小龄童等一大批知名人士来北民大开讲座，极大地丰富了我们的校园文化。

生活中，先生节省的习惯也是我们最好的榜样。有时先生工作很晚才去吃饭。他总是邀请我们一起去，每次吃剩的东西，先生总是不舍得浪费，他总要求打包拿回去，说是深夜学习时饿了可以热一下再吃。有一次，他从俄罗斯回来，给我们几个学生带回来"大列巴"，因为时间有点长，列巴有点变质。老师对我们说，这是粮食做的，只要不吃变质的部分，就没啥影响。他小心翼翼地切除掉变质的部分，然后分给每一个学生。小小的一块列巴，不仅仅反映了先生质朴、节约的精神，也体现先生对我们的爱。谈起先生，不能不提到摄影。无论什么时候，先生总要随身带一两部照相机。先生热爱留影的习惯，很多人不解。直到工作多年以后，我才理解了先生的用意。"生活需要仪式感"，特别是对一个老人而言，每一张拍下的照片，是对生活的一种回忆、一种热爱。

研究生毕业时，我原打算要考华东师范大学的博士。那时的我准备了好长一段时间，也和先生说明了自己的想法，当时先生表示很支持我。后来填报专家介绍信时，我还专门去找了先生。先生特别高兴，那种满怀希望的眼神，我到现在还记得。

毕业前，最后一次见先生，是在图书馆的六楼。那时候我们要去交材料。好久不见先生，感觉特别亲切。先生询问了我找工作的情况，我说我选择了新疆。老师听了以后，说他去过新疆石河子大学。研究生进入高校很不容易，我是他北民大第一个毕业直接进高校的学生。他说让我继续努力。我当时着急交材料，并未与老师有过多的交流。哪里知道，那竟是我最后一次和先生面对面聊天了。

入疆以后，忙于各种事，就很少联系老师。入疆的第二年，我又重燃了考博的梦想。请求先生推荐博导，电话那头的先生对我说，北民大正在积极申报博士点，已经有招博士的资格，我可以考他的博士。听了先生的话，我特别开心。毕竟这是多年的梦想啊。

去年，我在电视上看到北京疫情特别严重，便发微信提醒先生，顺便问了问先生的身体。先生收到我的微信，特别高兴。当时，与先生交谈，计划在我驻村结束后邀请先生来喀什大学开学术讲座，先生很痛快地答应了。后来，由于入喀需要隔离，考虑到先生宝贵的时间，讲座就推后了。想不到这竟是我最后一次与先生联系。

  先生永远离我而去。我到现在仍难以接受这样的现实，平日里那么健康、那么精神的老师，怎么会突然生病呢？上天为什么总是那么不公平！我们尊敬的、善良的，一生都在积极进取的老师，怎么会以这种形式离我们而去。我们刚刚踏入社会，还没来得及回报您，您就这样狠心地离开了我们。我们还有许多想说的话没有对您讲，还有许多事要向您请教，有许许多多的酸甜苦辣没有与您分享。我们最敬爱的老师，您理想中的"语言博物馆"还没有实现，您就这样狠心丢下不管了吗？老师，我们敬爱的老师，您一定是觉得太累了，太需要时间思考了。

  老师您放心，您的一言一行，我们都历历在目，您一直都是我们前进方向的榜样。我们以此种方式怀念您，从来都不是因为我们是您的学生而沾沾自喜，相反，我们为距离您的期望相差甚远而感到羞愧。现在您永远地离我们而去，带着您未竟的事业。我们只有沿着您的方向，倾尽全力。古人云："一日为师，终生为师"，老师您只是暂时离开了我们，在我们以后的人生路上，您一直与我们同在。

王俊杰，男，1986年12月出生。2012年师从赵杰教授攻读硕士研究生。现为喀什大学中国语言学院讲师，从事现代汉语语法研究，主要研究方向为社会语言学和对外汉语教学。

# 回忆恩师赵杰先生

侯怡雪

2020，刻在我心深处的数字，它于我来说是既幸运又痛苦的年份。7月中旬，我还在第一时间和恩师赵杰先生分享通过博士研究生入学考试的消息，五个月后，他就离开我去了另一个世界，多希望这是一场梦。

我曾无数次打开电脑想写点什么，却都是情绪先来，只好先作罢，就这样拖到现在。我从未停止过怀念他。我欣赏他、敬重他，特别是他勤劳且成就满满的一生，很多事情是值得我永远回忆的。

那年秋天我开始了研究生学习生涯。我们的缘分是从一条教师节祝福短信开始的，我发信息祝先生教师节快乐，随即他就打电话过来，大概的意思是"我现在在北京，过段时间回去，可以选择我做导师……"，我有些受宠若惊，心想，那么厉害的老师竟然为人那么亲和。自那之后，因选导师的事情我多次给他打过电话，他每次都是耐心接听，若开会接不到，会后就给我打过来。

就这样，我如愿成了他的学生，就此开始了三年愉快的研究生生活。研究生期间，他关心我入党问题，催促、指导论文，鼓励、推荐我考博……我学习的关键节点，好像处处都有他的身影。

2017年暑假，我在家，他在秦皇岛，在电话里纠正我的普通话发音，还向我讲述讲好普通话的重要性。也是这年冬天，他出差路过我们那里，就短暂驻足停留，在我的家乡小聚，畅聊甚欢，饶有兴致，并拍照留念。

2018年7月3日，先生去韩国济州岛参加"第三届韩中及东北亚海上丝绸之路年会"，在韩国和我分享了参会照片并与我通电话，让我努力学习，说有机会带我参加会议。

2018年7月中旬,我们在学校各自忙碌,他在湖南湘西调查十八洞苗语,我在华东师范大学参加2018田野语音学高级研修班,其间也是不时地分享各自调查、学习的点滴,既忙碌又充实。

最让我意想不到的事莫过于2019年那次接站了。清楚地记得那是3月22日,我来北京参加北京语言大学博士研究生入学考试,先生问我到站的时间并表示要去车站接我,经我几次劝说"不要来,我自己可以",他还是担心我不熟悉路线去北京西站接了我,并陪我领取准考证。平时到哪儿都是车接车送的他在寒风天去车站接自己的学生,可见他是多么体贴、关爱学生,真是万分感动。

先生对我的关心和支持在硕士期间如此,毕业后更是如此。

由于准备时间仓促,考博成绩不理想,先生又鼓励我报考教师编、公务员,推荐我考高校出版社的编辑。在我向他表达想再次备战考博的意愿后,他欣然支持。就这样,我再次报名了博士研究生入学考试。

由于武汉以及全国新冠疫情的大爆发,2020年的上半年,我们都居家办公、学习,先生时常向我分享一些好文章以及疫情注意事项。我备考期间他也多次向我传授学习方法,让我在家静下心来学习,鼓励我保持良好的学习状态。后来推迟考试和考后等待成绩让我心情烦躁、情绪低落,是他的开导及陪伴让我度过那段难捱的时光。

2020年5月15日,我们在济南见面,那时的他好像略微瘦了一点,临分开时我嘱咐他"你别减肥,多吃点",他说"好,我回去稍微加点饭菜"。但无论如何我也不会想到那竟是疾病的先兆——体重减轻。在接下来的半个月里他都在为房子的事奔波,并不时地往返于北京市区与房山之间。也就是从那时开始听他说腿疼,我问怎么回事,他说"可能是走路太多累的",那段时间又看房子又搬家,走路确实多,我就信了他说的,也没太当回事。

6月初,报考学校陆续公布了考试时间,我就把精力投入到备考学习中,那一个月里我们交流最多的是他的"中华优秀传统文化系列讲座"和我的考试。压力大、心情不好时他疏导我,报考学校考试时间冲突时他给我意见和建议,我很心安。

7月15日,我们再次碰面时,先生对我说:"我的腿疼已经有一段时间了,从5月份开始的,腿弯子好像比另一条腿热一些,不知道怎么回事,要去北大校医院检查一下。"从言语中可以感觉到他比之前认真了，好像真的出现问题了。第二天早上，我从家人口中得知被北语拟录取的消息，第一时间就分享给同样看重这个结果的他，他很高兴，大概像是自己的女儿考上了一样，还跟我们共同的好友分享。这之后，我暂时得以稳定，也拥有更多的时间来关心他的腿疼问题。四天后，看他发来北大校医院的检查报告单中显示是腰椎间盘突出，就这样拿了药和膏药，还说刚贴上就有效果，我向他交代了诸多注意事项，告诉他腰椎间盘突出确实有腿疼的症状。7月29日又去做了核磁共振，结果显示的都是老年人常见的关节病症，不妨碍。他说医生说是骨性关节炎，一直以为是关节炎，按关节炎治疗了。

这两个多月的时间里，腿疼非但没有减轻反而加重，晚上睡眠也变得不好。我多次提出想要去看望先生，他都婉拒了。但他的"中华优秀传统文化系列讲座"一直没有落下，经常催促我和丁锐老师整理讲座讲稿。9月份学校陆陆续续开学，就是这样，他也还是坚持去银川、秦皇岛，为北方民族大学和东北大学（秦皇岛分校）的学生上课。

国庆节以后，学校管控放松一些，我和先生约好去看他。10月1号他去石景山图书馆进行"中华优秀传统文化系列讲座"，所以我们是10月3号去的，刚进门看到人后，我惊讶地顿了好一会儿说："怎么那么严重了，怎么回事？"他支支吾吾也没说出什么来。看到他那病态的身体，心想，这两个半月他一定过得很痛苦，我开始害怕、不安、难过，在他面前就忍不住地流下流泪，可能是身体过于疼痛，他也没有注意到我流眼泪。一番交流后，我帮他试穿托我买的鞋子，才发现左脚已经肿得穿不上了，把脚背上两边的松紧带剪开才勉强穿上。"还是不轻"，他走两步后说到，在我看来已经轻得不能再轻的北京布鞋他还觉得不够轻，其实不是鞋子不轻而是腿出现了问题。在客厅旁边的桌子上我看到了摆放着的十八洞苗语的手稿，问他"最近您还在写吗？"他回答说："腿不疼的时候就写一会，让病给耽误了。"

看完先生回来后，我愈发担心害怕，不断催促他节后看病，告诉他要意识到病情的严重性。他告诉我："不必担心，我今天肉眼看脚，比前两天好些。我一天天在稍微好转，我感觉得到。"有一天中午，他看完校医院打来电话说："摸着腿有些硬，好像之前没这样，医生说像这种情况应该早些来，腿的颜色都变了。"从这时开始，对于病情他不再忽视，开始重视起来。要去北医三院，在我陪同下看了三次北医三院后，外科还建议看骨科，超声检查出"淋巴结有问题"，要做CT进一步观察，由于北医三院20天内的号都约满了，我们要么等待，要么去别的医院做。考虑病情不能再等，而且，几天后我还要出发去浙江进行为期半个月的田野调查，不能陪同，就选择去别的医院……第二天，他听说校医院有设备，就去了校医院，做完CT，听从医生建议拿着结果又去了北医三院……几天的害怕、焦急等待之后，11月5日下午，我在浙江收到了他的检查结果，刹那间，我脑袋犹如被巨锤砸中，一片空白，我用力攥紧自己的拳头，不断地深呼吸，让自己冷静下来，并告诉自己"不要哭，不会是这样的，会好的，一定会好的……"。在这种情况下，他依然嘱咐我不要挂念，安心完成调查工作，并不断催促我校对讲座发言稿。

时隔一个月，我再次去看先生，除了吃饭起来坐一会儿，大部分时间只能躺在床上了。人消瘦了不少，说话也有气无力。一向喜欢拍照的他还让人帮我们俩拍下了最后一张照片。那天他和我聊了不少，也聊起了自己："这匆忙一辈子，做过学问、从过政，商界也蹚过水，可以了……"简单总结了一生，但是我知道他有太多遗憾。

12月4日那天傍晚，他电话里向我交代了工作上的事情，我劝他"你先养身体，别管工作"，他说"工作比我的命重要，务必做好"。后来身体情况每况愈下，去世前两天的傍晚，打他电话没人接听后打给护工，护工说"今天发烧了，随时有生命危险"，听到有危险后，我赶忙打车去看他。那时，他就有些反应慢了，嘴里说着"你怎么来的……"之类的话，虽不清楚但能知道说了什么，就这样，我握着他的手待了好久……知道天已很晚，他催促说"太晚了，你早点回去吧"。我虽不愿离开，但为了不让他担心，在攥了半个多小时后还是担心又不舍地回了学校。三十个小时后他就永远离开了我们。

先生就这样走完了平凡、短暂而又精彩的一生。他虽离开了，但给我们留下了宝贵的精神财富。我可以通过他的自述《我的"九过"》来学习他的精神，了解他的一生，也缓解对他的思念。

我感谢恩师赵杰先生，他教给我与困难较量的经验，教给我广博的知识，教给我坚强的意志，鼓励我走上学术的道路。感谢他在我每一步进步后留下的身影。

  恩师现在离我而去了，我将永不能再见他一面了，这个悲痛是无法补救的。我相信，先生一定会有美好的来世。而我，也会再选择当他的学生。

  愿恩师安息！恩情常在，怀念永存！

侯怡雪，女，1992年2月出生。2016年师从赵杰教授攻读硕士研究生。现为北京语言大学语言科学院语言学及应用语言学专业博士研究生，主要研究方向为方言学。与赵杰先生合写论文《论语言内双语双言融构的竞争过程及发展走向——以鲁、晋汉语方言和满语、苗语为例》，发表于《黑龙江民族丛刊》2020年第2期。

# 君子之道

## ——忆恩师赵杰先生

余江英

2016年的中秋节，那是我第一次见到赵杰先生。

第一次知道先生，还是在网上查阅的资料，才知道他是北京大学的博士生导师，有着傲人的学历，并出版了多本著作。

第一次上课，见到了传闻中的赵老师——精神抖擞、身姿挺拔，脚步沉稳、走路带风，看起来非常年轻！我从未想过可以选这位老师当导师，因为自己着实不是最优秀的那一个。可能是幸运吧，那天上课跟老师聊了聊，鼓起勇气跟老师说了自己的想法，没想到老师很爽快地答应了，那一刻，开心极了。

时间过得很快，三年学习生涯一晃而过。在那三年中跟着先生学了知识，也学到了很多为人处世的道理，这些书本上学不到的知识让我受益终身。

一道："诚于中，形于外，故君子必慎其独也。"

在日常学习生活中，先生经常教导我们，说话是一门艺术，同一句话用不同的方式表达出来会收到不同的效果。做人做事，要谨慎，懂得三思而后行。开口之前，多思索，这不仅是对自己的言行负责，同时也是对他人的一种尊重，因为在交流的过程中，或多或少都会存在"说者无意，听者有心"的情况，思虑后再开口，会让我们事半功倍。"说有易，说无难"，这是赵元任先生的名言，也是先生常挂在嘴边的一句话。先生教导我们，说话一定要谨慎，"说有说无"一定要有真凭实据，不可随口而应。

先生的"慎独"给我印象最深的是指导我的论文。几十页的A4纸上密密麻麻的满是文字，由于行程问题，先生连夜批改了论文，用红笔勾画圈点，仔细到连标点符号都没放过，第二天上午就存在问题的部分逐字讲解，直到我全都听懂为止。这就是先生的"慎独"，做学问一丝不苟，教学生倾囊相授，热爱生活，热爱工作，他是一位慈善热情的学者。

先生的"慎独"在工作中表现得淋漓尽致，有时候我都开始想着我才是上了年纪的"青年老者"，而先生却是一位真正的青年。先生写文章还是习惯在稿纸上书写，不爱用电脑，不是不会，只是不喜欢。还记得那会儿先生对我说："由于科技的发达，大家都不爱手写汉字了，都是在电脑上敲敲打打，省事也省力。但是这样往往把我们带入了提笔忘字的窘境，明明一个很简单、很常用的一个字，就是不会写。"先生爱手写文章，不是落后于这个时代，而是想通过书写把时代的印记通通刻进他的脑海里，提笔不忘，出口成章。这份小小的坚持，也是先生的谨慎之处，哪怕是一个简单的汉字，也要做到极致，一横一竖，一笔一划，点点滴滴，刻进心里。

二道："百工居肆以成其事，君子学以致其道。"成就不是一朝一夕可得的，要靠坚持不懈的学习，"学而不已，阖棺而止"。

先生的语言能力是令人折服的。先生会多国语言，比如韩语、日语、英语；还会我国的少数民族语，如满语、维吾尔语、苗语；对各地的方言亦有所了解。每次记音课上，先生发音让我们识记，识记后便只剩下对先生的崇拜了。我们识记的不光是本国的少数民族语和方言，还有其他国家语言，如法语、意大利语、高地德语、低地德语、乌尔都语、印地语，等等，语音内容丰富多样。先生就好比一台行走的"语言机器"，无所不知。先生所会的，不是速成的，而是靠着不断的学习与钻研才掌握的。先生五十多岁还新学了一门外语，真正地向我们展示了什么是"活到老，学到老"，对于学习，先生从未停止探索的脚步。

先生记音的能力是令人惊讶的。每次和先生聊天，都能看到先生在记录着，在我们口中听到的"别致"的方言词汇，就随手记录下来。我曾有幸见过先生的笔记本，都是小小的方便携带的那种，上面密密麻麻的满是国际音标，记录了各地的方言和少数民族语。先生常说："笔和小本子要随身带着，到了一个新的地方，就和当地人聊几句，顺势记录下语音。做语言学的，要做到走哪儿记哪儿，这不仅可以锻炼我们听音、辨音的能力，更能提高我们记音的能力。"正是先生的这份勤奋与坚持,才换来了先生如今的成就吧!

先生的成就不是一朝一夕获得的,是靠一点一滴的记录、日复一日的钻研才得来的。先生总是提醒我们,做学问要有一颗坚持不懈的心,要在自己的专业内做到"无微不至""无孔不入",走到哪里记到哪里,正所谓"百工居肆以成其事,君子学以致其道",这是先生的成功秘诀。

三道:"失之东隅,收之桑榆"。

人生,不会总是一帆风顺的,生活总会在不经意间来点小插曲,这是经历,也是人生路上的必然。还记得考研那会儿,信誓旦旦地报了心仪学校,最后却与之擦肩而过,在漫长的等待中来到了银川这个离家很远的城市。那会儿欣然决定来到银川,是因为学校里有着很优秀的老师和丰富的教学资源。到了学校后,不但结交了很多志同道合的朋友,认识了许多优秀的老师,而且还结识了很多优秀的学者。正如先生所说,这就是缘分。缘分让五湖四海的我们相遇,让陌生的我们相识;也正是这缘分,才有了许多意想不到的收获。

在学习上,先生耐心地指导我们,是我们的老师;在生活中,遇到难事先生也会帮助我们,是我们的朋友。先生亦师亦友,能够与先生成为朋友,或许是因为我们有着相同的人生经历吧。人生经历了大喜大悲,要么看得更加通透,要么沉陷其中不可自拔。还记得在那段特殊的日子里,先生时不时地关心与开导,让我更加明确了人生的意义,挫折与苦难是人生路上的调味品,让我们的人生变得更加意义深重。从先生的言语中,让我明白了为人处世的道理,正所谓"凡事顺其自然,遇事处之泰然,得意之时淡然,失意之时坦然,艰辛曲折必然,历尽沧桑悟然"。得与失、成与败、开心与无奈,关键在你如何选择、如何应对。

这些便是我在先生那里学到的君子之道——"诚于中,形于外,故君子必慎其独也""百工居肆以成其事,君子学以致其道""失之东隅,收之桑榆"。除此之外,先生还有很多的优秀品质值得我们去学习。活到老学到老、不服老是先生的人生态度。

在我的印象里,先生的生活是忙碌的。他忙着授课,耐心指导我们这些刚踏入语言学大门的"小白";忙着写文章、出著作,将中华文化记录在字里行间;忙着做讲座,讲授传统中华文化;忙着做田野调查,记录各地的方言和少数民族语……直到生命的最后一刻,先生还在学术前沿忙碌着。在我的印象里,先生没有悠闲地听着音乐放松过。跟先生闲聊的时候，聊到先生退休后的生活，"满院鸟语花香，微风浮动，小楼灯亮，伏案细书，著书立说"，这便是先生向往的老年生活了。先生走得很突然，向往的退休生活成了先生的遗憾，忙碌的先生终于不再忙碌了，却是以这样的方式……

先生离开了，携着未了的宏愿离开了；先生离开了，带着对未来的憧憬离开了。那个扛过枪、下过厂、援过疆、留过洋的先生永远地离开了。

高山仰止，景行行止。拜其为师，幸甚至哉！

余江英，1991年9月出生。2016年师从赵杰教授攻读硕士研究生。现为潜江市后湖小学语文教师。

# 忆恩师赵杰

武书卉

2020年12月19日，恩师赵杰先生永远离开了我们。从同门王兴书处得知这件事的时候，犹如五雷轰顶。疫情影响下，2020年6月毕业时没能和老师留下一张合照，将是我此生的遗憾。

回想做赵老师学生的这三年，虽然时间不长，但是回忆很多。

在2017年7月收到北方民族大学录取通知书的时候，就联系了赵老师，希望在研究生阶段可以跟着赵老师一起学习。当时赵老师正在上海参加一个学术会议，那次是第一次和赵老师通电话，赵老师简单询问了我本科的学校、专业、成绩以及一些基本信息，知道我是蒙古族之后和我说有机会要把蒙古语学习起来，满蒙不分家，以后可以和他一起研究满语。第一次通话我就感受到了老师对学术的热忱，将近一个小时的通话中，大部分时间都是在和我说要我多读语言学方面的书，举一些东北话中生动的例子给我解释语言现象，使我受益匪浅，让我更加坚定了要跟随赵老师认真学习的意愿。

入学之后，第一次见老师是九月末十月初的时候，赵老师从北京回来给研二的师姐们上课，第一次见到了赵老师，听了老师的一节课。这节课是比较语言学，在课堂上，老师全程只拿着一根粉笔站在黑板前侃侃而谈，书上的内容仿佛就刻在他心里，结合这么多年自己的所观所感以及自己的个人经历，形象生动地把这门理论很强、晦涩难懂的科目讲得生动有趣，通俗易懂。我被老师的学术造诣深深折服了。

由于老师在北京和银川之间往返，所以在校的时间并不是很多，但是基本上每个月会回来一两次，为了能在有限的时间和老师多学一点东西，老师每次回来的时候,不论是不是我们的课程,我都会去听,珍惜每一次和老师学习的机会。

印象最深刻的就是语言调查课上,老师给我们用东北方言举例子,比如泛义动词"干",首先,"干"作为一个多音字,读阴平(gān)时候为形容词词性,词意与"湿"相对;读去声(gàn)时候为动词词性。"干"在作泛义动词时,是动词这一大类中较为特别的分类,但它依然还是具有一般动词的语法特征。"干"在语法功能上主要的作用是作谓语或者谓语的中心语,"干"可以带宾语、也能受副词修饰,同时它可以用"不"或"没(有)"进行否定。"干"在读阴平时为形容词的词性,这时是可以被程度副词所修饰的。"干"作为动词可以重叠使用,表示短暂,尝试的意思。"干"后接人称代词时,其感情色彩多为比较消极的,表示的意思也较为粗俗;"干"后接疑问代词的种类比较多比如"什么"或者"么""甚"等,多用于口语中,表询问原因;"这""那"属于"干"的指示代词。老师说,在东北话中"干"的意义和现代汉语普通话的意义分类又有些不同。有表示"争吵、打架"之意,表示"做"之意,表示"同意"之意,但是多用于否定的语境中,其中最有代表性的意思是表示"什么、哪里"的疑问之意,一般与"哈""啥"连用,多用于日常交流交际的口语中。比如"干哈?"(干什么?)我觉得老师讲的这点很有趣,下课之后整理了一下,又查阅了一些资料,申请了学校的创新项目课题,做东北方言的动词研究。

听赵老师的课很有意思,他不仅给你讲授课本上的理论,更多的知识和他的传奇故事都是书本上学不到的。他常常跟我们讲:"很多人觉得学语言学没有用,不如学理工科的人对社会有贡献,别人可以这么认为,但是自己千万不要这样想,语言学同样可以为社会作出贡献,比如,做语言调查、抢救方言、抢救民族语。学好国际音标,不仅可以靠这个吃饭,用国际音标把即将消亡的少数民族语及方言记录下来是我们传承民族文化的方式之一,作为语言学的学生,这也是我们为社会做的贡献,所以学好专业知识,不要妄自菲薄。"这些话,到现在还时不时在我耳边萦绕。赵老师总是在国际音标教学中投入很多时间和心血,大舌颤音 [r] 和小舌颤音 [R] 几乎对当时的所有同学来说都是难点,赵老师一个同学一个同学地听发音,纠正发音方法,传授发音技巧。那个学期,每次回来都会考我们一遍学过的国际音标发音。我还记得,他从衬衫的口袋里掏出已经磨损的一个记录国际音标的卡片,他说,不管是在地铁、飞机还是高铁上,每天只要有空就会拿出来自己读几遍,练习发音。卡片的很多接缝都粘着透明胶带,从卡片的磨损程度来看,老师真的每天都会翻看。是对语言学多么执着的热爱,让老师换衣服时做第一件事是把国际音标卡片拿出来放在新的衣服口袋里。

2013年11月3日总书记视察了湖南省花垣县十八洞村,第一次提出了"精准扶贫"这一思路。2018年暑假时,赵老师响应国家号召,走进了湘西花垣县十八洞村进行语言调查,抢救苗语,这也是精准扶贫中文化扶贫的一个重要组成部分。暑假回来,是我们研究生二年级的上学期,根据教学计划,我们有赵老师的比较语言学这门课,在课堂上赵老师和我们分享一个暑假的所见所闻所感,以苗语为例传授给我们很多记音时的方法和技巧。例如在学习过程中,我了解到苗语里面,在语音上有比较多的舌尖后鼻音和展唇元音;中声调方面平调多、曲降调很少。通过整理记录还发现苗语词汇中尤其是动物的相关词汇前要加前缀。我们在做语言调查时,一定还要注意,由于所找的发音合作人的性别不同、年龄不同,即使是相同词汇的发音也是不相同的。在语言调查过程中,我们不仅要借助方言调查字表,还要做到指物记音,随时随地记音,弥补调查字表上没有的词汇。这些知识和记音时候的技巧以及注意事项是在书本上学不到的。

除了学到很多知识之外,赵老师对学生的付出和用心也在日常的点点滴滴中流淌进我们的心里。我的硕士毕业论文是做家乡通辽市的地名。除了汉语地名外还涉及蒙古语地名,2019年12月末我和老师联系,看看老师有没有空帮我做蒙古语地名记音。赵老师知道之后,很爽快地答应了。我到北京之后,老师让我随他参加《傈僳密码——中华民族视野下的傈僳族历史与文化》一书的出版座谈会。老师在开会的间隙利用自己休息的时间把我叫过去,戴上耳机帮我记音,本着对科研谨慎的态度,老师一遍听不清楚的发音会反复听很多次,这种对科研严谨的态度和精神是非常值得我学习的。对国际音标的热爱、对学术的严谨是我对老师最深刻的印象。

当时分别的时候和老师拥抱了一下,总觉得以后的时间还有很多很多,最后和老师说的一句话是:"老师一定要注意身体,再见。"但是我万万没想到,2019年年底的那次见面,是我和老师最后一次见面,那次说了再见竟再也没有机会见面了。由于2020年的疫情影响,我们2020届毕业生采取了线上答辩的方式,老师也没能返回学校，我们也都没有机会和老师拍一张毕业照。赵老师有个习惯，那就是经常拍照，不管是和学生一起吃饭还是上课的时候，都喜欢拿出手机拍几张。我之前不理解，总觉得时间还有很多，不用着急，现在我十分理解老师的做法，老师在用镜头记录生活的点点滴滴，让自己没有遗憾。

毕业以后，我便投入了紧张的工作中，虽然微信中和老师经常问候，但也没有再见面。以前逢年过节，都会给老师发个信息问候，今年春节，拿起手机忽然意识到，老师不在了。以后，再也没有人对我说："别哭，有老师在，天塌了，有老师顶着。"再也没有人对我说："你就别出国了，跟着我一起做语言调查，跟着我一起抢救方言吧。"

我一直都觉得自己是个很幸运的人，在成长的道路中遇到了一个又一个好老师，我不奢望可以做一个像赵老师一样学术造诣超高、著作等身的老师，但是，我希望可以做一个负责任的老师，哪怕只帮助一个学生，在他难过的时候陪伴他，迷茫的时候引导他，也是非常美好的事情。所以毕业之后，我也选择做了一名老师。传承，这大概就是当初选择的意义吧。

能有机会成为赵老师的学生，是我的荣幸，赵老师亦师亦父，教会我非常非常多的东西，感恩也感谢！

恩师千古，铭记在心！

武书卉，女，1993年7月出生。2017年师从赵杰教授攻读硕士研究生。现为上海应用技术大学化学与环境工程学院辅导员。

# 高山仰止：追随先生二三事

王兴书

在去北方民族大学之前，我就迫不及待地想知道我们语言学组导师都有谁，研究什么方向，哪个学校毕业等一系列问题。上网一搜，果然没有失望。一个打着领带，面带微笑的先生照片映入我的眼帘，仔细看："北京大学毕业""博士生导师""会 13 种语言"，名副其实的语言学家啊！

宿舍里，师兄如数家珍般，一一道破各个导师的研究方向、治学态度、性格喜好……让我感到非常迷茫。要选到心仪的导师，好难。还好，既然考进来了，总归会有人带。这样安慰自己，心里便顿时觉得好了许多。

"导师要提前联系，要是其他人抢了先，就被动啦。"师兄不断地提醒我。说实在的，心里慌得很。为了能得到未来导师的青睐，我在心里打了一遍又一遍的短信腹稿。生怕打错一个字，用错一个词就会让导师对自己的印象减分。

"老师：我非常喜欢您的研究方向，希望能在您的带领下打开水语的研究大门。"

消息一发出去，莫名其妙地感到心慌，手在发抖。眼睛紧紧地盯着手机屏幕，明明知道不可能，还是渴望马上就会有回复。仔细把短信内容又看了一遍，虽然有些冒昧，但已经发出去了，管它呢！

为了能把书读下去，一路走来，我克服了重重压力，最终拿到了研究生的录取通知书。那一刻，我比任何时候都备加珍惜那份来之不易的机会。

"我们语言学有个赵老师，是研究民族语言的，你先联系他。"终于有回复啦！

我知道短信中说的赵老师是谁。他是研究满语的大拿，可望不可即。终于还是鼓起勇气，拨通了赵老师电话。电话接通后，我详细地作了自我介绍，表示希望在他的门下完成研究生阶段的学习。虽然我很紧张，但我能感觉到他听得很有耐心，整个自我介绍的过程，他都没有打断。

赵老师先是问我们这一届学生的基本情况，然后跟我说了他的研究情况和个人经历。通过了解，我知道他不仅研究满语，还研究其他语言。他的足迹遍布了全国的各个省份，特别是我的家乡贵州各个市州，他都能一一说出名来，听着让人备感亲切。

临了，他说了句话："一日为师，终身为父。"时至今日，我仍记忆犹新。

我知道，从古至今，中国人一向注重师从传承。因此，授业恩师的地位，不亚于给予生命的父母。第一次听到有人对我这样说，真是受宠若惊。我知道，那算是入门了。那次谈话，足足一个多小时。其间，可谓相谈甚欢，我被赵老师的丰富阅历和深厚学识深深折服。

这种感受，不久便在课堂上一一得到证实。赵老师上两门课，一门是语言调查课，一门是比较语言学课。语言调查课，没有指定的教材，都是老师一个音标一个音标抄写在黑板上，我们再一一记在笔记本上。这门课最有趣，也最受欢迎。语言学和文字学两个班的学生一起，人挨人地围桌而坐，写字时都要小心翼翼，生怕碰到别的同学。赵老师在黑板前，先是对每个音进行示范发音，并做丰富多彩的例子讲解，然后，再带领大家一个音一个音地读。最后，一一纠正每个学生的发音。整个过程下来，时间过得飞快。讲这门课时，赵老师尤为得意的是，作为一个历经多次田野调查的语言工作者，他能收放自如地发大舌颤音 [r] 和小舌颤音 [R]。以至于有一段时间，大家像着了魔似的，都在疯狂地学发这两个音。作为一个南方人，如今能不太标准地发出这两个音，并得到赵老师的勉强认可，真得感谢那段令人难忘的学习时光。

另一门是比较语言学课，以徐通锵的《历史语言学》为教材，这门课比较难懂。它除了学者具备普通语言学的基础知识外，还需要有音韵学等学科的知识。虽然难懂，但经赵老师一讲，顿时觉得好懂了许多。赵老师也有一本《历史语言学》，讲课时，偶尔有灵感，他就会往上面记些东西。我有幸目睹过那本教材，上面密密麻麻都是赵老师的手记。可以看出，经历长期的翻阅，有些页明显翻烂了。教材虽然旧，但老师讲的内容是最新的。

老师的课堂，永远都是诙谐的、活跃的。这不仅得益于他渊博的学识，还有他那高超的讲课技艺。有时，一堂课上，中间看似离题千里，最终都能圆满地与所讲内容结合起来，一些深奥难懂的语言学知识，无意中令人印象深刻。在他的课堂上，有时是分享他的人生经历，大家的思绪可以沿着他的足迹，到他走过的地方，经历他遇到的人和事；有时是分享他最新的高兴事，诸如最近又与语言学界的某位大拿交流了，或是又获得什么荣誉了，他会把合影照片或证书给在座的同学一一欣赏；有时是分享他做学问的心得，有段时间，为了激励大家学好国际音标，他多次把那张因折叠多次而破了的音标表展示给大家看，也不止一次告诉大家，国际音标是语言学中的冷门绝学、核心技术……老师的课堂是那么让人心悦诚服，那么让人提神振气，那么让人信心满满。

课堂之外，老师的讲座更是让人无比佩服。我有幸聆听过老师的两次讲座。一次是跟随老师在贵州民族大学，那次讲的是"铸牢中华民族共同体意识"。其中穿插的各种地方方言，少数民族语言知识，让人大为惊讶。还有一次是在铜仁学院，那次讲的是"中华民族的优秀传统文化"。其间还发生了一件有趣的事：前一晚我们到铜仁入住酒店，服务员竟然把本应是赵老师的房卡错给了我，那晚我陪赵老师在房里改课件，随行老师发现了及时告诉我。赵老师说不用换了，说我可以趁这个机会享受下他二级教授的待遇，在我的再三坚持下，赵老师才同意换了回来。那次改课件，我见到了一位我平时崇拜的学术大拿讲座背后的认真仔细。每一个标点，字的读音，他都一一校对，遇到拿不准的读音，他就叫我查。且赵老师的记忆力是惊人的，每次讲座他都不拿稿件，全凭记忆讲，这是他一贯的作风。那天在文学院的阶梯教室里，坐满了人，一听是位北大的博导给大家讲座，同学们高兴极了。事实也证明，赵老师用他的风趣幽默、丰富阅历、深厚学识征服了在场的每个人。其间，掌声连连。末了，点评老师说："赵教授的演讲太好了，我不知道该怎么点评，大家再次把掌声送给赵教授！"可见，老师的演讲，是多么让人佩服。

在我的心目中，感觉赵老师就是个全才，好像什么东西都会。单单是一堂语言学课，他就能举英语、法语、日语、韩语、德语等语言的例子，也正是因为这样，他的课总是很吸引人。他也从不认为他只能研究满语，维吾尔语、蒙古语、苗语等他都涉及，是名副其实的语言学专家。此外，还涉猎其他学科，并且总有自己的一番心得，令人钦佩。

说实在的，赵老师平时都很忙，全国各地到处跑。今天在宁夏，明天在北京，后天也许会在某个地方。只有在课堂上，才有机会和他坐在一起。因此，他在我的心目中多了几分神秘感。能跟随他出去一次，那是我莫大的幸运。从那次之后，我感受到了一位不平凡学者平凡的地方，他身上的学术光环和成就，让人心生敬畏，令人望而却步，但他作为一个普通人，私下的彬彬有礼，爱生如子，令人备感亲切。

研二下学期，因为我爱人要准备生产，无人照顾，不得已请求赵老师的帮助，希望他能准我假回去照顾爱人。没想到赵老师很爽快就答应，并且帮我协调请假事宜，之后就很顺利地照顾到孩子出生。后来，在我的请求下，赵老师还给我孩子取了名。听同学说，赵老师后来把给孩子取名的事，在课堂上给同学们讲了一番，并把我们夫妻给他的感谢信念给大家听，可见他是多么的高兴。今天，孩子能健康成长，全托了赵老师的福。

现在回想起来，赵老师的那句："一日为师，终身为父"，真不是随便说说的。

赵老师对同学都是一视同仁。他鼓励大家读博，并且亲口向大家保证，想读博的同学，他都可帮忙推荐。他跟我提过，希望我也能读博，但因为家里原因，我明确跟他说希望能够尽快工作，他没再说什么。再后来，他似乎更关心我工作的事情，有好几次都问我找工作的情况，能感觉到他对我的关心。

研三时，一来是赵老师很少在学校，二来我在家乡做语言调查，再加上疫情缘故，几乎没有见过面。偶尔有事请教，也只是在微信上交流。我把实地调查水语的图片发给赵老师看，还得到了他的肯定。

论文盲审时，赵老师时刻关注我们的论文情况，还发消息问我论文盲审的情况，并叮嘱我："通过就好，我看专家讲的，有一定道理，修改可参考。"

网上论文答辩，现在想来应是和老师最后一次见面。那天，他在隔离的宾馆里参加我们的答辩（他告诉我前些天从外地回京，需要隔离）。视频里他精神饱满，声音洪亮，还是那么健谈，那么硬朗。就在前一天晚上，我们三个同门还专门和他视频，教他使用视频软件，第二天他就能运用自如。接受新事物的能力，并不亚于我们这些年轻人。

论文答辩结束，意味着我们快要毕业啦！四年前，我就在等待着这一天的到来。四年来，我不仅要学习，还要想方设法养家糊口，我盼望着早些毕业，去承担作为一个男人的责任。虽然有很多困难，但我都挺过来了。

最让我高兴的事，是赵老师在我的毕业评语里说："王兴书同学三年硕士生期间，系统学习了汉语语言学和文字学、语音学各门课程，尤其在方言学和比较语言学上有专长，在国际音标记音调查陌生民族语言或方言上有比一般硕士生更娴熟的技能。"能得老师这样的评价，也算是整个研究生没有虚度。

我很喜欢水语，希望能在赵老师的带领下，深入研究。所以我格外喜欢赵老师的语言调查课，因为他告诉我们，学会用国际音标记音，是一个语言学专业学生的必备技能。如今我能娴熟运用国际音标记录水语，跟赵老师平时严格训练是分不开的。

6月25日，端午，我给赵老师发了一条短信，感谢他三年来的无私指导和帮助。他回消息说："下周一四点我讲孔子，欢迎继续点评！主办方把文字点评都收到音频文件里了。"

因为疫情，好多讲座无法现场开讲，只好放到网上。之前听过赵老师的几次网上演讲，群里大家都很活跃，赵老师也很喜欢这样的演讲形式。他之所以这样跟我讲，估计是希望我能多听他的讲座。我是很喜欢的，虽远在贵阳，但每次听到老师的声音总觉很亲近。

8月28日，我找到了在一家出版单位见习的机会，并把这个消息告诉了他。

那次他回复："祝贺呀！我来银川上课来啦。《十八洞苗语》还望你加入打字，谢谢！"

11月5日，我信息向他问好。

11月8日，他在短信中回复我说："病情还稳定，你跟某某联系，帮我打字吧。"

我感到很奇怪，老师什么时候生病了，从来没有听他说过啊。那次短信，我还把找到工作的消息告诉了他，并一再追问得了什么病。

11月9日，他只是回复我说："祝贺！我已经住院检查，你联系某某，开始帮我打字啊，谢谢啦！"

赵老师没有具体说什么病，我以为不严重，所以没深入追问，便开始联系打字事宜。赵老师之前在湖南花垣县十八洞村做苗语调查，他叫我们把他的手稿打成电子版的，上过语言调查课的同学都打过。这次之所以再次强调要我给他打字，估计是希望这本书能快些出版。作为他的学生，我当然义不容辞，何况还是一次很好的学习机会。

没想到的是,那次联系竟然是永别。12月19日早上7时许,看到消息说赵老师去世了。多么突然,一时间不能接受,也不敢相信。回想之前他激情洋溢的讲座,没有一丝抱恙的征兆。后来侯怡雪师姐告诉我,老师确实永远离开了我们。呜呼哀哉!

那一刻我脑海里都是老师上课的情形。他有着东北人特有的幽默,善于言谈,彬彬有礼,爱拍照,爱启发学生,从不生气,总是满脸的笑容。每次听他的课,感觉就是受到一次精神的鼓舞,顿时充满了奋斗的力量。这样一位受人爱戴的老师,即使到生命的最后一刻,他都没有告诉他人自己得了什么病,悄悄地离开了人世,我还能说什么呢?也只好接受事实。

赵老师说,他扛过枪,下过厂,留过洋,援过疆……这样的人生经历,真是让人羡慕和敬佩。几年来,他头顶着北大毕业的光环,戴着博导的头衔,在宁夏及其他地方,教诲他的学生。我曾经一度弄不清楚,为什么放着北京优越生活不过,千里迢迢跑到宁夏。后来我大概知道了。每次上课,他都是专门从千里之外的地方赶来,就为了给同学们上一两天的课,然后匆匆离开。有次我和他一起去机场,路上他告诉我:"下次还是坐火车好,有地方休息。"现在想来,老师对他的学生有种特殊情感,这种情感包含了关爱、责任、敬业。他晚年本应该享受的时光,奉献给了他的学生和引以为傲的语言学事业,把孤独留给自己。

司马迁在《史记·孔子世家》中说:"《诗》有之:'高山仰止,景行行止。'虽不能至,然心向往之。"

以我观来,赵老师的品行才学,在我的心中也是一座高山,它是我今后生活工作、为人处世的方向,也许不能到达,但我心依然向往。

王兴书,男,水族,1993年2月生。2017年师从赵杰教授在北方民族大学攻读硕士研究生。现为遵义市播州区中等职业学校讲师,主要从事汉语教学和水语研究。

奈友追思

# 纪念我的爸爸

赵寰熹

写一些生活中的美好片段，纪念我的爸爸。

在我的记忆中，他一直是一位乐观开朗、做事认真专注的人。

他做事非常认真，做任何事情都很专注。过去我看不懂这一点，长大后我逐渐明白，这是多么珍贵的品质。

认真专注在工作上，自不必说。他对工作的投入，让人钦佩，所有碎片时间，都会利用起来，思考学术上的问题和计划。而在生活中，其实这样的特点也表现得淋漓尽致。他会认真地跟我讨论吃饭时饭菜的品种，生活中的琐事，听我长篇大论讲自己去看一个电影或者音乐会的感受，虽然这可能不是他兴趣爱好的方向，但他也会非常投入地和我进行讨论。

而这个特点，在我俩共同的爱好——旅游中，得到了很好的体现。

爸爸是个游历过四方的人，他几乎跑遍了国内的每一个省，也去过很多国家和地区。从我小时候，我就对他"行万里路"的爱好印象非常深刻。小时候家里的墙上贴着一面很大的中国地图，他每去一个地方，无论是讲学还是旅行，都会在上面插一个红色的小旗子，红色小旗子是他拿大头针和剪裁后的红色纸做成的。后来旗子越来越多，我也看得津津有味，投入到他不断更新红色旗子的兴奋中，每次他都会跟我非常投入地讲每个旗子背后的故事、那里的风景和特色，他遇到的人和事。还记得他一直说，以后要换成世界地图，希望走遍全世界。

所以，后来当他有讲学或者旅游的机会时，他会在当地发给我文字和照片，讲他当时的心情以及对这些地方风土人情的感受。而当我的专业选择了地理方向后，这个交流就更多了。不仅会谈到风土人情，他也会经常说说自己对当地人文地理和语言地理的感受。短信经常会发得很长，有时像日记，有时像一种学术思考。

其实这样的方式，在我小时候跟他去日本、韩国的旅途中，便深有体会了。虽然我去的时间很短，但每到一个地方，他都会绘声绘色地介绍自己对这个地方的了解和理解，并且非常愿意和周围的人直接沟通，这给我留下了非常深刻的印象。记得很多年前我和他去韩国济州岛。那是春节期间，走在路上只有我们俩，也找不到路。后来，看到有两位韩国人路过，他便立刻开朗地和他们聊了起来，虽然我听不懂他们在说什么，但那种所有人都非常开心的氛围，我是能直接感受到的。当时我就在想，如果是我自己，肯定会不好意思然后想东想西，就不去询问沟通了。但他从来不是这样畏手畏脚的人，有时候直接的表达才是解决问题最有效的办法。多年以后，我再回想起韩国之行，这竟然是我印象最深的一幕。那天晴朗的天气、海边美丽的风光、几个人爽朗的笑声，组合成了一幅非常美丽的画面。过了几年，他由于工作原因，又去了趟韩国，又到了济州岛。当时他发给我一个短信，说他再次来到济州岛，但这天的天气一般，工作行程和之前的感受也不一样。看了短信，我理解，他也很怀念几年前那个美好的画面吧。生活中美好的场景，会因为人们之间真诚的交流而显得格外令人难忘。这一幕，会永远记在我的心里。

热爱到处走走，是他乐观、开朗性格的一种体现。他可能是我见过的最开朗的一个人了，好像很少有烦恼，永远有充沛的精力，有很多工作上、生活上的计划，经常给我推荐很多有意思的事情。而且，他的表达能力非常强，说话非常有感染力，总能通过表达传递给别人这样的开朗氛围。我最近经常想，这是他的性格，他内心还是一个非常要强的人吧，希望把快乐的氛围带给周围的人。对于这一点我是很佩服的，也希望自己可以多学习，变成一个会带给别人快乐的人。

他对生活的热爱和开朗的性格，也来源于他敏捷的思维。和爸爸聊天总是一件很有趣的事。聊天时候心情很放松，他经常会把很多事情联系到一起讨论，这当然是一种学者的思维方式，而在生活中，这样的思维方式也会带给我很多乐趣和启发。我们的聊天内容涉及方方面面，有时候甚至非常天马行空。

比如很多年前，我们一起在新疆旅游，沿途各种天马行空的有趣谈话到现在我还印象深刻。在旅行的路上，他会一直跟我讲清代锡伯族西迁的历史过程。那时候，我还在上本科，专业偏自然方向，但他知道我对历史方面的内容感兴趣，这也和他自己的专业有密切的联系，所以一路上一直在讲这里面的小故事。我们讨论了旅游问题，讨论了地理问题，讨论了语言学问题，讨论了学术上的历史研究，也讨论了很多清代野史小故事，那一路坐车的时间非常非常长，原本应该很累的过程，最终变得非常有趣。

而这样的记忆，真的是太多太多了。我们的聊天经常时间很长，并在各种方向上进行发散式思考。不仅在旅游中会这样，平时生活中，比如吃饭时也会突然进入这样的谈话氛围。这样的过程让人心情愉悦。不得不说，这在一定程度上要归功于他极具感染力的表达能力和充满活力的生活态度。

生活中尚且如此，和学习学术有关的正式讨论，他更是非常认真且投入。我和他的专业方向不相同，但他总能找到可以讨论下去的交叉点。最典型的例子便是我向他学习满语的过程了。现在回想起来，这真是个很有意思的事情，绝不是那种死板的教学过程。

学习满语开始得很早。其实一开始主要源于他的热情，当时我还是个小孩子，当然也还没确定未来的专业方向。但他一直对满语的传承表现出超高的热情。如果用现在的网络用语来形容，那就是：天天在家给我疯狂安利。小时候我不太懂，就觉得他非常热情，这件事应该也很有趣，满语文的字母看上去还挺独特的，所以就接受了他的建议，开始慢慢学习起来。这听上去好像很容易，但其实是他长期润物细无声不停推荐的结果。而从这个"安利"的过程也可以看出，他不是一个会强迫孩子学习某项技能的家长，而是采取热情推荐的方式打动你。不仅是满语，小时候学习过的象棋、画画，包括一开始学习钢琴，都是这样。回想我幼年时期的生活，我从未觉得自己被迫学习过任何东西，这当然和我爸妈一贯的鼓励式教育关系很大。

学习满语的过程是很愉快的，按理说，一个小孩子学习一门濒临消亡的语言文字，和上学的学业没有任何关联，很难激起兴趣。但我爸爸会在教学的过程中，讲很多有趣的清代故事，会让学习的过程有时候甚至像个探宝之旅，非常有趣。他这样有感染力的表达能力，到今天回想，我都觉得非常佩服。因此，那一次次，看起来原本应该非常枯燥的语法、字母教学，并未在我小时候的记忆中留下任何不好的印象，反而让我一直觉得这是一件很有意思的事情。而他对满语传承的热情和有时候表达出的焦虑感、使命感，也深深地感染了我。在我自己投入学术工作后，也会经常思考这方面的问题，并选择这方面的内容和我的研究结合在一起。我进入学术领域后，他反而不再像小时候那样劝我一定要学习这个内容，因为他已经把这样的一种热情和使命感通过长期的沟通交流，传递给了我，而如何结合，如何使用满语，"是你自己可以思考的啦"。从这个角度来看，他真的是一位非常合格且能力超强的教育者，虽然我没有去现场听过他在大学里面的课程，但我可以想象，他上课时的感染力一定会给学生留下深刻的印象，并且让他们从心底真正接受并爱上自己学习的内容。

　　读万卷书，行万里路。努力过乐观、充满活力的生活。他一直是这样的，这样想也这样做。其实到他生病以后，我觉得他也在尽力地保持着乐观的态度。而他乐观的性格，绝不是刻意为之，那是他真正的性格。真正乐观开朗的人，才会自然而然地用自己的活力感染周围人。这也是一个润物细无声的过程。在当今社会生活压力比较大的情况下，这样的品质便显得格外珍贵。他经常劝我心态平和的重要性，劝我要重视生活，不要焦虑。这个乐观的品质，和他认真的性格一样，是很珍贵的。作为家人，我们佩服他，也很怀念他。

　　人生的记忆很多，留下的美好画面并未消散，会永远留在我们心中。

赵寰熹，1984年出生，赵杰教授的女儿，现就职于首都师范大学资源环境与旅游学院，主要研究方向为历史地理。

# 怀念我的兄长赵杰

赵权

今天是2020年的最后一天，也是大哥去世的第12天，回想起一年来所发生的事让我终生难忘。记得2020年元旦后，我就与大哥通话，希望大哥能回伊通老家过年，讲了种种理由，终于说服了退休后比退休前还要忙的大哥，他决定在腊月三十从秦皇岛回家过年，我心里十分高兴。腊月二十九，我们夫妻俩去街里购年货时，就听人们纷纷议论武汉新冠肺炎之事，但我们还是不加顾忌地不戴口罩拥挤在熙攘的人群中，抢购了自己满意的年货。年货中，我们还给大哥买了一双袜子，准备除夕夜穿（东北老家有这个习俗）。腊月三十上午大哥风尘仆仆回到了家里，我们一起贴春联、筹划着与姐妹等家人聚餐的事，喜悦心情无以言表。晚上，我们做了丰盛的年夜饭，我们哥儿俩喝着大哥带回来的茅台酒，天南海北地畅谈着，直到新年午夜钟声响起。他规划着自己今后20年的生活方式，就是要辞去一切社会兼职，专心在家著书立说，把他多年积累的第一手资料整理出书，要像北大季羡林教授那样成为学术大家，为国家和社会做出贡献。

武汉封城，除夕之夜人民解放军和全国各地医务人员驰援武汉，原本计划兄弟姐妹等家人春节聚餐的愿望受疫情影响不得不放弃。大年初一，大哥的手机忙碌了一整天，不间断地给全国各地的领导、同事、朋友、学生微信拜年，询问疫情。我非常佩服大哥的社交能力，心想大哥真是一个读万卷书、行万里路、结百姓人的大儒。我们家一共兄妹五人，大哥是老大，姐妹三人、兄弟二人。在我四岁时大哥就离家当兵出走，八年后退伍，回家不到一整年就考入中央民族学院，当年能考入京城上大学读书，是我们当地几代人的学习榜样，也影响了我今后的人生发展方向。大哥在我人生成长的路上时刻关心着我、帮助着我、爱护着我，我也十分敬重他。大年初二，我和大哥一起到同在县城居住的大姐家并给了大姐的孙子壮壮压岁钱。初三一早大哥就急冲冲往回赶，我恋恋不舍地送到汽车站。挥手告别的瞬间，眼睛不知不觉地湿润了，不知道是为什么，每回走时不这样，或许是第六感觉在起作用吧，现在想起来真是一次诀别啊。大哥原本是要在伊通老家过完初六再回去的，由于疫情原因临时决定提前回去，并在网上订购了无座火车票，可从回去时发的手机视频看，每个车厢里只有十来个人，可见全国的疫情有多么的严峻。大哥走后第二天，也就是初四，我们县的汽车站就封闭了，高速公路出入口也设卡检查了，事实证明大哥的临时决定还是正确的。其实大哥是经常回老家伊通的，不光是节假日，只要是到东北出差，都挤出时间回家看看，父母在的时候回家时能够多待些日子，父母不在了也一有机会就回到我家，每次回来都给我们各家带些特色小食品，比如，宁夏枸杞、新疆葡萄干、大枣等。虽然礼轻但是从千里之外带回来情谊重啊！大哥就是这样讲亲情重情义之人。

  此后，我和大哥时常用手机和微信联系。他平时很忙，总是我闲着时给他打电话。记得是在4月份，他决定从秦皇岛去北京办事，当时全国各地的疫情防控抓得很紧，大哥就在北京火车站附近找了个小旅店，自我隔离了14天。从他在手机上发的照片看，屋子很小，也没有窗户，旅店的设备也很简陋，小桌子上还放着方便面的盒子，可见他隔离时吃住是非常简朴的。大哥是20世纪50年代出生的人，那个年代出生的人都经历过国家困难时期，再加上我家那时孩子多，就我父亲一人挣钱，我哥又是老大，自然就养成了艰苦朴素的生活习惯。不论我哥从大学教师升到大学校长，从大学讲师晋级副教授、教授，工资从几百涨到几千元乃至几万元，他都是坐火车买硬座票，下饭店吃面条，买衣服不超百元。2017年初冬我应大哥邀请，帮助他们筹建东北大学秦皇岛分校满学院时，看到我哥穿着一件白色羽绒服，质量一般，听他的同事说是在地摊上花65元钱买的。我都不敢相信是真的，后来我问他才确认这个事实，一时在满学院成了一段佳话。生活简朴的习惯一直伴随着大哥的一生。

  从2020年5月25日开始到10月中旬，大哥陆续在石景山图书馆线上平台开展了中华文化十二讲系列讲座活动。有三百多人入群从头至尾收听了讲座，有大学教授、国家部委的厅局级干部以及博士生、硕士生，也有部队退伍老兵、工人、中小学生等，他们对大哥的讲座都给予高度的好评和认可。原本是和石景山图书馆约定讲三讲的讲座,结果又应邀讲了九讲。讲座内容广泛,涉及语言、历史、文学、书法、音乐、饮食、医药等,演讲中妙语连珠、精彩连篇,通古博今,至今余音绕梁。十二讲活动之所以能取得这样好的效果,与大哥的博览群书、知识功底深厚,一丝不苟、严谨求实的精神分不开。他的讲座给不同基础的听众提供了丰富的文化营养大餐。这一时段我们哥儿俩谈论最多的就是讲座事宜,他总是希望我多提缺点不足,不让我和大家一起唱赞歌,这是他一贯的治学风格。

2020年10月下旬,我和大哥通话中知道他腿痛的病有些加重,我们的联系就多了,几乎每天都通电话,他把北京大学新分配的住宅楼照片发给我,说元旦左右可能交钥匙,春节过后再装修房子,我劝说他好好治病。他说他的病需要进一步检查确诊,住院时让我来陪护,我欣然接受并表示第一时间赶到。2020年11月3日、4日两天我没有联系上大哥,心里万分着急,苦苦等了一夜。2020年11月5日这一天我记忆很深刻,下午三点左右我在办公室写总结,大哥给我打了电话,说检查结果出来了,需要住院让我尽快去北京护理,并把诊断结果发给我。上面写到"左大腿巨大肿块,代谢异常增高,间叶起源的恶性肿瘤可能大,伴左腹股沟、左侧盆腔、腹膜后淋巴结转移,右肺下叶、左臀大肌深方、双侧肾上腺、全身骨多发转移"。看后我脑袋"嗡"的一下,不知所措,心想这不就是癌症晚期吗?且已多发转移。怎么会有这个结果,以前通电话总是说腰间盘突出影响腿痛,今天怎么就是癌症晚期了。我反复看了多遍诊断书,似乎是在做梦。我赶紧收拾一下办公桌上的东西,和单位领导请了长假匆匆回到家里,和家里人说明情况。妻子和儿子也都很惊诧,以前都没有想到病情这么严重,妻子忙着给我收拾东西,儿子忙着给我在网上订飞机票,同时大姐也匆匆赶到我家,决定11月6号坐飞机去北京。登上飞机的瞬间,我的心情异常的沉重,和以前进京的感觉截然不同,看着浮动的云朵,俯视地面的山川楼群,我就是高兴不起来,一心一意地想着飞机快点飞,恨不得马上就来到大哥身边。

下午4点左右,在北京大学肿瘤医院走廊的候诊座位上,见到了被病魔折磨得十分憔悴的大哥,他比春节时来我家瘦多了。头发凌乱,白发也肆无忌惮地充当了主角。说话的声音也变得有气无力了,斜坐在候诊椅子的一角,两只手吃力地拄着椅子面。看见我们的到来,还是顽强地微笑着,热情地向我们打着招呼,我和大姐急忙询问病情。看到大哥的左腿根部长了巨大的肿瘤，我用两手掐都掐不住，肿瘤很硬，像是一块大铁箍，箍在大腿的根部，让他根本无法像平常人一样坐在椅子上。医院的走廊里人满为患，熙熙攘攘、擦肩接踵。医生诊室门口被操着各种口音的患者及家属围得水泄不通，我急得来回在熙攘的人群中穿插着，希望能够尽快地见到医生，可我们前边还有二十来位患者。可又想大哥也是快要70岁的人了，候诊又如此艰难，我情急之下，见缝插针挤进医生诊室，和医生说明特殊情况，看能否照顾一下，先给看看病。在医生的照顾下，我和大姐及侄女赵寰熹吃力地把大哥搀扶到诊室，医生仔细地检查了大哥的病情，又反复地看着CT片子，和我们说患者病情十分严重，需要马上住院治疗。但是北京大学肿瘤医院没有床位，让我们去北京京西肿瘤医院住院治疗。

北京京西肿瘤医院是一家私立医院，住院环境十分舒适，医疗水平也较高，医生基本都是聘任北京大学肿瘤医院的教授、副教授，就是医疗费用十分昂贵。从11月7日到11月17日我护理大哥在这里治疗了11天，主要是调理身体各项指标。因为这段时间大哥的身体十分虚弱，根本不适合化疗。我们一边在此治疗，一边等待北京肿瘤医院的床位，进行化疗。这段时间大哥的精神状态很好，每天我们哥俩都有许多话题可谈，包括大哥的财产问题、婚姻家庭问题、工作问题等，每天都是彻夜长谈。大哥对自己病情的认识还是十分乐观的，他时常和我规划着自己未来生活的方式，我也总是迎合着他，把病情说得较轻让他相信会治愈出院。实际上我发现大哥的身体一天比一天虚弱，每天大部分时间都是躺在床上，起来吃饭或上厕所都累得浑身是汗，气喘吁吁的。我心想这一定是肿瘤病毒在侵蚀着他的内脏，进而消耗他的体力啊！我边细心地护理着病重的大哥，边催促我唯一的侄女赵寰熹加紧联系北京大学肿瘤医院的主治医生，尽快办理转院手续进行化疗。那时我的心情坏极了，每当把大哥料理完，静下心来时，就会油然而生一种悲凉无奈的感觉，预感要失去大哥时，就背地里偷偷地流眼泪。而面对大哥时还要强装笑脸迎合着他的每一句话。我百依百顺地满足他所有的要求，每天为他擦身、翻身、接尿，只要他想吃啥我就抽时间出去买来喂他。

11月17日我们终于迎来了由京西肿瘤医院向北京大学肿瘤医院转院的日子。早晨起来我把所用的东西收拾好，给大哥喂完了饭，换下住院衣服，穿好了自己的衣服，就等着侄女来接我们。大约中午时侄女来电话说下午两点能入住北京大学肿瘤医院病房，并让我们自己叫救护车前往，她在北京大学肿瘤医院那边办理各种住院手续后，再到病房等我们。我立刻咨询京西肿瘤医院医务人员并拨打120急救电话，在医务人员的帮助下，下午两点我们乘坐120急救车赶到北大肿瘤医院8楼骨科病房。这里的条件和京西肿瘤医院病房相差甚远，病房里没有厕所。所有病人和陪护人员共用一个公共厕所。我们住的病房距离厕所有50米远。此时大哥行走很吃力，扶着挂吊瓶的支架勉强能走10来米，在这我只能为他接尿接屎了。病房里有三张床，床与床间隔很窄，只能塞进一个小凳子，陪护人员只能每天晚上十点租一个长条简易折叠床勉强过夜，第二天早上六点左右收床。虽然这里的条件不能和京西肿瘤医院相比，但是我们内心仍然十分高兴，毕竟这是一家正规的专业治疗肿瘤的著名医院。从11月17日到11月23日我们在北京大学肿瘤医院住了六天院。头两天都是打的为化疗准备的营养药和保护药，主要是护肝、肾、心、脾之类药。因为大哥的体能每况愈下，护理的难度也越来越大。11月20日这天早上主治医生告诉我们化疗要准备足够的饮水量。我趁医生早上查房之际，到附近的超市买了一瓶3升的水，准备兑开水喝。大约九点左右护士换上了化疗药，这是用塑料袋装的黄黑色的药，滴得很慢，速度和打补钾类的药一样。那天大哥反应很正常，就是出了很多的汗，衣服和床单都湿透了。我一边忙着为大哥擦汗，一边换掉湿透了的衣服、床单和被罩。我记得那天的针一直打到后半夜两点左右。11月21日—11月22日继续打营养和保护类的药。22日下午我们接到了医院出院通知，这个通知让我感到很突然，因为大哥的病情根本不符合出院的标准。这次只是进行了初步的常规化疗（医生曾说，检验结果没有出来，先按常规药物进行化疗，等第二次化疗时再按检验报告进行针对性化疗），大哥的体质很虚弱，每天进食量也很少，这样出院只能将大哥向死亡的边缘更推进了一步。我急忙去找主治医生，向他哭诉暂不能出院的种种原因。而他回答我说："这次化疗药已经打完了，过一个月后再预约化疗。"最后交涉的结果，我们还是23日出院。回到病房看到大哥疲惫地躺在病床上，我的心都要碎了，满脑子都是胡思乱想。假如大哥的病早被诊断，早化疗不至于有这个结果；假如我们和大夫有亲属或故朋的关系，再或者和医院某领导或某教授有亲属及故朋关系更不至于有这样的结果……想归想还是要回到现实。我给我侄女赵寰熹打电话，说明了这里的情况，让她联系民族养老院。关于大哥出院后的去处问题，大哥和我及侄女赵寰熹早已达成共识。就是出院后先到养老院疗养到化疗期再化疗，病情控制住后再装修北大新房子，慢慢恢复调养身体。

　　民族养老院坐落在北京丰台区，距离北京大学肿瘤医院较近，打车只有 10 分钟左右的路程。这里基础设施完备，条件尚好，养老院内设有医疗所，能看病打针，也能处理急性病，同时也距离北京 301 医院较近，遇有危险可以及时抢救。第二天我和侄女赵寰熹及侄女婿一起把大哥送进民族养老院。安排妥当后，我怀着十分眷恋的心情，回到了离开 17 天的东北老家，准备下次化疗再来护理病重的大哥。回家后我心情久久不能平静，无论是上班还是休息，都时刻惦记着大哥的病情。得知大哥的病情每况愈下，我心乱如麻、寝食难安，经常噩梦惊醒，泪湿枕巾。终于熬到了 12 月 14 日，我再一次踏上南下的 D 字头火车来到北京海淀医院，做核酸和抗体检测，以备护理大哥第二次化疗所需。16 日上午化验结果出来后，即刻赶往丰台区民族养老院。再一次见到大哥那一刻，大哥似乎变了一个人，头发剪短了，几乎都是白的，脸瘦了一圈，眼窝深陷，看起来十分憔悴，身上也瘦了好多。我紧握大哥的手，好久不忍放下。他双眼充满希望地对我说："你帮我揉揉腿，上午检查时碰了一下，没有知觉了。"后来我才知道是癌细胞扩散导致腿失去知觉。从此时开始一直到他离世，我大部分时间都是为他揉捏腿，上下押、左右摇，始终没能见效。大哥越来越离不开我了，到了晚上更是让我在他床边待着，他整天也吃不下多少饭，喝粥也就两三口，全靠打营养液来维持体能。连养老院的护工都能看出来，这样体质是不能进行第二次化疗的。可侄女还是不间断地跑北大肿瘤医院，联系主治医生商议化疗事宜。根据 12 月 15 日的检验结果，北京大学肿瘤医院主治医生明确答复我侄女，这样的体质不能进行第二次化疗，并告诉我们做好后事准备。我和侄女赵寰熹商讨决定把大哥的最后时间留在民族养老院。此时，我们已没有回天之力，只能凭天由命。

　　2020 年 12 月 19 日凌晨六点零二分，我亲爱的大哥与世长辞。我再也不能与他沟通了，我再也听不到他对我关怀的声音了，我孤独、我悲凉、我无奈、我绝望。如今我每遇有触动的场面，都不免暗自流泪，失声痛哭。愿我和大哥来世再见。为表达我对大哥的思念，我想借用《三国演义》电视剧里诸葛亮逝世时的一段歌词来表达我的哀思："苍天啊，你为何急匆匆将他交与秋风；大地呀，你为何急匆匆将他揽入怀中；苍天你太不公啊，大地你太绝情，我情愿以死换他的生。"

赵权，满族。1965年4月出生于吉林伊通。赵杰教授的弟弟。现任吉林省伊通满族自治县政协民宗委主任。

# 人生中的第一位启蒙老师

赵寰宇

我的大伯是我们家的骄傲,让我崇拜、让我敬重、让我钦佩。他重亲情、讲品德、崇教育,堪称我人生中第一位启蒙老师。

我的大伯八十年代在北京读完大学后就留在北京工作,只有过年过节或到东北出差才有机会回到爷爷奶奶家。每次回来都拎着一个破旧的行李箱,上面贴满了全国各地的行李托运标签。那些托运标签以及父亲报以期望的那句"以后你要好好学习,像你大爷一样"的话,几乎涵盖了我整个懵懂的童年时期,因此我自小对大伯的印象深刻。

大伯经常四处奔波到各地讲学,基本上只有每年过年回老家看望爷爷奶奶的时候才会见到。我现在依旧能清晰记得大伯每次过年回家,家里人见到大伯的喜悦场面。大伯见到我时,第一件事就是和我握手,他那双厚重的手与我稚嫩的手相握,可以感受到他掌心的温暖与稳重感。年幼的我不知道大伯为什么每次握手都会很用力,直到长大后,每次与大伯重逢的那种激动与思念,也会导致我不自觉地用力握手,而那时我也意识到年幼的我看到大伯激动,和家人握手与对我来说有些厚重的握力,正是因为他把对亲人一整年的思念与重逢时的激动,都在见面的一刻做出了无声的表达。

每当想起大伯,印象最深刻的就是他每年过年回家时,带回来的略有破旧的上面贴满了密密麻麻行李托运标签的箱子。虽然行李箱不算大且略有破旧,但里面却是大伯在各地给家人带回来的礼物,有的时候会是他去过一些地方的土特产,有的时候是一些地区的纪念品。虽然后来大伯也更换过好多行李箱,但唯一不变的就是那些行李箱里总是装满给家人带的礼物。有一次大伯从意大利回来,给我从国外带回来笔和本子之类的学习用品。那时候刚上小学，经常会和同学们炫耀说："看这是从国外带回来的，国内根本买不到。"一直到现在想起来这件事还很有趣。之后大伯每年回家都带给我各种各样的小礼物，或是北大的纪念书签，或是清华的纪念校徽。后来想起来大伯经常给我带这些高校的纪念品，也是希望我的未来学有所成，可以考上一个理想的大学。虽然大伯一个人常年在外奔波，到处讲学教书育人，但无论走到哪里，他心里依然都会挂念远在家乡的亲人。

  我印象中的大伯一直是一个勤俭节约的人，记得小时候每一年大伯过年回家总是穿着一身算不上新的衣服。有一次，家里人看到他穿了一双补丁很多的军绿色袜子，这种袜子市面上很少有卖，像是部队里发下来的那种。家里人看到了也会说："你现在经常到处去讲学，应该注意一下身份和形象，破了的就别补补缝缝了，换新的吧。"一提到这种事大伯都会说："这不还能穿吗？等不能穿了再换。"对这件事记忆清晰，是因为小时候不明白像大伯这种教授级别的老师，也不至于连双新袜子也买不起吧，为什么袜子或者衣服破了还要补，换新的不就好了。直到后来长大，听大人们时不时谈起他们小时候的生活状况才明白，这与他所生长的年代有很深的关系。像我这种在富裕年代长大的孩子理解不到在那个年代里长大的人的想法，而后来在父亲口中得知大伯年轻的时候在部队当了八年的兵，在那个时代军人就象征着荣誉，而在部队军人眼里勤俭节约更是显得尤为重要。更何况大伯在部队一待就是八年，有些东西已经深深地刻在骨子里。"勤俭节约"这四个字，在大伯心里已经不光是一种品德，更像是心中秉持着的一种荣誉感。这也正是为什么大伯在生活中，碗里从来不会有剩饭，穿着总是很朴素。在生活中不仅仅是勤俭节约，大伯超乎常人的自律性也不得不让人钦佩。看书学习自然不用多说，大伯年轻的时候有晨跑的习惯，而这个习惯也伴随了他一生。小时候在爷爷奶奶家，大伯从外地回来，每天早上都起得很早，先到外面晨跑，然后回到家里做拉伸运动。我也总是好奇大伯天天早上出去跑步有什么趣事，有一次就吵着嚷着让大伯带我一起出去，一路上大伯时不时和我说晨跑的好处和一些有趣的事。具体说了些什么现在也已经记不起了，只记得那时候的我说是跑步，其实也只不过是跟在大伯后面跑跑停停，走走玩玩。朝阳照在大伯背上，他时不时回头看我有没有跟上，他的背影一直留在我的记忆里。长大后爷爷奶奶去世，每逢过节大伯有时间回家探亲住在我家，当我早上起来的时候依旧会看到大伯早上跑步，回到家里做拉伸运动。有趣的是2019年我在东北大学秦皇岛分校上学，有一次我和他谈起晨跑的事，大伯说最近这两天比较忙没有时间跑步，但有时候我去上他的满语课，在课间休息的时候，依旧可以看到大伯在走廊尽头做运动，那个时候我才知道就算大伯再忙，也会抽出空余时间坚持自己每天要做的事情。一个人自律地生活了十年二十年已经可以说很厉害了，但几乎一生都在自律的人更是少之又少，不得不让人钦佩。

小时候大伯回家探亲从父亲口中得知我在补习英语，但是英语成绩还一直很不理想，大伯便决定亲自教我，他会给我讲解单词词性。大伯知识丰富，有的时候会用韩语或日语来举一些例子，他能让你在学习一门语言的时候，就会对别的语言也有了一些基础性的了解。虽然时间过去太久了，我现在已经记不太清楚大伯和我具体说了些什么，但这是第一次让我感受到了，学习没有那么枯燥无味，反而很有趣。大伯就是这样一个神奇且充满魅力的人，他可以通过他渊博的知识与阅历勾起你对知识、对学习的兴趣，也让我感受到大伯不光是给人讲述，而是会引导你对某些事物的思考方式，让本是枯燥无味的东西，变得可以让人提起兴趣，并想去主动地了解。我觉得这才是教育的精髓：不是生硬的讲述，而是引导出你对这个知识的兴趣，对这些事的看法并且主动去思考，让你哪怕是听完了他的课，还是想自己主动搜集一些资料去了解。在东秦上大伯的满语课时，大伯同样用他渊博的知识将满族文化、满语和清代历史文化用他富有感染力的教学方式讲述出来，从未让人觉得枯燥无味，就好像打开了一扇藏有宝藏的大门，让你不禁想去探索里面还有些什么，不知不觉就会让你忘记时间，有一次上到很晚，我们和大伯一起走在校园的路上，他对我们说："看今晚明月当空，又那么圆，我们刚刚上完课，月光照在我们身上，我们漫步在校园里，我会永远记住和同学们的这个时刻"。那一刻我感觉到大伯作为一名教育者，也一直很享受给人带来知识的乐趣，那个晚上大伯的神情与状态我一直记在心里，那是大伯这一生中给我上的最后一节课。

虽然那是我人生中大伯最后一次给我上课，但他留下的精神、品德、思想和对家人的亲情，一直在我心中，指导着我前进。

赵寰宇，1996年3月出生，赵杰教授侄子。现为东北大学秦皇岛分校民族学研究院（中国满学研究院）中巴联合项目巴基斯坦旁遮普大学硕士生。

# 深切怀念我们的好战友赵杰同志

郑晖　岑阳　蒋苏平　高扬　丁锐

2020年12月19日上午，微信群里传来令人哀痛的消息："我们的战友赵杰走了。"大家惊愕、悲痛、哀伤。不久前，我们还在"石图讲坛"聆听他主讲的中国传统文化系列讲座，大家还在期盼他的新书出版，没想到等来的却是如此噩耗。

赵杰是我们总后太原办事处通信站的战友中学问做得最好的："文化大革命"后的第一届大学生，中央民族学院（现中央民族大学）提前一年本科毕业留校，北京大学硕士、博士、博士生导师、博士后导师……这一个个闪亮的身份是那几年战友们相逢时的热门话题，也映射出他不平凡的人生之路。赵杰是我们的骄傲。

北京大学外国语学院官网刊登的讣告对赵杰的生平有这样的文字："1969年1月至1977年3月在解放军总后太原办事处、野战27军81师参军，先后担任班长、代排长和代分队长等职……"。当过兵是赵杰很引以自豪的经历，他八年从军生活的最初六年是在总后太办通信站电台度过的。

20世纪70年代初，席卷全国的"文化大革命"轰轰烈烈，大学停招、百业凋零，军队干部的子女们子承父业，成为无可奈何的选择。时年十五六岁的我们就是在这种形势下入伍去了山西，经过近半年报训队紧张的报务训练，到总后太原办事处通信站任报务员。郑晖、岑阳和高扬有幸分到了赵杰所在的分队。在我们到来之前，电台的几十名报务员都是1969年、1970年入伍的，在这些老兵面前我们是一群"新兵蛋子"。

新手上机。大家在老兵们的带领下，开始上机实习、参加值班。我们电台是战备值勤连队，每天 24 小时由 4 个值班分队轮流值守。报务员们日常除了值班、补觉，还安排训练、学习和农副业生产，当然包括"文化大革命"时期特有的每天一个小时"天天读"。

赵杰是 1969 年入伍的老兵，虽比我们年长些，但也未满二十岁。他平易近人、诚恳可亲，"新兵蛋子"们遇到难事经常和他商量，请他出主意。

1971 年，我们从报训队结业到电台没几天，发生了著名的"九一三"事件，全军进入紧急战备状态。在连夜召开的军人大会上，商学仲台长把全台干部战士分为前指、第一批疏散、第二批疏散和留守四个分队，命令大家清点行装，做到一声令下，立刻出发。他要求每人把自己的行装整理成三部分：第一部分随身携带，包括武器、弹药、背包、挎包和水壶等日常用品，当然还有我们报务员特有的武器——电键；第二部分是部队发放、暂时不用的物品，如棉大衣等各种冬装和蚊帐等夏装，要求打包，写上自己的姓名和部队代号，还有家乡的地址及收件人，统一运送，如果哪位在战斗中"光荣了"，由部队负责寄回他的家乡；第三部分是个人购买的不常用物品，要求立即全部寄回家。面对这突如其来的情况，"新兵蛋子"们有些不知所措。看到我们的窘境，赵杰热情地出手相助，告诉我们哪些应该打进背包，哪些放在挎包里，怎样分类和包装，像兄长一样帮我们按要求完成了清点。

第二天清晨，前指分队在商台长的率领下乘车离开营区。现在回想起来，当时在车上看着蓝天白云和路边尚不知事件原委的老百姓，年轻的解放军战士们颇有几分"大风起兮云飞扬，安得猛士兮守四方"的豪情。

到达太原远郊大山里的前方指挥部，在台长、分队长和技师们的带领下大家不分昼夜地苦干，架设天线、铺设电缆、安装调试设备，整备机房。赵杰作为老兵和业务骨干，和我们"新兵蛋子"一样，一头汗水，满身泥土，按时开通了上至统帅部、下达所属部队的前指电台。

通信兵是我军最早、也是最重要的技术兵种之一，有"首长的耳目，部队的神经"之美誉。早在 1941 年，毛主席就为通信兵题词："你们是科学的千里眼顺风耳"，成为我们的座右铭，鼓舞着一代又一代通信战士。通信兵是最早得到毛主席题词的技术兵种。1947 年解放战争期间，毛泽东、周恩来、任弼时等率领精干的中央领导机关和电台转战陕北，指挥全国各地的解放战场，时任中共中央副主席的周恩来看着当时的情景曾比喻说，"中央委员加上电台，等于党中央"，可见电台工作的重要性。分秒必争、准确无误、严守机密、遵守纪律等是通信兵的光荣传统和优良作风。由于收发报技术的特殊性，报务员的岁数普遍比较小，许多人初中没毕业就来到了部队。

赵杰是老兵，当时在我们眼里，他最大的特点是求知若渴，闲暇时多在读书看报，涉及政治、文化、科技等各个方面，在那个知识匮乏、"读书无用"论的年代，是个明显的另类。但他的知识丰富是大家公认的。记得那时搞"批林批孔"运动，组织学习报刊上的批判文章，文中有称孔子，也有称孔老二的。我们一群年轻战士争论，孔子叫啥名字。有人说就叫孔老二，有人说叫孔子，赵杰说，孔子的子是古代对有学问人的尊称。大家不相信，反驳说，我们批判他，为啥还要用尊称？赵杰无言以对，争论无果，事情就过去了。可是赵杰一直想着这事。后来不知他从哪儿查到了结果，很有成就感地告诉我们，孔子的名字叫孔丘，又叫孔仲尼，孔子确实是一种尊称。果然我们在报纸上发现了孔丘的称谓。现在回想起来，我们电台的商学仲台长是山东人，比我们大十多岁，姓名里有仲字，他肯定知道这事，可是那时在我们眼里，商台长是大首长，不可能去问他——这是题外话。后来，在山西省省会太原市的迎泽会堂举行社会各界批林批孔大会，赵杰作为一名战士，代表驻晋部队上台发言，成为战友中的佼佼者。

记得有一次，我们的上级通信部门——总后通信团的十几位干部战士驾驶野战通信车到太原进行单边带通信演练，兄弟部队的战友们在一起共同战斗了好几个月。在他们完成任务即将返回的欢送会上，赵杰代表我们电台发言，他那诗一般的语言赢得了长时间雷鸣般的掌声和战友们的一致好评。事后赵杰说，没想到有这么热烈的鼓掌，并对在发言中有一个词的发音不够准确而后悔不已。时间过去了近半个世纪，他发言的具体内容早已无处查询，但那句"让我们的战斗友谊在一束束交织的无线电波中开花、结果"，让大家至今难忘。

岑阳战友的父母都是参加过抗美援朝的通信兵前辈，爸爸曾在志愿军领导机关工作，妈妈是志司电台的报务主任，她本人是那时在朝鲜出生的。赵杰听说后，认为这是特别好的题材，曾利用出差的机会到北京专门拜访两位老前辈，积累素材，以此为内容发表了文学作品。如今，刊载那篇作品的杂志已无处可寻，文章和杂志的名称也早已淡忘，那篇作品也许是赵杰写作生涯的处女作。

1972年，赵杰升任代理分队长，成为分队的主官。他带领大家圆满完成了各项战备值勤任务，要求分队里同志们不仅苦练报务技术，还要加强文化学习。高扬战友在分队里年龄最小，赵杰特别关注他，说："你那么小，没上多少学，要利用点滴时间多学些东西。"并把自己保存的中学课本送给他，鼓励他坚持学习，还时常互助交流。高扬回忆说："看到我不时地拿出他给的书学习的时候，他总是对我会心地一笑。我那时才十六岁。每每回忆起那些场景，心里总会有一股暖流涌起。这不仅反映出赵杰的好学求知，同时也反映了他作为老兵对我这个新兵的关怀和期望。每当念及，不胜感激！"后来，高扬顺利考入解放军通信指挥学院，成为我军的通信指挥干部。

从赵杰的分队还走出了安徽省铜陵市救助孤寡老人先进模范人物陈万寿、解放军全军优秀护士长郑晖……

几年的朝夕相处、摸爬滚打、并肩战斗，大家结下了深厚的战友情谊。

1973年，分队里的四位女兵奉调赴解放军第三军医大学学习，赵杰组织了简朴热烈的欢送会，自己买来漂亮的笔记本送给她们作纪念。那年他每月的津贴费只有十五元，买四个笔记本是不小的开销，更为珍贵的是他针对每位战友的特点，在笔记本的扉页写下了不同的寄予希望和祝福的小诗。当时曾在全电台传为美谈。近日，郑晖战友翻箱倒柜，寻遍了各个角落，想找出当年的笔记本，未果，让人深深地遗憾。

一晃走过了近半个世纪，2020年，全国各地努力抗击新冠疫情，我们都自觉居家隔离、不聚集、少外出。已经是北京大学二级教授的赵杰受邀在北京石景山区图书馆"石图讲坛"，通过网络举办线上讲座"中国传统文化十二讲"，面向全国的读者，普及中国传统文化知识。战友们闻讯纷纷相约，入群参加。讲座于5月24日开篇，两周一次直播，涵盖语言、史学、哲学、宗教、文学、书画等方方面面。赵杰博古通今、文采飞扬，趣味横生、娓娓道来，一次次丰富的精神大餐广受好评，也让我们在线上领略了当年的战友、如今北大资深博导的风采。特别是听到他在讲座中多次提及在部队时的经历，感到特别亲切。10月14日，完成了最后一讲"中国的国画、汉字与书法"，讲座圆满收官。没有想到短短六十八天后，赵杰竟永远离开了我们，从此天人永隔，"中国传统文化十二讲"成为他人生的绝唱。

六十七年，亲爱的战友赵杰同志过早地走完了不平凡的一生，带着他那渊博学识、远大抱负和无尽遗憾离开了我们,他的音容笑貌永远在我们的心里,他的学识品德、光照大地、润泽人间。

老兵赵杰,一路走好。

郑晖,女,1955年3月出生,赵杰教授在总后太原办事处通信站电台同分队的战友,退休前在解放军三零二医院医务部工作,任总护士长。

岑阳,女,1955年5月出生,赵杰教授在总后太原办事处通信站电台同分队的战友,退休前在北京市卫生健康委员会工作,任科技处处长。

蒋苏平,女,1955年6月出生,赵杰教授在总后太原办事处通信站电台的战友,退休前在北京中国科技会堂工作,任采购部经理。

高扬,男,1956年10月出生,赵杰教授在总后太原办事处通信站电台同分队的战友,退休前在广州市荔湾区人大常委会工作,任选举联络委员会副主任。

丁锐,男,1955年3月出生,赵杰教授在总后太原办事处通信站电台的战友,退休前在北京吉利大学法政学院工作,任办公室主任。

# 论道问学

# 西夏小学考

聂鸿音

作者按：我和赵杰教授曾在中央民族大学共事，算来相识已近四十年。他比我年长两岁，我们习惯以"兄弟"相称。2005年他到北方民族大学任副校长，随即建立了北方语言研究院，其后又力邀我与他共事三年。近日忽然想起，数年前他曾跟我约过一篇稿子，要求介绍西夏的语言文字著作，好像是要编什么论文集。不料他突然故去，令人叹惋，这篇稿子我也一直没有心情转投他处。现在正有机会交给这本论文集，算是对赵兄的怀念。

公元1036年，正在筹划建国的党项首领元昊委托大臣野利仁荣创制了西夏文字，文字创制之后自然需要编写一些字典和识字课本以供国民学习。这些著作属于中原传统的"小学"领域，不过与中原略有不同的是，西夏人编写小学著作纯粹是服务于本国的识字教育，而不像中原那样有时兼以"解经"为目的。本文试图介绍西夏小学著作在中原传统基础上的继承和创新。

## 一、字典

字典的特点是必须尽量收录当时能见到的全部文字，而且必须按照某种检索法来列字，字下要有注释，而且除了以语音归类的"韵书"之外，同一个字不能在同一部字典中重复收录。由此出发来审视存世的西夏"小学"著作，可以归为字典的只有《文海》《文海宝韵》《同音》和一些佚题的字书抄本残片①。

在西夏文字创制前不久的 1008 年，北宋陈彭年等人奉诏编写的《大宋重修广韵》正式颁行，并取代唐以来的《切韵》和《唐韵》成了中原科举考试的标准。这部在当时最受重视的字典自然成了西夏人编写本国字典的首要参考，而西夏官修的字典也主要是以《广韵》为模板编写的。

仅有的一部西夏官修字典收藏在俄罗斯科学院东方文献研究所，学界一般称之为"文海"（𘝞𗗚），依据的是刻本的版口题名，可惜卷首的书题和序言没有保存下来。该研究所还另有一册性质类似的抄本，上面保留着完整的书题"大白高国文海宝韵"（𗧼𗾈𗵐𗴂𘝞𗗚𘉋𘇚）和一篇序言。这篇序言残损非常严重，已经不能通读，从存留的少量语句大致可以得知，字典是天赐礼盛国庆元年（1069）前后由十几个大臣奉敕编写的②。那个时候距离西夏文字的创制已经过去了三十多年，序言后面的编写人题名中没有出现野利仁荣，似乎暗示着早年的那位文字设计者已经不在人世。另外，现存最早的西夏文献"瓜州审判记录"于同时写成③，瓜州（今属甘肃酒泉）距西夏都城兴庆府（今宁夏银川）有近千公里，而远在那里的官府皂隶已能熟练地使用西夏文字，这使人相信在《文海》之前一定出现过另外一部字典，编者也许就是野利仁荣本人，不过那部字典没能保存到今天。

《文海》原件最初由克平等刊布并译为俄文④，其后有史金波、白滨、黄振华的汉译⑤。这是一部标准的"韵书"，从形式到内容都模仿中原的《广韵》。全书上下两卷，上卷平声分韵 97，下卷上声入声分韵 86，每字下有比较详细的字义说解，每个同音字组的第一字下有反切注音和该字组包含的字数。与《广韵》一系韵书相比，《文海》的体例创新之处有三。首先，中原韵书同一个韵内各同音字组的排列次序是任意的，《文海》则严格按唇舌牙齿喉及清浊声母发音部位依

---

① 西夏学界过去曾把《杂字》之类的童蒙教材也笼统地称为字典，本文没有采用这种意见。
② 史金波：《〈文海宝韵〉序言、题款译考》，载《宁夏社会科学》，2001（4）。
③ "瓜州审判记录"上面有两处记录了书写的时间，分别为"天赐礼盛国庆元年腊月"和"天赐礼盛国庆二年正月"。图版见宁夏大学西夏学研究中心、国家图书馆、甘肃五凉古籍整理研究中心编：《中国藏西夏文献》12，351-356 页，兰州，甘肃人民出版社，2006。
④ К.Б. Кепинг, В.С. Колоколов, Е.И. Кычанов, А.П. Терентьев-Катанский, Море письмен, Москва: Наука, 1969.
⑤ 史金波、白滨、黄振华：《文海研究》，北京，中国社会科学出版社，1983。

次排列同音字组，给读者检字带来了更大的方便，这可以看作《文海》编写体例里最为精彩的一处。其次，中原韵书不设专门的字形说解，《文海》则仿《说文解字》逐一简要解释西夏字的形体结构，放在释义部分之前①。应该承认，这种体例固然可以给读者提供更多的知识，但韵书的作用主要在于提供写诗押韵的标准，而字形说解则并非必要。第三，《文海》在每卷的末尾专设了"杂部"（杂类）一章，以唇舌牙齿喉的声母发音部位列出正文没有收录的字，字下同样给出了字形说解、释义和反切。至于编者为什么给这些字专立一章而不将其分别派入相应的韵里，其中的缘故尚不清楚。

《大白高国文海宝韵》是《文海》的节略本②，其分韵和列字次序与《文海》相同，只是把注释删除了十之八九——字形说解和反切基本都被略去，释义也仅以两三字为限，少量常用字编者甚至不再保留注释，使之作为韵书的实用价值更为突出。很明显，由此形成的《文海宝韵》与初编的《文海》已经是内容迥异的两种书，就像宋代的《礼部韵略》不同于《广韵》一样③。当然，经过如此简化的《文海宝韵》已几乎不再具备字典的功能，而仅仅是庠生抄来供自己使用的备考资料而已。

《文海》刊刻精良，应该是西夏官方指定的考试用书，但对于普通的学习者来说，未免显得篇幅过大且内容繁杂。据西夏童蒙读本《三才杂字》的序言记载，后来的大臣有感于此，于是编写了一部简明的字典，题名"同音"④。

现存的《同音》主要收藏在俄罗斯科学院东方文献研究所，另有大量残片收藏在英国国家图书馆和中国各地的文物部门⑤。这部书最初由切韵博士令口六

---

① 《说文解字》里"从某，某声"之类说解是放在释义部分之后的。
② 李范文：《〈五音切韵〉与〈文海宝韵〉比较研究》，见李范文主编：《西夏研究》2，295-476页，北京，中国社会科学出版社，2006。
③ 《俄藏黑水城文献》的编者把《文海宝韵》称作"文海宝韵乙种本"，把《文海》称作"文海宝韵甲种本"，令人感觉是把两种不同的书混为一谈了。
④ 聂鸿音、史金波：《西夏文〈三才杂字〉考》，载《中央民族大学学报》，1995（6）。《三才杂字》的序言原文是"𗧶𘁂𗳒𗴿𗹦，𗯨𗰔𗴒𗒊"（后而大臣怜之，乃刻《同音》）。从20世纪30年代开始，学界对这个书名就有"同音"和"音同"两种大同小异的译法。由于未见西夏时代的汉文记载，何者准确已经无法确定。这里译作"同音"，是想附和英文的"homophone"。
⑤ 俄国藏品发表在俄罗斯科学院等编：《俄藏黑水城文献》7，1-122页，上海，上海古籍出版社，1997。英国和中国藏品散见西北第二民族学院、上海古籍出版社，英国国家图书馆编《英藏黑水城文献》，上海，上海古籍出版社，2005-2010；宁夏大学西夏学研究中心、国家图书馆、甘肃五凉古籍整理研究中心编《中国藏西夏文献》。

犬长和罗瑞灵长二人合作编纂,在流传过程中又经过了多名学士先后"刊谬补缺",最终形成的梁德养重订本从列字次序到字义说解都与前代的本子有很大差别,实际上成了两种不同的书,即1132年刊的义长校订本和半个世纪后梁德养的增字重订本,只不过令口六犬长和罗瑞灵长的初编本没有保存下来。梁德养在《同音重校序》里简要叙述了这段历史[①]:

> 鑪《競笛》落,籓橙瞭祇睎罖甜袷副、榜蚘鉴副弛息超瘰,欻技糛泛投皱,楞少继刮竤、簹篩袨绐弛技糛搓,绌《競笛》息载硕属,蘦堡纙糛擧胯订藻硕稟。焊筋若盦篍纳筼麖妄份蒁绕膳,戴繣绨缎,技糛绌瘰乢瞭,蹦楞少俐榜蒁们硕迈,繣糛读驹,息胯并劲,鑪蘦戴窥怖。焊魏冉絧吞维,蔓既挡白。麘縈蘦蒁耳乢,绨纅泇緃絧,《蒁硾拓瞭》鼔光光息瞒,《筰曼》《瞭并》襲吵吵硕躬,箽峇箍属僐撮,糛仕技魏泛投。缰篪竭翎蘦戴蔓城,颏鈔笴瘰,投慣卢镀。

> 译文:今《同音》者,昔切韵博士令口六犬长、罗瑞灵长之所造作。后增加新字时,学士浑吉白、兀名犬乐有新字,别作《同音》一本,是以新旧两部各自传行。其后节亲主嵬名德照深谙番文,因见旧本有讹,新字别出,故延请学士兀啰文信,结合新旧,集成一部,即今日此本。彼亦眼心未至,未离偏见。德养既见此书,因有杂乱,故与《文海宝韵》细细比对,于《手镜》《集韵》好好校雠,勘正讹脱之外,亦增新造之字。巧智君子见此本时,勿生嫌恶,可为增删。

前代的几个切韵博士和学士在文献中无可查证,目前只知道最后对《同音》进行增字重订的梁德养是西夏仁宗朝的"御史承旨番学士"。存世的西夏文献里有两处出现过他的记录,一处在民间谣谚集《新集锦合谚语》卷尾[②],一处在字书《同义》的卷尾,时间分别是乾祐十八年(1187)和十九年(1188)。这说明梁德养重订《同音》应该在此之前不久。

---

① 俄罗斯科学院等编:《俄藏黑水城文献》7,29页、58页,上海,上海古籍出版社,1997。序言此前有史金波和黄振华的翻译,见史金波、黄振华:《西夏文字典〈音同〉的版本与校勘》,载《民族古籍》,1986(1)。这里的译文在二位先生基础上有所改动。
② 陈炳应:《西夏谚语》,26页,太原,山西人民出版社,1993。

学界一般称1132年刊的义长校订本为"旧版本"，称乾祐年间梁德养的重订本为"新版本"。旧版本在1935年由罗福成摹录，以《西夏国书字典音同》为题，由旅顺库籍整理处印行。在这基础上有李范文的全文校订和汉译[①]，因而比新版本在当代的流传要广。苏敏曾经把《同音》的新版和旧版逐条剪裁加以对照[②]，从中可以看出两个版本在内容上的差别有四：第一，新版本在旧版本基础上增收了22个新字并附有释义[③]。第二，新版本对旧版本的注释有所改动，例如旧版本有13个字注为"不行"（𘕢𗉣），意思是"不通用"，新版本改为具体的解释。第三，两个版本同音字排列的先后顺序多有不同，但似乎都看不出什么理据。第四，也是最受学术界重视的一点，即旧版本在编写时不考虑西夏语的"平""上"两个声调，凡声调有异而声韵相同的字一律归入一个同音字组，而新版本则把平声字和上声字分别看待，归入不同的字组。显然，后者准确反映了当时西夏语的实情，而前者则让学术界明白了西夏语平上声音节的对应关系[④]。

　　从中国字典史的角度看，《同音》有一项最突出的体例创新，即放弃了中原韵书建立的"依韵列字"规则，转而改用"依声列字"，这样就形成了一部前无古人的"声书"。编者将所有的西夏字分别列成《文海》那样的若干同音字组，然后把这些同音字组按照声母的发音部位分别归入九个"品"，相当于书的九章，即"重唇音""轻唇音""舌头音""舌上音""牙音""齿头音""正齿音""喉音"和"来日音"。"九音"的分类和排序表明西夏人在努力模仿中原的等韵学，尽管其中有个别声类可能会导致混乱。[⑤] 有些西夏字不能与其他字构成同音字组，编者就把他们集中放在每一品的末尾，称为"独字"（𗧓𘝞）。

　　《同音》的每一个大字下面都有用小字写的注释。注释极为简单，一般仅用一两个字提示字义，例如对专有名词只注"族姓""人名""地名"，对虚字只注"语助"，对译音字只注"梵语""真言"，等等。最多见的注释手法是利用被注释字组成一个双音节词或者词组，注释的格式也是迄今所见最为简略的——仅把

---

① 李范文：《同音研究》，银川，宁夏人民出版社，1986。
② М.В. Софронов, *Грамматика тангутского языка 2*, Москва: Наука, 1968.
③ 李范文：《同音研究》，2-3页，银川，宁夏人民出版社，1986。
④ ［日］桥本万太郎：《西夏国书字典〈音同〉的同居韵》，载《言语研究》第43号，1963。
⑤ 西田龙雄编：《西夏语の研究——西夏语の构拟と西夏文字の解读》，141-142页，东京，座右宝刊行会。

一个注释字写在被注释字的右下方或者左下方。如果写在右下方，就是提示读者用"注释字+被注释字"的顺序组词，如果写在左下方，就是提示读者用"被注释字+注释字"的顺序组词，例如：

注"𦇚"（窗）字的时候把"經"（屋）字写在右下方①，组成词组"經𦇚"（屋[里的]窗）；注"妹"（律）字的时候把"佃"（令）写在左下方，组成"妹佃"（律令）一词。"同义相训"的注释字也写在左下方。这种特殊体例是在中古俗字书基础上发展而来的。在出土《同音》的同时，黑水城还出土了一部"平水韵"式的汉文韵书，孟列夫推测为南宋刻本②。这个本子的特点是在双行小注里用一个小竖线替代重复出现的被解释字，例如：

帷　骸
幄｜　｜形

"帷"下面的"幄｜"等于"帷幄"，"骸"下面的"｜形"等于"形骸"。成书在此之前的辽代字典《龙龛手镜》也是同样的体例，这可以看作俗刻本或少数民族地区刻本的一个特征。大约是当时的刻写工匠为图省事想出了这样一个办法，而到了刻写《同音》的工匠手里，竟然是仅仅在相应的地方保留一个空位，连小竖线也省去不用了。

从20世纪的出土情况来看，《同音》在西夏的普及程度肯定超过了官修的《文海》，想必是因为其收字很多但篇幅相对短小，印刷品的价格比较便宜。事实上《同音》最初的印数不能满足广大民众的需求，于是其初编本和校订本在问

---

① 左下方的小圆圈是隔开同音字组的标记。
② Л.Н. Меньшиков, Описание китайской части коллекции из Хара-хото, Москва: Наука, 1984, с.310–311.

世后经私家书铺翻刻达十次之多①，甚至因书商单纯逐利、无暇核对而致错字迭出。在义长刊本的卷尾可以见到他于正德六年（1132）写下的跋：

𗧘𗴴𗡿𘄄𗮐𘉑𘊄𘄡𘃜，𘊲𘜶𗡝𘂳，𗋽𗦻𘅣𘞞𘇙𗔡𗖵，𘞫𗙟𘅞𗡝𘓺。𘊲𗣎𗆐𘉐𗉔，𗇅𘘣𘉐𗅆𗥤，𘉏𗋐𘅰𗾫𗬥，𗔓𘄀𘑘𘍭，𗂆𗼃𘕿𘄏。

译文：后刻印工匠不事人等，因求微利，起意而另开书坊，又迁至他方。彼亦不识字，不得其正故，雕版首尾损毁，左右舛杂，学人迷惑。

《同音》虽然因篇幅短小而得以在国内广为传行，但对于追求更多知识的人来说，其注释又显得过于简略。于是不知是谁想到了一个办法，即把《文海》的注释全部移到《同音》里面，形成了一部资料最为丰富的字典。

这部字典存世只有俄罗斯科学院东方文献研究所收藏的一些残片②，全部资料由韩小忙整理并译成了汉文③。目前所见那些残片的抄写质量极差，而且大多写在其他文献的纸背，因正面透墨而字迹辨认困难，很明显不是供正式典藏的抄本，而是抄书人留作自用的。

书的卷首和卷尾都没有保存下来，我们无从知道书题、作者和编写时间。如前面所述，所谓"新版《同音》"和"旧版《同音》"的编排方式大不相同，而这些佚题抄本残片的列字次序完全等同于新版，由此可以估计其编成时间应该在某个新版问世之后。不过，似乎有迹象表明该书依据的不是最终的梁德养校订本，而是那之前的一部字典。前面引述的梁德养《同音重校序》里提到他在编书时曾参考过《文海宝韵》《手镜》和《集韵》三种书，其中《文海宝韵》今日可见，西夏文的《集韵》虽然不存，但从书名估计，那应该是像中原《集韵》那样的韵书而非《同音》那样的"声书"。余下的只有《手镜》一种，假如这些佚题的

---

① 景永时：《西夏文字书〈同音〉的版本及相关问题》，载《宁夏社会科学》，2012（6）。
② 俄罗斯科学院东方文献研究所等编：《俄藏黑水城文献》7，233-258页，上海，上海古籍出版社，1997。当时的编者拟题为"音同文海宝韵合编"，这显然不可能是当时的实际书题。
③ 韩小忙：《〈同音文海宝韵合编〉整理与研究》，北京，中国社会科学出版社，2008。

字典残片真的是来自未知的《手镜》①，则其编定时间就应该在梁德养校订本《同音》问世的 12 世纪 80 年代之前，当然也不会早于旧版《同音》问世的 1132 年。

我们假定的这个《手镜》在西夏字典中是注释最为详尽的一种。编者在注释中不但从《文海》抄录了字形说解、释义和反切，而且还在反切旁边同时注上了被释字所属的声类和韵类，这可以视为《手镜》编者一项小小的创新。

## 二、韵图

黑水城出土的《五音切韵》（&#x20;&#x20;）在俄罗斯科学院东方文献研究所收藏有几件不同的抄本②，其中一件署"乾祐四年"（1173），有西田龙雄和李范文的详细研究③。卷首有一篇以某皇帝名义撰写的序言，其中说到④：

  马谍莃廖两嘻，罏《橙瞭》落钥玛瞭息僧。缮饲谍扼坎，始篦膳破泊磻。缜朦瞞入、腴筫妹残、楞寂付缺，挈观臘刮挤、缫戲镜朦、练服朦繲、蹋罘載并弛筮瘭谍磻樊怖。沪荺硾堡绕皷，礚缲并臀，篧杭篧堪，际蔽瘤搓，撑揣維苔，聂箴瘤论。鼉珊袭砄蓑簦朦，礚庭袭稓哗拓癋瘭袭筮簦较。蹦絅《&#x20;&#x20;》超瘭落，《筮硾拓瞭》谍技梁，疥佬篧绨缫牡，距绪怖。蘦佬華绫。

  译文：以朕之功德力，今《切韵》依时完成，实乃国家之必需，益智之根本，佛典经藏、王法律条、儒诗清浊、兼阴阳吉凶、历日道法、医人术数、巫祝典集等成文之本源也。犹如大海深广，诸水所聚，不竭不溢，搜求具备，日月普照，愚智皆悟。诸山中须弥最高，诸业内一切无敌之宝中文宝最上。是故发起《五音切韵》者，贼《文海宝韵》之字，名义不生杂乱，是为纲纪。此理当知。

---

① 乾祐十八年刻本《三才杂字》的卷尾跋里也提到了《手镜》，见聂鸿音、史金波：《西夏文〈三才杂字〉考》，载《中央民族大学学报》，1995（6）。"手镜"这个书题令人想到辽代的《龙龛手镜》，不过，编成于公元 997 年的这部字典使用的是"部首+四声"的列字法，这种特殊的方法并没有被后代字典继承使用。
② 书题或译"五声切韵"。
③ ［日］西田龙雄：《西夏语韵图〈五声切韵〉の研究》上、中、下，京都大学文学部研究纪要 20、21、22，1981-1983。李范文编：《〈五音切韵〉与〈文海宝韵〉比较研究》，6-283 页，北京，中国社会科学出版社，2006。
④ 汉译参考李范文：《同音研究》24-26 页，银川，宁夏人民出版社，1986。

《五音切韵》卷首还有西夏韵母、声母表和所谓"众泛海入门",讲解最简单的语音道理,目的是引导大众理解《文海》之类韵书的声韵格局。正文由105幅图表组成,解析西夏语平上声相承的105个韵。每幅图表纵行排列依声母九音为序,下系本韵字例,空位用圈发标识。图内列字非常简单,甚至收录的党项语音节也不齐全,所以有一个抄本在每幅图表的当页夹入了一张小纸片,上面抄录了《文海》相应韵部的全部西夏字,那大约是某个使用者感到图表的内容不敷使用而自行添加上去的。

中原的《韵镜》《切韵指掌图》一系韵图的编写目的在于指导人们拼读反切,所以在卷首一般会用一定的篇幅介绍利用图表查字的具体方法,即所谓"门法",可是《五音切韵》却没有这方面的内容。这表明编者的意图只是希望读者借助这本书熟悉党项语声韵的大致分类,而与韵书的反切拼读无关,这就是说,《五音切韵》不能称作真正意义上的"韵图"。

## 三、杂字

"杂字"或称"杂字体字书",是对南北朝之后一批民间童蒙教材的统称。编者摘取书本和生活里的常用词语,按照语义的相关度分成若干类,然后依"天""地""人"的顺序排列成书。这种书不是字典,因为它收字不全,同一个字可以在书里反复多次出现,而且最关键的是一般没有注释,如果离开了教师的当面讲解,任何人也不可能读懂。不过,尽管这种民间教材因编写质量粗劣而难登大雅之堂,但其内容毕竟比儒家经典更加贴近普通百姓的日常生活,所以在民间始终大行其道。

编写这类教材时,西夏人完全袭用了汉地的传统。俄罗斯科学院东方文献研究所收藏有一种题为"纂要"(扼并)的残书,收录的每则西夏词语下面都用音译方式注出了汉语的同义词,使人感觉到这书是直接从汉文的同名著作翻译来的。下面是书中《乐器部》的前四条[①]:

---

[①] [日]西田龙雄:《西夏语〈月月乐诗〉の研究》,载《京都大学文学部研究纪要》25,8-9页,1986。

𘓓𘓯，锡祠𦬒裯。[大鼓，汉语 tha² kwo¹（大鼓）。]
𗗚𘓓，锡祠𧱔裯。[丈鼓，汉语 tɕhjwo¹ kwo¹（丈鼓）。]
锻𘓓，锡祠匡裯。[和鼓，汉语 xa² kwo¹（和鼓）。]
鞘𘓓，𘟘𥳑裯妒。[导鼓，谓 xiəj² thew² kwo¹（导鼓）。]

为了照顾本国的需要，西夏人也在模仿汉地的体例编写自己的教材。《三才杂字》（戊楞技绨）是这方面的一个典型例子。这部教材有多种刻本和抄本，今分藏俄罗斯科学院东方文献研究所、英国国家图书馆和中国的几个文物部门[①]，李范文和中岛干起曾经用汉文翻译了正文的现存部分[②]。在正文之前有一篇佚名作者的序言，其中一段话讲述了这部书的编写缘起[③]：

瞰煎！焊啪缂踞绿，谤玛睫膋，醉寒膵緦，吻储硕蕚，粪毋畅鮠，淮缪瘤箐辟袭，筋蓬胎佬傣绕耳鏋帛纚？聂蕭弛谍汾蔽瞭，层粮耳仕，戊橐《技绨》硕属。

译文：呜呼！彼村邑乡人，春时种田，夏时力锄，秋时收割，冬时行驿，于四季皆不闲，又岂暇学多文深义？愚怜悯此等，略为要方，乃作《杂字》三章。

《三才杂字》里收录的词语大都是从西夏字典《同音》里摘选而来的，只不过改据义类另行编成了"天""地""人"三章，又在每章下面分设了"天""日""月""星宿"等小类而已。唯一值得注意的是在第三章"人"的开头有"番族姓"一个小类，里面收录了一批党项人的姓氏，这显然是作者有意要提高教材针对特定民族的实用价值。

俄罗斯科学院东方文献研究所收藏的《三才杂字》刻本卷尾署"乾祐十八

---

[①] 俄国的几种藏本相对完整，见俄罗斯科学院等编：《俄藏黑水城文献》10，39-69 页，上海，上海古籍出版社，1999。英国和中国藏品则为零叶甚至残片，散见《英藏黑水城文献》和《中国藏西夏文献》。
[②] 李范文、[日] 中岛干起：《电脑处理西夏文〈杂字〉研究》，东京，国立东京外国语大学亚非语言文化研究所，1997。俄文翻译和研究见 А.П. Терентьев-Катанский, М.В. Софронов, *Смешанные знаки [Трех частей мироздания]*, Москва: Наука, 2002。
[③] 聂鸿音、史金波：《西夏文〈三才杂字〉考》，载《中央民族大学学报》，1995（6）。

年"（1187），并残存两行题记，可以大致译作"此《杂字》者，《宝韵》《手镜》……新刻"。显然保存至今的这个本子是个复刻本，也许付梓之前还像乾祐年间梁德养重订《同音》那样，取《文海宝韵》和《手镜》两部字典校对了一下。由此看来，《三才杂字》的初刻时间似乎不会在1187年之前太久。

西夏的"杂字"类教材中最著名的是《番汉合时掌中珠》（𘂜𘃪𘀗𘊬𘎂𘆞），这部书的特点是有西夏文和汉文的音义对照，因此成了后人识读西夏文字的关键参考。就目前所见，原书至少刻印过三次，可是当年经俄罗斯科学院东方文献研究所的修复师予以分叶装裱，把初刻本和复刻本混在了一起，后来虽先后有吕光东和黄振华等整理①，但长期以来仍然难以确定每一叶的版本归属。所幸近年有景永时和波波娃合作的校订本问世，使这一难题基本得到了解决②。

《番汉合时掌中珠》为张氏坊刻本，卷首有编者骨勒茂才用西夏文和汉文分别撰写的两篇内容相同的序言，其汉文序言全文如下：

> 凡君子者，为物岂可忘己？故未尝不学；为己亦不绝物，故未尝不教。学则以智成己，欲袭古迹；教则以仁利物，以救今时。兼番汉文字者，论末则殊，考本则同。何则？先圣后圣，其揆未尝不一故也。然则今时人者，番汉语言可以俱备。不学番言，则岂和番人之众？不会汉语，则岂入汉人之数？番有智者，汉人不敬；汉有贤士，番人不崇。若此者，由语言不通故也。如此则有逆前言。故愚③稍学番汉文字，曷敢默而弗言？不避惭怍，准三才，集成番汉语节略一本，言音分辨，语句照然④。言音未切，教者能整；语句虽俗，学人易会。号为"合时掌中珠"。贤哲睹斯，幸莫哂焉。

序言署乾祐庚戌二十一年（1190），一般说来这应该就是初刻本的付梓时间。《番汉合时掌中珠》全书分九章——"天体上""天相中""天变下""地体

---

① Luc Kwanten. *The Timely Pearl, A 12th century Tangut Chinese Glossary*, Bloomington: Indiana University Press, 1982. 黄振华、史金波、聂鸿音：《番汉合时掌中珠》，银川，宁夏人民出版社，1989。
② 景永时、I.F. 波波娃：《〈番汉合时掌中珠〉整理与研究》，银川，宁夏人民出版社，2018。
③ 愚，另一印本作"茂才"。
④ 照然，另一印本作"昭然"。

上""地相中""地用下""人体上"①"人相中""人事下"。从章节的设置和收录的词语来看，不能完全否认这部教材是从汉文某种同类字书脱胎而来的，但就其释词的体例而言，却绝对是编者空前绝后的创新。由于中原的字书只服务于汉人，而《番汉合时掌中珠》却要同时服务于汉人和党项人，所以骨勒茂才想到了一个既醒目又节省篇幅的好办法——把每则词语的解说分成四行：右起第1列是汉字，给第2列的西夏字注音；第4列是西夏字，给第3列的汉字注音；中间的两列西夏字和汉字互注意义②。以"明日"（明天）一条为例：

4 3 2 1
盎 明 脑 那
膳 日 蔽 啰

前三列是给汉人看的，从中他会知道西夏文"脑蔽"读作汉语的"那啰"，意思是"明日"；后三列是给党项人看的，从中他会知道汉文"明日"的意思是"脑蔽"，读作西夏语的"盎膳"（mjij¹ zjir¹）。这种体例有一个最大的好处——即使是零起点的读者也可以借助母语自学其他民族的语言。

## 四、所谓"字书"

中原的童蒙读本里最受欢迎的是《千字文》，这篇短文用不重复的一千个字组成125联，语句连贯且读来上口，童生在认字的同时还可以熟悉一批历史典故。不知是否受到了中原的影响，西夏人也编过一篇"千字文"，题为"新集金碎置掌文"（糭并柏凝薇塘遂），卷首卷尾又简题"碎金"③。这个标题很容易让人联想到敦煌所出的识字课本《碎金》，只不过那是纯粹的"杂字"体，而西夏的这个童蒙读本则像《千字文》那样从天地的起源讲到世事人生，所不同的仅仅是

---

① "天体""地体""人体"在另一印本作"天形""地形""人形"。
② 其后一些汉语—少数民族语对译的杂字体字书至多只有三行，如《华夷译语》，因为那是仅供汉语使用者学习外民族语的教材。
③ Е.И. Кычанов, Крупинки золота на ладони: пособие для изучения тангутской письменности, *Жанры и стили литературы Китая и Кореи*, Москва, 1969.

采用了五言句式，凡 100 联。

西夏的《碎金》是党项官员息齐文智在 12 世纪编写的，卷首有一篇简短的序言，其中表明编者的目的是为百姓提供一个简单易学的识字教材：

𘕕𘓐𘎑𘎑𘀗𘎑𘎑𘕕𘎑，𘎑𘎑𘎑𘎑𘎑𘎑𘎑，𘎑𘎑𘎑𘎑𘎑𘎑𘎑𘎑𘎑𘎑……𘎑𘎑𘎑𘎑，𘎑𘎑𘎑𘎑。𘎑𘎑𘎑𘎑𘎑，𘎑𘎑𘎑𘎑𘎑。

译文：今欲遵循先祖之礼俗，以教后人成功，故而节略纂集眼前急用要义一本……五言合句，四二成章。睿智弥月会，愚钝年内通。

值得注意的是，除了俄罗斯科学院东方文献研究所收藏的两种相对完整的《碎金》抄本以外，英国国家图书馆还收藏有一些内容相关的残纸。这些残纸只能称作"习字"而不能称作真正的抄本——写字人先把《碎金》的内容从右至左横行抄在纸上作为字样，然后在每个字样的下面再反复抄写十几遍。考虑到残片上的笔法多不相类，显然出自多人之手，我们可以相信《碎金》在当时最大的作用是充当学童习字的样本。

《碎金》内容浅显，不像《千字文》那样充满了古书中的典故，所以显得更加贴近百姓的日常生活。其中列举"汉姓"时利用谐音字组句，以便读者诵读和记忆。例如这一部分的开头两句：

𘎑𘎑𘎑𘎑𘎑，𘎑𘎑𘎑𘎑𘎑。

译文：张王任钟季，李赵刘黎夏。或，张王人中贵，李赵琉璃下。

黑水城还出土过一种题为"同义"（𘎑𘎑）的西夏文字书[1]，乾祐十九年（1188）和尚梁习宝撰，御史承旨番学士梁德养校定。俄罗斯科学院东方文献研究所收藏的乾祐十九年讹青公茂势抄本比较完整，有李范文、韩小忙的全文汉译[2]。另有少量残片藏英国国家图书馆，其中一纸来自一个年代不明的刻本[3]，刻

---

[1] 书题旧译"义同一类"（𘎑𘎑𘎑𘎑），字面意思是"义同一部"。
[2] 李范文、韩小忙：《同义研究》，见李范文主编：《西夏研究》1，北京，中国社会科学出版社，2005。
[3] 韩小忙：《刻本〈同义〉残片的发现及其学术价值》，载《宁夏社会科学》，2009（4）。

本的出现证明该书在西夏受到了人们的欢迎。

《同义》正文仿中原的"急就章"体,分"全清""次清""半清浊""全浊"四卷,每卷分七至八章不等,收不重复的单字 5800 左右,以意义相同或相关的字组合成句,每句七言,间有八言。全书虽然收字齐全且不重复,但由于没有注释,所以不能称作字典。《同义》的内容相对易懂,但章题的含义是个至今不能解决的难题——从字面上看,各卷以语音清浊为题,那明显是受到了汉语等韵学的影响,给人的印象是据声母的清浊来分章列字,而各章又转以义类为题,但题目与所收字的音义类别却不尽相关。下面是卷一《全清》中《慧》(膳)章的开头两句,可以看到所列西夏字的声母并非都属"全清",意义也与"智慧"无涉:

𗐷𗷖𗋕𗥉𗰔𗖑𗹦,𗄊𗦀𗼃𗤶𗫨𗄻𗬑。

lju² kwər¹ giu² gjij² kow¹ low² lju², γie¹ khiow¹ tsewr¹ γa¹ γu¹ lju² tɕjiw²。

译文:身体身体躯体格,身高关节头脑顶。①

由于《同义》的卷首序言没有保存下来,目前还难以揣测作者这样分类究竟是出自怎样的考虑,只知道作者别出心裁地以佛教词语作为全篇的开端,必是与他的和尚身份有关。

## 五、结语

受汉地文化传统的熏陶,西夏小学著作的服务对象大致有二,首先是为国内的官吏和知识界人士提供新创文字的范本以供深入学习时参考,其次是为普通百姓和乡塾提供党项语言文字的基础教材以作教学之用。前者可以由大臣奉敕编写,形成时间较早,如《文海》,后者的编写多为官吏和教师的个人行为,形成时间略晚,如《同音》和《番汉合时掌中珠》。

西夏小学著作在形式上多模仿同类汉文著作,编写水平不是很高,其中值得称道的体例创新只有三处。首先,《同音》一反前代韵书,改以声类为纲编排,称得上是前无古人。其次,《文海》尝试在每个韵内按"三十六字母"列字,使

---

① 译文参考李范文主编:《西夏研究》1,62-64 页,北京,中国社会科学出版社,2005。

同音字组排列得整齐有序。然而大约是因为西夏偏居一隅，其语言文字不大为宋元两朝学人所知，所以这种体例并没有被编纂汉文字典的后人所吸收。最后，《番汉合时掌中珠》首创了双语音义对译的字书体例，在表面形式上与元代以后的《华夷译语》类字书有些相似，但目前没有证据表明《华夷译语》的编纂受到了《番汉合时掌中珠》的影响。

聂鸿音，1954 年 11 月生，中国社会科学院民族学与人类学研究所研究员。现兼任北京师范大学、四川师范大学、河北大学特聘教授，研究方向为古代汉语和中国少数民族语言文字。40 年前在中央民族大学，10 年前在北方民族大学曾与赵杰教授共事，先后达 6 年。

# 黑龙江地区满语言存续形态的田野调查纪实

郝庆云

作者按：赵杰老师遽然辞世，这是民族学界的重大损失，更是东北大学的巨大损失。我是2012年在宁夏的一次学术讨论会上结识赵老师的，当时就非常佩服他渊博的学识，为他开朗乐观的性格所吸引。赵老师对我在东北民族史方面的研究也很感兴趣，问了我一些黑龙江满族现状等方面的问题，表示以后有机会合作。我当时以为他就是客气一下而已。2016年春，赵老师突然给我打电话，诚邀我到东北大学中国满学院工作。随后赵老师多次同校方协调引进我的相关事宜。到中国满学院工作后，进一步切身感受到赵老师学问之精湛、为人之热情。在他的引领下，满学院诸同仁科研开展得风生水起。正当宏图绘就，大业待展之时，孰料天妒英才，一代学术领英就这样匆匆地离开了我们。仙翁乘鹤去，空余拉纤人。我辈惟有接续奋斗方不负当年知遇之恩。

满族语言文化的抢救、传承和弘扬工作一直受到党和政府的高度重视和关怀。20世纪50年代，中国社科院和国家图书馆就注意到培养满文人才的重要性，开办了满文专修班；60年代，周恩来总理代表政府采纳了诸多专家的建议，在北京中央民族学院开办了首届满文班，培养了21名学员，进行了5年的教育和深造；70年代中国第一历史档案馆举办进修班，培养了20人。他们是新中国成立以来首个国家层面举办的满文班，培养出一批杰出的满语言文化的工作者，他们承担起抢救、弘扬和应用满语文的重任。70年过去了，这批罕有的专业人才在抢救和研究满族历史文化和语言文字方面做出了突出贡献，功不可没。

"文化大革命"期间，满语文的抢救和开发利用基本处于停顿状态。20世纪80年代，满语言文化的抢救、传承和弘扬进入新时代，得到越来越多的重视。东北师范大学、中央民族大学、南开大学、辽宁大学、中国人民大学等高等院校相继开设了满语言课程，黑龙江省成立了满语研究所。一些学者专家和民间热心者也纷纷致力于满语言的传承工作。20世纪80至90年代，黑龙江省满语研究所刘景宪、黄锡惠、赵阿平，中央民族大学季永海、白立元、赵志忠，北京市社会科学院满学研究所赵志强、江桥，中国第一历史档案馆吴元丰，北京大学赵杰、高丙中，新疆民族语言文字工作委员会奇车山，黑龙江省考古研究所黑河分所张鹏，以及中国社会科学院民族研究所的部分学者等赴黑龙江满族聚居区进行田野调查，获得了大量颇有价值的满族语言文化材料。这些宝贵的满语口语录音资料不仅反映了当时黑龙江地区较好的满语存续状况，而且在原生态满语言消亡前夕的今天，对我们从事满族语言文化研究具有重要参考价值，是不可多得的满语"活化石"。

20世纪80年代中期，赵杰老师甘守学术阵地，克服重重困难，以一己之力对黑龙江省黑河地区四季屯、大五家子、小五家子、库尔滨、嘉荫和嫩江地区的富裕县三家子、泰来县依布气村进行的广泛的实地调查，用严式国际音标记录了黑龙江省富裕县三家子村计春生发音的《成立三家子》故事和赵喜庆发音的《建立卜魁城》故事的话语材料，以及黑龙江省泰来县依布气村葛英魁发音的《老汗王起家》之话语材料，他在记录现代满语口语时还收集了不少珍贵的满族人文背景信息。从笔者2017—2018年期间再去这些地区进行满语文存续状况调查的情况来看，当年赵杰老师采集整理的这些材料真是时过不在，弥足珍贵。

以下是2017—2018年，教育部人文社会科学研究重大课题攻关项目"中国满语文保护抢救口述史与满语音像资料库建构"[①]黑龙江地区满语文存续调研组对黑龙江地区满语文存续状况的田野调查，以此对照，可见赵杰老师等学者当年筚路蓝缕之功。

---

① 项目批号：16jzd033。

## 一、黑龙江地区满族主要聚居区的田野调查

黑龙江地区满语文存续调研组自 2017 年 4 月至 2018 年 8 月持续 2 年的时间先后对孙吴县四季屯、黑河地区红色边疆农场母语形态满语文存续情况以及阿城、双城、牡丹江地区、哈尔滨市区内民间自发学习满语文的继发式存续状态、黑龙江大学满语言文化研究中心满语教学研究情况等进行了采录和口述史的采访工作。概述如下：

（一）2017 年 4 月 2 日，调研组郝庆云、王永年、周赫奔赴孙吴县四季屯拜访国家非物质文化遗产满族说部[①]传承人何士环老人。

孙吴县四季屯始建于清康熙年间，时为满族屯垦渔村。四季屯为四姓屯，即吴、何、曾、关，现为黑龙江省文明村庄，隶属于孙吴县沿江满族达斡尔族自治乡。沿江乡的村屯在 1929 年前属爱辉县第四区，后为奇克县（逊克县前身）第四区所辖，1940 年划归孙吴县，1948 年土改结束，建立了第三区人民政府，1956 年改为沿江乡，1959 年成立人民公社，1983 年建乡政府，1988 年改为沿江满族达斡尔族自治乡。沿江乡位于县城东北沿江平原一带，东南与逊克县，西北与黑河市接壤，西南与本县腰屯、卧牛河两乡为邻，东北隔黑龙江与俄罗斯相望。全乡辖 9 个村，8 个自然屯。其中四季屯，东、西霍尔漠津屯，大小桦树林子等屯开发较早。康熙二十三年（1684）一些吴姓八旗从宁古塔移居今四季屯址，逐渐形成自然屯。同年一批何姓人家从宁古塔移居于今东、西霍尔漠津屯，在此约 200 年前从山东曲阜县迁来的一些曾姓人家住在此地，后来曾姓被编入汉八旗（正白旗），而何姓（满族）属镶红旗。光绪二十六年（1900）被沙皇侵占，屯民逃散，又迁来许多人家。清朝收复后，屯民陆续返回，人口逐年增多。

何士环老人 1928 年生于黑龙江省爱辉县下马场村，满族老姓恒克勒哈喇。何奶奶（大家对何士环老人的亲切称呼）与其幼子关万里（40 岁左右）一起生活，身体硬朗，思维清晰，语言流畅，声音高亢。关万里一家 3 口，有一个女儿，已

---

① 满族说部，满语称为"乌勒本"，是"家族传承的故事"之意，即流传于满族各大家族内部，讲述本民族的、特别是本宗族历史上曾经发生的故事。2006 年 5 月，"满族口头遗产传统说部"被列入国务院颁布首批国家非物质文化遗产名录。

成年。关万里一家以务农打渔为生。何奶奶17岁时嫁到孙吴县四季屯，访谈时92岁，从事满语言传承工作30余年，是存世的活态满语的典范。她能够用满语言流利地讲述和吟唱《天堂之路》《音姜萨满》《尼山萨满》《白云格格》等满语故事、满族民歌、萨满小调，被誉为"满语言活化石级的传承人"。不仅如此，何士环老人汉语说得也很清晰流畅。2017年8月17—18日，我们对孙吴县沿江满达乡四季屯何士环进行了满语口语音像录制和口述史的采访工作，录制了7个小时的满语口语音像和口述史，内容包括生产生活、节庆礼仪、萨满祭祀、婚姻生育、家庭历史等并对黑河地区爱辉古镇、四嘉子、乌斯力、蓝旗沟进行了走访。

2017年4月3日，调研组对黑河地区红色边疆农场、大五家子等地满语文存续情况进行口语音像采录和口述史的采访工作。黑河地区曾是满语言使用较好的地区之一，也是研究满语言、满族文化的重要基地。为了抗击沙俄侵略，康熙年间，清廷派宁古塔副都统率领2500人来黑河地区，并建立了爱辉城。满语作为他们的共同交际语言开始在这里扎根。直到20世纪60年代中期以前，满语在这里仍有很大的使用范围，并作为部分满族村屯的交际语言而存在。大五家子屯建立于康熙年间，为了抗击沙俄入侵，由宁古塔副都统萨布素从宁古塔（今黑龙江省宁安市）和吉林省吉林市带来抗击沙俄的八旗士兵2000人，其中以关、藏、杨、吴（以上属镶白旗）、富（正黄旗）、五哈喇（姓）的人最多，所以称为五家子，直至今日。大五家子满族乡成立于1956年春，原属爱辉县，包括大五家子、下马厂、蓝旗沟、新民村4个自然屯。1983年，爱辉县改为爱辉镇被并入黑河市。大五家子乡满语保存最好的两个村屯是大五家子村与下马厂村。20世纪60年代中期至80年代中期，由于满语讲述好的老人自然减员，人口的变迁，满语使用群体遭到破坏，满语处于逐步衰退阶段。80年代中期以降，满语处于快速消亡的濒危状态。作为一种交际工具，满语已退出历史舞台，但仍有一部分人具有使用满语进行交际的能力。但今天的调研表明，人们在生活工作中的用语均为汉语，已无人能说满语满文，更无人使用满语。

调研组拜访了红色边疆农场退休教师吴振群。吴振群，1952年11月生于爱辉县下马厂，满族老姓乌孜哈喇（吴姓），祖居吉林长白山，后居宁古塔（牡丹江宁安境内）。康熙二十二年（1683），随黑龙江将军萨布素来黑龙江参加驱沙俄的雅克萨之战后永驻黑龙江。现在，此地满族人皆为清代抗俄、戍边、屯垦满族将士的后裔和光绪年间江东跑反难民的后裔。满族、达斡尔族人口约占全场总人口四分之一。2018 年，在吴振群的倡导下，满族吴氏家族成立了一个满语交流网站，利用网络形式进行满语交流，但其成效甚微，主要原因是年龄大的记忆力欠佳，年青一代缺乏学满语兴趣，缺少意识的转变和观念的更新。在本区域内，满族人口占整个人口 29%，但 99% 的满族人都不会讲满语，历史的发展和社会现实促使黑河地区满语几乎接近了消亡。少数人能听懂，但表达困难，交流时也只能讲一些简单的生活用语。调研组记录了 22 名能基本说一些满族日常用语、但都不会写的人员信息。

（二）2017 年 6 月，齐齐哈尔富裕县三家子的调研。

富裕县达满柯友谊乡三家子村是目前满语保存最好的村屯，但较之以往也已大大衰退，仅有少数满族老人能够较好地讲满语。三家子满语口语自 20 世纪 60 年代至本世纪初，经历了由普遍使用到濒临消亡的过程。满语使用群体的自然老化与社会经济变迁是导致 1986 年到 1997 年三家子村满语使用急剧减少的主要原因。社会经济的持续高速发展是导致三家子村满语最后消失的主要因素。

（三）2018 年 4 月至 6 月，调研组多次赴哈尔滨市阿城区调研。

组织阿城地区的那国学、关达夫、关志坤、赵文昌、王永年等满族老人在阿城区图书馆编写满语口语会话条目，共编写 14 个条目 1200 句满语口语内容，包括月份日期节气、育婴习俗、节庆礼仪、体育运动等。另外，对那国学、关达夫、关志坤、赵野、关家凯进行口述史访谈，对阿城满文学馆和南城小学、料甸小学校、拉林小学校特色满语文课程进行了采访，编写了 21000 字的口述史文稿。

（四）2018 年 7 月，赴黑龙江省牡丹江地区调研。

牡丹江地区的宁安，古称"宁古塔"（满语），是满族先祖肃慎人故地、清皇族先祖所居之地，著名的国家级重点文物保护单位——渤海国上京龙泉府遗址即坐落于此。现生活着满、汉、回、朝、蒙古等 14 个民族，江南乡和卧龙乡为朝鲜族满族乡。这里多为黑龙江地区的世居满族，保存着比较好的家族文化传承，家谱、老物件较多，但满语言在 20 世纪 60 年代就退出了生活空间，只残留在一些汉语表述的地名和方言中。项目组采访了黑龙江省考古研究所的研究员、渤海上京城遗址工作站的站长赵哲夫，满族老姓伊尔根觉罗氏和黑龙江省牡丹江市宁安渤海满族村依兰岗退休教师关家凯系，是瓜勒佳氏尼雅哈那家族的重要一员。多年来他积极参与家族的各项活动，热心挖掘和整理家族优秀的文化传统。走访了依兰岗满族村村史馆和民间满文学习班，发现学员只有4—5个人，老师只有1人。

另外，调研组对黑龙江省其他地区进行了满语言存续状况的调查。萝北县肇兴镇原有4户满族人，2户迁辽宁朝阳，1户迁往黑河。留居原地的满族人已经不会说满语，对家族历史也不清楚。绥滨县有3户在福兴，也不会说满语。鹤岗有18户满族居民，没有一人会满语。鹤岗地区（包括萝北、绥滨和市内六区）有满族共25户，共有人口127人，没有会讲满语的人，满族乡也没有满族文化元素。

## 二、黑龙江地区满语存续形态的现状

通过对黑龙江地区满族乡村的调研走访可以得出如下认知：

（一）作为母语形态的满语处于灭绝前夕

黑龙江地区是我国乃至全世界满语以母语形态存续的唯一地区，但笔者调查得知此地区仅有富裕县三家子和孙吴县四季屯有十余位年长者能较流利地说一些日常用语，但基本不会书写，日常生活中也不再使用，满语已经退出了社会生活领域。四季屯仅何士环老人一人能流利地讲满语，她的家人和同屯的亲戚均已听不懂，只会说只言片语。大五家子等地仅有吴振群等4人能讲为数不多的满语。正因如此，在联合国教科文组织公布的"世界濒危语言地图"中，满语属于"极度濒危"级别，位列五级濒危等级制（已灭绝、极度濒危、严重濒危、明显濒危、有危险）的第四级。另外，黑龙江的满族乡村缺乏满族文化元素，仅体现在一些地名和街道名称中，如牡丹江宁安依兰岗村、黑河市四嘉子、蓝旗沟等。

（二）黑龙江地区民间自发学习满语文的热情高、形式多样，但属于初级阶段，继发性存续形态

哈尔滨市阿城区是黑龙江省满族人数最多的地区之一。此地区的满族民众虽然在生活中早已不使用满语文，但仍然保持着对满语文的热情和情怀，长期坚持自发地学习满语满文。哈尔滨阿城区南城小学、料甸小学、向阳小学等学校开设

特色满语文课程，所教习的内容基本是日常生活用语，缺乏教学规范性。以阿城满族联谊会会长那国学为代表的一批满族同胞关达夫、关志坤、赵野、关书凯等在阿城满文学馆、拉林满文馆、哈尔滨满族联谊会开设满语文研习班，每期人数10至30人不等，最多时达80多人，免费学习。阿城满文学馆创办于2006年，关达夫任馆长兼满语文教师，毕业学员中有4名人员分别在南城小学、料甸小学、莫力街小学、满文学馆等学校教满语文。学员多出于对满族的情怀或好奇而自发学习，老中青学员均有。这种学习可称为满语文的继发性存续，即继承前辈的语言文化，自发自觉地学习。难能可贵的是教授满语的关达夫老师、关志坤老师和热心满族语言文化传承的那国学等人不计名利，无任何报酬，甚至是自掏腰包，从事这项事业。另外，满语文的传承者或热爱者利用现代化通讯方式，如微信群、QQ群进行联谊，传播或每日教习满语日常用语，但不够准确，随意性大。

（三）黑龙江地区以满族文化为主题的各种节庆活动丰富多彩

近几年，党和各级政府十分重视中华优秀传统文化的弘扬与传承，满族文化是中华文化的重要组成部分，黑龙江地区满族乡村每年都举办各种形式的民族文化活动，影响比较大的有阿城区"莫勒真大会"、双城区的"柳母节"。

阿城区料甸满族乡定期举办满族"莫勒真"大会，"莫勒真"一词，系满语音译，涵义为比赛、比胜负。"莫勒真"大会是满族传统的体育盛会，集中展示满族传统的体育竞赛项目和表演项目，比赛项目有珍珠球、双飞舞、雪地走、夺八旗等四项独具满族特色的运动项目比赛。赛会现场还表演了报马鞭、满族大秧歌等文艺节目，吸引附近村屯千余名农民前来观看。2009年，珍珠球项目被列为黑龙江省非物质文化遗产名录，并制定了专项保护规划。研究和挖掘珍珠球等满族传统体育和文化的人毕竟是少数，多数人对它并不了解，普及程度远远低于其他球类。

双城区幸福乡久援满族村是200年前的"屯田肇兴地"，如今已成为全国少数民族特色村寨、黑龙江省民族团结示范村、哈尔滨市文明村。嘉庆十九年（1814），吉林将军富俊（双城人称富老中堂），面对京城不工、不农、不商的闲散八旗子弟生齿日繁、生活窘迫的现实，向清廷提出了"预筹试种莫若先期屯垦"的奏折，被嘉庆帝诏准。随之，富俊将军亲临双城堡地方筹划屯田事宜。自此双城堡炊烟四起，人声鼎沸，拉开了京旗屯垦的序幕。

双城满族文化联谊会秘书长南相金说，久援满族村（正白旗头屯），自1815年建屯，1816年屯垦试种起，至今已200年。200年前，久援的先民开荒耕种，其艰难程度可想而知。建屯时28户旗人，加之道光朝京旗移驻及闯关东移民，经过200年的人丁繁衍，久援满族村已发展成为1000余户的大村。"200年在人类历史发展的长河中算不上漫长，但在当时的历史背景下，却是一件重大的移民历史。为了怀念满族先人来双城堡屯垦，夜以继日辛勤劳动给我们留下了现在的肥田沃土，旗族民众自发形成的群团组织，我们将继续传承旗族文化，弘扬道德文明。"南相金满脸喜悦地说。每年在这里举行满族柳母节，得到社会各界的襄助。在这里可以看到很多遗失的满族传统，规模宏大，内容丰富，尽展满族文化特色。

## 三、问题与诉求

（一）缺乏能够系统准确掌握满语文的合格师资。无论是民间自发的满语教学，还是高等学校的满语教学均面临一个问题，就是合格师资的严重短缺。担任满语课程的教师多是短期进修加自学，授课效果难以保证。

（二）缺乏科学严谨、准确规范的教材。目前，各地满语教学使用的教材多由授课教师或相关教学机构编写，各地或学校所用教材形式和内容差别很大，种类繁多，但都没有经过教材审核程序，错误漏洞多。

（三）缺乏满语文使用环境和生活情境。黑龙江地区虽然是满族主要聚居区，但能讲满语的人几近枯竭。在课堂上学到的语言无法在日常生活中实践，没有用满语进行沟通和交流的环境，给满语文学习与传承造成极大困难。

（四）缺乏满语文弘扬传承经费。黑龙江地区满语教学基本没有政府投入，属于民间公益活动，不同程度地存在经费不足的困境。

（五）对于"活化石"级别的满语传承人的资助和保护处于粗放式管理阶段。如何士环老人，已92岁高龄，居住在条件很艰苦的四季屯农村。老人的一只眼早已失明，另一只眼也视物不清了。由于家境贫苦，一方面，冬季舍不得烧柴，取暖成为大问题，另一方面食物药品也较为匮乏，身体状况堪忧。三家子的孟淑静老人就是由于冬季室内寒冷，得了肺炎，于2018年春季去世了。何士环老人是在世的唯一能说纯正的民国时期满语的人，由于身体原因不可能一次录太多的音，对于她的资助和保护迫在眉睫。2017年，黑龙江省政府提出要以贯彻落实《非物质文化遗产法》和《黑龙江省非物质文化遗产保护条例》为契机，深入细化对非遗项目及传承人资助的内容，亟需采取具体的保护措施，如定期体检、送药上门、提供取暖设备、指导饮食和饮水等。

（六）建立激励机制，培养新的满语传承人。如何士环老人的幼子关万里也能说一些满语，他有就近向其母学说满语的便利条件，但由于忙于生计，每天和母亲的交流时间有限。如能给与一定的激励措施，如设备提供、生活补贴等，让他把日常中和母亲的满语对话、和母亲学说满语和学讲满语故事、学唱满族歌曲等内容用手机录下来，可以为满语的活态存续增加一个传承人。

（七）对于热心满语教育教学的人给予经费支持和督查。很多从事满语教学的人，很大程度上是出于对满语的热爱，对于传承满族语言文化的理想追求。但是由于收入微薄，大大影响了他们的工作质量。需采取适当的扶持措施，以鼓励他们继续从事这项工作。

世上空惊故人少，流水前波待后波。当年讲满语故事的人和听故事的人大多也已经成了故事里的人，但是满语的故事还要继续，满语言文化亟待传承。赵杰老师为代表的一代学人辛勤开拓之学术田园定有后来耕耘者，芳林新叶来日可期。

郝庆云，1963年生，东北师范大学历史学博士，硕士生导师，现为东北大学秦皇岛分校民族学研究院（中国满学研究院）院长，教授，是赵杰教授生前同事。巴基斯坦旁遮普大学与东北大学秦皇岛分校联合学位历史学项目博士生导师。主要研究方向为明清史、东北民族与疆域史、渤海国史，中外民族交往史。

# 女真语言文字研究的可贵探索

## ——A.A.布里金《女真文字语言的词法范畴》评介

穆鉴臣　穆鸿利

作者按：赵杰教授的离去是学界的一大损失，心中无限伤感。2018年10月，我工作调至东北大学秦皇岛分校中国满学研究院，有幸与赵杰教授成为同事。在工作和学习过程中，得到赵杰教授的指导、提携和关爱，与穆鸿利一同撰写此文，以志纪念。

女真文字是我国北方民族古文字园囿中比较重要的一个文种，属于阿尔泰语系，满－通古斯语族。女真语言文字的研究是金史、女真史研究中的重要课题。女真文作为女真学不可或缺的组成部分，目前已经成为了一门国际性的学问，涌现出一批卓有成就的学者，使得对此文种的研究有了较为可观的进展。[②] 但其中又不免存在分歧之处，诸如女真文字的构造问题就聚讼已久，难有定论；女真文字是音意文字抑或是音节文字，学界亦没有一致意见。当然，我们不能一味追求学术上的一致。一定意义上讲，学术分歧以及针对分歧进行的具体深入的研析才是推动学术进步的动力。每种分歧意见、研究思路与手段均系学术研究过程中的一种尝试和探索。本文拟将简要评介女真文研究的著名学者A.A.布里金《女

---

① 辽宁省"百千万人才"支持项目："辽宁地区满族文化资源产业化研究"阶段成果。
② 参阅穆鸿利：《百余年来女真语言文字研究的历程和畅想》，见《中国少数民族古籍论》第五辑，成都，四川民族出版社，2004。

真文字语言的词法范畴》[1]一文,以期有助于了解国外学者对女真文研究的情况,进而学习对女真文字研究的有效手段。

A.A 布里金撰写此文的重点是论及女真语言文字的语法成分,包括表音法和词法结构。同时与满文语法作一对比研究,考察了两者在语法方面的相似性和潜在的不同点及发音方面的关联。

## 一、关于女真语的表音法

A.A 布里金教授认为在通古斯语系的不同分类中,满语和女真小字[2]占有特殊地位。虽然女真小字被称为女真语,然而,此种称呼所指的真正意义是不明晰的。因为"诸申"(女真)这一语汇,有时指说女真语的部族,有时指女真人所控驭的政权,有时指女真人使用的文字体系。即便认定为语言文字,此中亦不乏分歧,布里金列举了学者们的不同学术意见:O·P 苏尼克和 I·V 科尔穆辛称这种语言为满族的方言,或是满族先人的档案语言形式。但 A.M 皮乌诺乌认为,女真语是一种独立的语言。

字里行间,很明显布里金是不完全同意上述两派的观点。虽然他认为皮乌诺乌在描述女真语和满语在音韵的一致性方面有可取之处,但同时指出在谈及一致性时,有些问题值得注意:大部分词汇仅被数量非常小(一个或者两个)的例子来说明,这对严格意义上的比较研究是不够的;存在为数不少的不规则词汇,这个问题只能靠设想女真文字没有严格的表音规则来阐释。

综上,他得出结论,女真语的书写体系在描述(音译)其基础语言声音时是不够准确的。这种不准确性,在考虑到词法要素书写时尤为明显。一个单一的词法要素用不同的文字符号表达是常见的。同时,用不同文字符号表达同一词法要素也是不清楚的。从音韵重构的观点看,没有办法来区别在每一个特定的例词中哪个异体字应被视为标准。这种情况比中世纪欧洲波动多变的表音惯例更令人困惑。至少有一个原因可以解释这种表音的变化,即中国象形文字书

---

[1] A.A. Burykin, Morphological aspects of the language of the Jurchen script, Writing in the Altaic World, Studia Orientalia 87, Helsinki 1999, pp.29–39.
[2] 实为女真大字,此文屡次提及女真小字,均应为女真大字,后文出现的女真小字不再注明,见文中的简要评析。

写体系的影响。女真文字基本上是表音文字①。从女真文字来重构女真语言，就如同从汉字来追溯汉语的音韵一样，是十分困难的。当我们把女真小字与满语作一比较时，明显可以看出或多或少的正确程度，反映在女真文字中的唯一标准是音节标准。

## 二、关于女真语的词法结构

A.A 布里金教授认为，真正的女真字库（用印欧语系意大利语族书写）的识读是建立在女真语与满语及其他通古斯语种间对比基础上的。源于此，他分列名词性的派生后缀、名词变格的词尾后缀、动词性的连接后缀和动词性派出后缀等四种不同类型，与满语、乌德盖语、鄂温克语等通古斯语种进行比较研究，通过枚举大量词汇例证，讨论女真语的词法结构问题。

（一）名词性的派生后缀

这个题材包含大量的带有若干名词性派生后缀的字汇。这些后缀在满语或其它通古斯语中有直接的对应词语，相关记录如下②：

1. -hah/-hei/-tuo/-k'o/-ha/-he，表达复数或集合体，证明如下："a-puh-hah abaha"（页，篇）相当于满语"afaha"；"fen-yih-li-hei funie(1/r)he"（头发）相当于满语"funiyehe"。

2. -kih/-nggi，表示集合体，证明如下："fuh-leh-kih fulenggi"（灰）相当于满语"fulenggi"；"t'uh-kih tugi"（云）相当于满语 tugi。

3. -ku/-k'u，表示工具（工具的使用），证明如下："fuh-seh-ku fusheku"（扇子）相当于满语"fusheku"，源于"fushe"（使用扇子）。

（二）名词变格的词尾后缀

只有三个显著的规则的形式，在女真文字资料可以得到明确的证实：宾格的，所有格的，与格的。然而，尽管一些证据存在争议，还可能寻找到处置格的和夺格的各自的词尾。这些后缀的例子如下：

1. 宾格的 -woh/-poh/-oh/-huo，这些后缀表示一种不变的音素定式，与满

---

① 尚有表意字，或音意混合字。
② 原文中每类及大类下的小分类的论述过程中都列举了大量例证，限于篇幅，只择取部分词例。

语的 be（无元音和谐）类似。词例如下：huo-tih-who hodi-be "女婿"，满语作 hojihon 释为 "女婿"。

2. 所有格：-(n)i/-yin 表示两个主要的同质异音，即 (n)i 和 in，举例如下：han-'an-ni ha(ga)n-ni "皇帝"，满语 han "统治者"；hei-c'e-ni hecen-(n)i "城镇"，满语作 hecen "城镇"；kuoh-lun-ni gurun-ni "国、政权"，满语作 gurun；o-zhen-ni ejen-ni "主人"，满语作 ejen。

3. 与格：-tu-/de，表示一种音素定式 -de（无元音和谐），证明如下：fuh-wan-to fon-de "时间"，满语作 fon。

4. 位格的：在满语中没有位格的例子，但在女真小字资料中有后缀 -lah -la，这可以与其它通古斯语的位格成分作以比较。女真语中后缀 -la，只是在独特的形式 tu-li-lah dulila "中间" 得到证明，满语作 dulin "半、中间'。目前不清楚是否这个例子真的含有一个古老的位格的标示，因为词素 -la 与满语中的名词后缀 la 一样，比如在 ingga-la "向下、小羽毛"，wala "底部"。

5. 夺格（按：从格）：皮乌诺乌声称女真语有夺格标示，即 -ti 这个定式，可与满语的 -ci 相对照；尽管像这样的范例在女真文字语言中存在是可能的，但事实上词例很难发现。有两个词汇含有词素 -t'i、-ti，但如何发音是不清楚的：fan-t'i（可能为 funti）"南部"，和 wuh-li-t'i（可能为 burgidi 或者 eldi）"北部"。在这种情况下，对于女真语要重构一个独立的夺格的词尾是相当冒险的事。

（三）动词性的连接后缀

根据现存的女真文字的字形，在动词性的词形变化方面，女真语与满语几乎没有相同点。经深入的考察，事实不是这样。实际上，所有女真小字的动词形式在满语中都能找到与之相对应的词，这既合乎限定性动词的各个变化形式，又合乎非限定性的形式。

1. 现在时态：女真文字资料有一个词尾 -pieh，皮乌诺乌同样遵循金启踪（1984，附录 5），发音为 -bya* (-b'a*)。实际上，这个词素可以与人们所熟知的，满语中表示现在时的词尾 -mbi 相比照。-mbi 的读法同样适用于女真语，范例如下：an-c'ah-pieh amca-mbi "从事" 相当于满语的 amca-mbi；cah-fah-pieh jafambi "抓住" 相当于满语 jafambi；hah-lah-pieh halambi "改变" 相当于满语 halambi；pah-hah-pieh bahambi "达到，得到" 相当于满语 bahambi "发现，得到"。

显然词素 –bi 在 –mbi 中代表通古斯语中一般动词形式，意为"是"，在女真语中 –pieh 起到同样的作用。事实上，–bi 和 –mbi 的使用与女真字缺乏表音音值相关联的。如果我们需重构女真语表音法时，不该把我们的结论只建立在女真文字基础上。

2. 将来时态：满语表将事的后缀 –ki；在女真文字语言中也有相对应的词素。尽管因为词汇的问题，分析真正数据略显困难。两个明显的例子为：ku-li-kih ku-li-ki "移动、移民"，满语为 guri。

3. 限定性与准限定性使用中的分词：满语后缀 –ra/–re 反映在女真文字语言中，为 –lu 或者（只有一例）–rh。女真小字与满语在发音上有些不同，正是因为女真文字发音的不精确性。典型例子如下：hen-tu-lu hendur(u) "说"，满语为 hendu。

4. 限定性与非限定性使用中的过去分词：满语后缀 –ha/–he/–ho 对应女真语的 –hai/–hei/–huo，且读音相近，举例如下：hah-fu-cah-hai hafujaha "穿过"，满语写作 hafu；koh-nieh-hei genehe "离开"，满语为 gene "去"。皮乌诺乌（1997，264）把异体同素 –hai 读为 –hai*，并假想存在一个尾音脱落。没有证据同意他的看法，因为无论是满语还是异体词 –huo –ho 明显地证实了脱落现象是不存在的。为进一步证实此观点，布里金把过去分词后缀 –ha/–he/–ho 与集合性后缀 –ha/–he 作一比较研究。在女真小字文字中，前者被提及为 –hai（6次），–hah（1次），–hei（9次），–huo（1次），而后者被提到 –hah（8次），–hei（1次），–huo（2次），–k'o（1次），因此，这两种（类）后缀读音很像。

5. 现在时态的动名词：这是在女真文字语言中，可以被最充实证明的动词形式。女真语词尾 –ma/–mai/–mei，与满语的 –me 相对应。在图解证明的基础上，皮乌诺乌（1997，264）遵循金启琮（1984，附录5），论证女真字词素 –mai*/–mei* 包括两个和音异体词。这个假想，可以明显被女真词素 –mai 在后元音之后的其它音中占优势来证明，而 –mei 主要出现在前元音之前。在一般通古斯语的上下文中，这两个后缀的和音异体词的出现显得奇怪。事实上，进一步仔细考系，这种不同点是虚幻的。一方面，有许多例子表明 –mai 与前元音词干相连，–mei 与后元音词干相连。同时，一个翻译本，像 en-ko-mai "马鞍"，可以作 enggeme 或者 enggemu 可以看出 –mai 不一定总是代表 –ma。因此我们可以断言，动名词后缀有一个不变的词素 -me。典型的例子，ci-lah-mai jilame "同情"，满语为 jila "感到怜惜"；hah-tah-lah-mai kadalame "统治"，而满语写为 kdala。可以得出结论，这些证据不能支持女真小字动名词后缀 -me 同质异音异体词的设想。同样，正如译语中 -hai/-hei 代表过去分词后缀 -ha/-he，译语中 mai/mei 代表动名词后缀 -me，也不意味着尾音脱落的存在。事实上，还有其它例子可以证明 -mai 可以作为一个单独的元音，比如在 a-lah-mai alama "相像"，而鄂温克语 alama 释为 "效仿"。

6. 表达动名词满语后缀 -fi 与女真小字语言的 -fei 相对应，如 woh-fei ofi "是"，满语 ofi 释为 "成为"。

7. 过去完成时的动名词：这种情形只被证明一次，女真小字语言中 -tu-lah tala，与满语中的 -tala/-tele/-tolo 相对应，例如，wa-tn-lah watala "杀死"，而满语 wa 为 "杀死"，wabutala "死亡"。

（四）动词性派出后缀

通常来说，派出动词词干在女真小字语言资料中并不是很丰富，使役动词、动词性派生出来的后缀边相对较少。然而，至少还能找到一些关于使役词、动词体指示和表并列、协同的后缀。

1. 使役形式，同时起到被动功能。女真小字语言中心 -puh-/-poh-/-woh- 被读作 -bu-，与满语中的 -bi 一致。例子如下：a-li-poh, a-li-puh-wei alibu "给"，而满语 alibi 释为 "强迫拿"。

2. 表并列、协同：如女真小字中 -tu-，证明如下：so-li-tu-man sorinduman "战斗"，满语 sori "相互射杀"。

3. 动词体指示：在女真文字语言中，这类动词体指示相对很少，难以确定其功能。然而，大部分这类后缀在满语中有相对应的词汇。

（1）后缀 -c'ah-/-cah-ca-，例如 am-c'ah·pieh amcambi "追赶"，满语 amca 释为 "追赶"。

（2）后缀 -cah-ja- 例子：hah-fu-cah hafujaha-hai "穿过"，满语为 hafu。

（3）后缀 -sha-/-sheu-/-sya-，例如 yih-lih-sheu-hai ilisyaha "建立"，满语 ili "站立"。皮乌诺乌把 -sheu- 作为表面音值和假想其为一个独立的后缀同质异音，但这是一个不必要的复杂分析。

（4）后缀 –hia–/–kia–，这个后缀展现了一个进步的行为，在女真语中没有明显的对应，但这的确是女真文字语言中最普通的动词体的指示，例如 t'uan-hia-sun tuahiasun "保卫"，满语 tuwakiga 释为 "保持，保卫"。

通过举证，布里金先生认为女真小字语言素材与满语是一致的，女真语不是一个独立的通古斯语种，也不是满族的方言（或满语中的方言）。一定意义上说，女真语的早期来源，可以被认为是后来满语形成的、原始的语言习惯用法。但尽管从这个角度来说，这种差异还是很细微的。简言之，女真语和满语系用不同书写方式拼读的一种语言。但也认为每一个女真字符号都总是与一个音值不变的满语相对应的观点是错误的。与此同时，布里金认为女真小字对通古斯语种比较研究的作用非常有限。没有理由否定现存的女真文献的历史价值，但它们的语言价值，除了为词汇研究提供文献外，几乎为零，因为完全相同的语言被更广泛地保留在满语文献中。

## 三、简要评析

A.A 布里金是俄国研究女真语言文字的健将，其研究手段与思路具有引领学术前沿的作用。此文足以反映他在女真语言文字研究中的贡献，至少可以说，他为学界研究女真词法问题提供了一种有益的借鉴，但此文还存在一些尚待商榷的观点。本节决无贬人扬己之意，而是在肯定布里金先生贡献的基础上，对文中的一些观点进行商讨。

（一）女真大字抑或是小字

女真人初无文字，处在"无书契，无约束"[①]的阶段。即使到了金国建国初期，其政令、文书尚借用契丹字。[②]直到天辅二年（1118）完颜希尹与耶鲁创制女真字[③]，此即为女真大字。女真大字颁行后，到了金熙宗时又加以改进，创制了女真小字，于天眷元年（1138）颁布，并于皇统五年（1145）"初用御制小字"。[④]

对传世的女真文字是大字还是小字，学界还没有达成一致的看法，大体有三

---

① 《金史》卷1《世纪》。
② 《金史》卷73《完颜希尹传》。
③ 《金史》卷10《章宗纪》。
④ 《金史》卷4《熙宗纪》。

种观点：小字说①；大字说②；混合说③。

随着对传世女真文字的深入研究，女真小字说基本上可以摒弃。布里金教授文中认为是女真小字，并未说明缘由，不知何据？此文所举词例均源自德国学者葛鲁贝所注译的女真文字，是否把葛鲁贝将传世女真文字认定为女真小字的观点一并赞同亦未可知？虽然在女真大小字问题上还没有达成一致意见，但学界基本上倾向于大字说。至少不能完全解读为女真小字，这一点是肯定的。

A.A 布里金认为女真小字（按：他认为传世的女真文字为小字，实为女真大字）创建金世宗（1160—1189）统治期间。据《金史》记载，完颜希尹等于金太祖天辅三年（1119）创制女真大字。颁行二十年后，到了金熙宗天眷元年（1138）又制出另一种女真文字即女真小字。女真小字颁行七年后，即熙宗皇统五年（1145）又有"初用御制小字"的记载。很显然，即便认定女真文字为小字，也不是创建于金世宗在位期间。

A.A 布里金据认为女真文字的创制者是完颜希尹，其所创建的女真文字过了很短的时间就不再使用。毋庸置疑，完颜希尹是女真大字的主要创制者，史有明文记载："金人初无文字，国势日强，与邻国交好，乃用契丹字。太祖命希尹撰本国字，备制度。希尹乃依仿汉人楷字，因契丹制度，合本国语，制女真字。"④但女真大字的创制又非一人所为，确切地说他是一个出色的组织者，此外还有一个人物很重要，即完颜耶鲁，实际上完颜耶鲁亦是女真大字的主要造字者。⑤

（二）女真大字的使用时间

A.A 布里金据认为完颜希尹所创建的女真文字过了很短的时间就不再使用。这一结论也是由于认定传世女真文字为小字造成的。据国内著名女真语言文字专家金光平、金启孮教授的研究，女真语根据女真族的社会经济发展，大体上

---

① ［德］葛鲁贝：《女真语言文字考》，1896；［日］白鸟库吉：《契丹·女真·西夏文字考》，载《史学杂志》9编11、12号；［匈］李盖提：《试论女真小字的解读》，载《匈牙利科学院东方学报》第3卷，1953。
② 金光平：《从契丹大小字到女真大小字》，载《内蒙古大学学报》，1962（2）；金光平、金启孮：《女真语言文字研究》，北京，国家文物出版社，1980。
③ 齐木德道尔吉：《关于女真大小字问题》，载《内蒙古大学学报》，1980（4）；和希格：《契丹大小字与传世的女真文字》，载《内蒙古大学学报》，1984（3）。
④ 《金史》卷73《完颜希尹传》。
⑤ 穆鸿利：《围绕女真文字研究的几个不能回避的问题》，见《辽金史论集》（第七辑），郑州，中州古籍出版社，1995。

可以分为以下四个时期：进入中原以前时期；从太宗到世宗时期；从章宗到金朝灭亡时期；金朝灭亡以后，在东北继续局部使用时期。① 即女真大字自创制颁行后，大约使用了四百年左右，而不是短期使用后就弃而不用了。

（三）表意字抑或是表音字

A.A 布里金教授认为女真文字基本上是表音文字，但他并没有在文中展开充分的论证，我们并不知道这一结论的证据抑或是具体阐述。关于现存女真文字是表音文字还是表意文字，学术界也存在分歧。② 据目前的研究可知，现存女真文字尚有许多表意字（意符字）或者音意混合字。

穆鸿利，1935 年 5 月生，满族，笔名泓历，东北师范大学历史文化学院教授。主要研究领域为辽宋夏金元史、北方民族史以及女真满学，多有新的发现和理论建树，研究成果学界瞩目。曾任中国辽金史学会副理事长、全国女真史专业学术委员会主任，主要代表性成果有《跋涉集》（4 卷）、《中国北方各族人物传》（金元卷主编）、《松辽文化》（主编）、《中国大通史》（辽金卷主编）等。

穆崟臣：1979 年 4 月生，北京大学历史学博士，东北大学秦皇岛分校民族学研究院（中国满学研究院）教授，在此学院与赵杰教授共事。主要研究方向为清史、满学。主持国家社科基金项目等项目多项。

---

① 金光平、金启孮：《女真语言文字研究》，3 页，北京，国家文物出版社，1980。
② 国内学者金光平、金启孮教授和日本学者山路广明先生主张表意说；蔡美彪教授力主现存女真文字为音节文字，参见蔡美彪：《女真字构制初探》，载《内蒙古大学学报》，1984（2）。

# 民族地区传统村落研究

## ——以恩施土家族苗族自治州来凤县为观察对象

龚志祥

作者按：赵杰教授的离开是我们的一大损失，学界少了一员睿智干练的导师，我少了一位尊者、师长和朋友。

我是应谭必友教授邀请参加2017年7月中旬在湘西凤凰县腊尔山台地举行的第二届腊尔山发展论坛"腊尔山苗族文化研究暨精准扶贫全国学术研讨会"上结识赵杰教授的，聆听赵教授会上的精辟发言，颇有启发。他才学精专，涉猎广博，不仅是语言专家，也是文化研究的翘楚。后在会议组织的参观考察过程中，我向赵杰教授多有请教，受益匪浅。从此，我与赵杰教授结下深厚的友谊，在工作和学习过程中，得到赵杰教授的提携和厚爱。

赵杰教授得知我在做民族地区传统调查时，给予大力支持和及时的指导。他建议我在调查过程中，要多多关注村落历史的脉络，尤其是传统文化的传承和发展。赵杰教授还特地提到他正在做的"湘西十八洞苗语研究"课题，民族地区的语言研究和村落的历史脉络、文化的传承发展密切相关。为此，特将一篇研究与湘西毗邻的来凤县传统文化的拙作奉上，以资纪念。

本文以武陵民族地区的来凤县传统村落为研究对象，从传统村落形成的历史过程和空间分布入手，分析民族地区传统村落的文化特征，探讨民族地区传统村落的保护与发展。

来凤县传统村落历史悠久，民族特色鲜明。截止2020年10月，乡村行政体制为6镇2乡，共11个居委会、185个村委会，自然村寨上千个。来凤县传统村落文化特征明显，历史积淀厚重且久远，传承体系完整，民风古朴，仁爱谦和，团结互助，具有浓郁的土家族苗族文化特征，深受儒家文化影响，耕读传家。

## 一、传统村落地理空间

（一）来凤县村落历史进程

来凤县历史悠久，但清以前无系统的文字记载，县史靠世代口耳相授，零星文字散见于《二十四史》《清史稿》《湖广通志》等典籍中。建县始自清乾隆元年（1736），据同治版《来凤县志》载，雍正年间，有凤鸣于半边城。半边城在城东，即翔凤山也。元代至元三十年（1293）始，相传有凤集于此，邑后因之得名。此为来凤县名由来之始。

1990年9月，来凤县文管所与湘西土家族苗族自治州博物馆在酉水流域考古，发现商、周、汉、魏至宋元时期古文物遗址和古墓葬21处，发现县境内存在3000年以前的古文物，弥补了文献资料之不足，可见来凤人文历史久远。真正集中集成性记载来凤县历史文化的文献始于清朝，清乾隆丙子年（1756）编纂的《来凤县志》为第一部全面系统记载来凤县历史文化的志书，在此之前已有《卯洞司志》编纂，成书于清康熙五十八年（1719），专门记载卯洞土司治下的山川风物，后有清同治丙寅年（1866）编纂的《来凤县志》体例更加完备，记述更加详尽，在传承来凤历史文脉，弘扬民族文化方面起到特别重要的作用。

来凤县传统村落在清代的两部志书均有记载，但比较粗略。乾隆版《来凤县志》详细列举了散毛、大旺、百户、安抚、漫水、东流、腊壁七土司所辖之地，乾隆元年（1736）始置七土司之地为来凤县，编户12里，分别是诚一里、元阜里、享康里、利正里、贞肃里、孝原里、悌恭里、忠崇里、信茂里、智乐里、仁育里、勇敬里。"里"相当于现在的"乡"，12里共121甲，甲的地域相当于现在的行政村和管理区之间，本书所述的传统村落在121甲中多有体现。又据同治版《来凤县志》载,"来境原七司,散毛为长。墨来送,其始官之祖。……为唐贞观安抚使,递传到宋",改土归流后将其编户12里,每里4甲,分为3乡,诚一里、元皁里、亨康里、利正里、贞肃里属于体乾乡,智乐里、仁育里、勇敬里属于达德乡,孝原里、悌恭里、忠崇里、信茂里属于聚伦乡,有点类似于曾经的区乡体制。

《来凤县志(1866—1985)》对村落文化记载不多,但涵盖了所有村名,对乡的记载略为详细。现代行政体制始于民国,但由于社会动荡不安,仍然新旧体制结合。来凤县于1914年始设区乡,1933年编组保甲,设4区、21乡、2镇、225保、2251甲。1940年,成立乡公所,共11乡155保。1946年,重新调整乡镇区划,整编保甲,11乡148保1476甲,实行保甲制直至1949年。1950年1月,改保甲制为村组制,全县设6区1镇147村。后建立互助合作社、人民公社化,体制多次变化,但变化多在区乡一级,村组一级变化不大。《来凤县志(1983—2003)》载,2003年,全县5乡3镇,181个行政村,11个社区居委会,1931个村民小组。2003年后虽有变化,但行政体制基本稳定,只是由于城乡一体化加快进程,个别乡改为镇而已,没有实质上的变动。2019年,来凤县乡村行政体制为6镇2乡,即翔凤镇、绿水镇、漫水乡、百福司镇、大河镇、旧司镇、革勒车镇、三胡乡,共11个居委会、185个村委会。

(二)来凤县村落的区域分布

来凤县传统村落的地域分布受制于古代交通和山川河流地貌影响较大,村庄聚落形成多沿古驿道和河流走向展开。

来凤县东邻湘西,西接渝东,历来是鄂湘渝黔边区重要的物资集散地,湖北省的"西大门"。全境南北狭长,北半部东西稍宽,境内武陵山绵延,由西南向东北横贯全境,酉水河主流从北至南纵贯县域东部,东北和东南部沿酉水河岸多盆地和坝子,土地肥沃。酉水河系沅江水系,在来凤县境内流程89千米,在现代交通彻底改变物流走向前,历来是进出西南的重要水上通道。酉水在来凤县境共有老虎洞河、新峡河、老峡河、怯道河等支流,大致从西向东曲折蜿蜒汇流入酉水,河网如一把梳子状在来凤县境展开。出入来凤的古道多数顺着河流和山脉走向延伸至县域外,古道多有关口和桥梁。据1943年的《来凤道路调查表》列来凤县城至龙山、宣恩、咸丰、酉阳四条人行大道为县道,并列有八条乡道,总长 373 千米。最为主要的是经仙佛寺村往北通施南府和往东通湖南永顺府的古驿道，其次是经大河和卯洞通往重庆酉阳、以及经三胡、革勒经咸丰县通往重庆黔江，县内无数民间小道连接山川河流，沟通村村寨寨。清同治版《来凤县志》记载有 19 个关隘，如卯洞关，地处四川、湖南接壤要地；老鸦关，通咸丰入川大道；峡口关，通宣恩赴施南大道；分水关（智勇关），通四川酉阳；龙家垭口、罗二箐、白杏木通川东大路；滴水关、老鸦关通咸丰、宣恩、四川等。《来凤县志（1866—1985）》对清代所修桥梁有一统计，共 20 座石板桥。

来凤县传统村落就坐落在这些山川河谷之间、关隘之内和古道古桥之旁，河流和驿道经纬交织，构成村落连接的骨架，各族人民在此空间辛勤耕耘，创造出辉煌的文明，为中华文化贡献自己的力量。

## 二、传统村落的文化特征

来凤县传统村落文化特征明显，历史积淀厚重且久远，传承体系完整，民风古朴，仁爱谦和，团结互助，具有浓郁的土家族苗族文化特征，深受儒家文化影响，耕读传家。

### （一）土家族苗族文化特征明显，深受儒家文化熏陶

早在 3000 多年前，土家先民即在酉水河流域开疆拓土、繁衍生息，创造了光辉灿烂的民族文化。同治本《来凤县志》云：邑在六属中，最称易治。隶土籍者，悍而直；隶客籍者，谨而愿。又云：邑中风气，乡村厚于城市，过客不裹粮，投宿寻饭无不应者。入山愈深，其俗愈厚。据《文献通考》，"土司"二字始见于宋徽宗崇宁四年王祖道奏议。散毛宣抚司，是土家族聚居区最早设立的土司之一，相继建立七大土司（散毛司、大旺司、腊壁司、东流司、卯洞司、漫水司、百户司），其中卯洞土司有《卯洞司志》传世，具有很高的研究价值。清道光十七年（1837）《逾阃邑诸民区种田法家桑山桑蚕法示》记有乾隆初年（1736）原编户口土客民共四万七千四百余口。据来凤县政府网介绍，2018 年，来凤县总人口 33 万。全县共有 26 个少数民族，以土家族为主的少数民族人口占 56%，其中土家族占 34%，苗族占 20%。

摆手舞是土家族文化的主要内容之一，也是来凤县传统村落文化的重要部

分。摆手舞是土家族古老的传统舞蹈,主要流传在鄂湘渝黔四省市交界的酉水流域。据《来凤县志》(同治本)卷三十二转载《湖广通志》记载:"施州漫水寨有木,名普舍树,普舍者,华言风流也。昔覃氏祖于东门关伐一异木,随流至那车,复生根而活,四时开百种花。覃氏子孙歌舞其下,花乃自落。取而簪之。他姓往歌,花不复落,尤为异也。"此乃来凤县关于摆手舞的较早文献记载。地处酉水卯洞伏流正上方的梅子坳村有一野生古树,四季开花,花呈白色和粉白色两种,当地百姓视为神奇之树,也不知何时生长于此,来凤县林业部门已实行蓝牌保护。东门关山下有村庄名板寮,一个土家语与汉语混用的地名,板是汉语木板、大木的简称,寮是土家语音译,砍伐的意思。可以印证《湖广通志》记载并非神话,而是真实历史故事。原生态摆手舞主要流行于卯洞舍米湖、兴安等传统村落,摆手堂也多分布在这些村庄,其中茶堰坪摆手堂是目前较为古老的摆手堂,始建于嘉庆二十四年(1819),光绪十三年(1887)重修,门柱刻"辟土开疆名昭千古,御灾捍患威镇一方"楹联。经历届来凤县委县政府大力保护和传承摆手舞,现已推广普及至全县机关事业单位和村村寨寨,摆手舞成为来凤县公共文化服务体系建设的重要内容,各族人民共建共享。2001年6月7—9日,来凤县举办"中国来凤土家族摆手节",21支代表队参赛。2003年6月25日,摆手舞传承人彭昌松被州民委、州文化局命名为"民间艺术大师"。

(二)农耕文化为主,兼具森林文化和畜牧文化

来凤县传统村落文化以农耕文化为主要特征,多以族以姓定居,通过生产劳动生活交往结成较紧密的社会关系,成村成寨,互帮互助。来凤县政府网介绍,土家族的大姓为覃、田、向、冉、白、彭,分布特点是"所居必择高岭",主要分布在漫水、百福司、旧司、大河等地。苗族的大姓为张、吴、杨、廖、石、龙等,主要分布在百福司、三胡、革勒车一带。而迁入较晚的苗族,则分布在县城周围,如土堡张姓,万家塘吴姓、苗寨沟李姓、何姓等。汉族主要分布在县城、集镇及周围平坝,其他民族散居于各地。

来凤传统村落多以务农为主要生存方式,个别处于交通要道的传统村落在发展过程中,工商业占据一定份额,但土地仍然是村庄的主要生产要素,多种植玉米、水稻、五谷杂粮等,形成独具特色的农耕文化,体现在民俗事项、节日习俗、礼仪交往等众多方面。如,村庄女儿出嫁,嫁妆多与定居农业习俗有关,而

哭嫁歌的内容深受儒家文化影响。又如，来凤民间对气象的观测和总结也是与农业事项有关，"云走东，有雨都不凶；云走西，骑马披蓑衣；云走北，有雨都不得；云走南，阳沟里开船。"村庄的人们通过观气象来决定近期的农事安排。

村落因日积月累的农耕技术和经验，培育出闻名全国的"凤头姜"及独特的加工技术；还有沈从文先生散文里描写酉水流域的"大头菜"，远近闻名；油茶汤更是世上一绝，饮食文化的大餐，家家餐桌必备，隔餐不隔天，不因贫富而短缺，浓淡由人，手艺随心，香味飘荡在村落的上空。

农耕与牛有着紧密关系，来凤传统村落的人们对牛有着特殊的感情，不杀耕牛，让其自然老死。因牛形成了一个特殊的节日，每年农历四月初八为"牛王节"，有的村落还有牛王庙。每逢这一天，村民就筑坛祭祀诵经文，唱歌跳舞，还赶来一头膘肥体壮的黄牛，给它喂精料，不管活动怎样忙，村庄的耕牛都要休息，磨豆浆，喂鸡蛋，以示土家人对牛的爱护。1992年5月，大河区举办土家族牛王节歌会，观众逾万人。1995年5月7日（农历四月初八），大河区举办"牛王节"暨鄂川湘黔四省边区经贸洽谈会，湖北省广播电台到现场直播大会盛况。2000年5月11日，县民委、县文化局、旧司乡政府在旧司集镇举办民间艺术节暨"牛王节"，参加者万人以上。

来凤传统村落在从事耕作的同时，圈养猪，放养牛、养鸡、养鸭等，农闲时还打猎捕鱼、采摘野果等，充分利用大自然给予村落的恩赐，畜牧文化和森林文化仍然护佑着传统村落的发展。梅山神是土家族信奉的猎神，猎人在打猎之前和打猎之后都要举行"安梅山"的祭祀仪式，供祭狩猎之神"梅山娘娘"。土家族过年时，在除夕之日，有给果树喂年饭的习俗。部分传统村落的人们爱山爱树爱森林，还有祭祀古树、大石、大山、河流的习俗等。来凤传统村落多有古树相伴，据来凤县林业局统计，2003年纳入普查的古树共727株，2017年普查时，又新增古树144株。各族人民在长期与山川自然的交往中，在吃、住、医等领域充分利用自然，为美好生活增添新的元素。杨梅古寨的杨梅畅销周边，还形成一年一过的"杨梅节"，野生藤茶转为家培，更是对茶文化和人类健康的一大贡献。

（三）佛教和道教文化影响显著，世俗化进程加快

来凤县传统村落受佛教和道教文化影响较大，同时存在祖先崇拜、自然崇拜等原始宗教因素，1949年以来，世俗化进程加快，宗教慢慢淡出村庄人们的生

活,科学主义开始主导村庄生产生活,共产主义信仰深入人心。

佛教传入来凤县境历史久远,仙佛寺村的摩崖石刻佛像群为东晋咸康年间所造,此为目前发现的最早的佛教遗存,也有说此摩崖造像为唐朝晚期作品,但不管是哪个历史时期,佛教进入来凤县的年代都悠久,影响深远。道教形成于东汉,传入来凤县的时间比佛教要晚,但对来凤县传统村落文化的影响尤为深刻,进入村庄的生产生活之中,与原始宗教、祖先崇拜相融。在来凤县村落文化中,佛道一家,融入村庄生活。如,梅河村历史上有多座庙观,供奉如来、观音、土地、龙王等诸神,同时祭祖盛行,村庄附近的大山也名青龙山和佛山,神化自然山川。村落多有自然崇拜现象,如红沙田村的两棵古树,常年香火不绝,沟通人与自然的情感,人与自然和谐相处,寄托村民的朴素感情。来凤自清朝建县伊始,就建有城隍庙,在各民族交往交流交融过程中,多样宗教渗透村庄的日常生活,不少传统村落中有黑神庙、飞山庙等,不少村庄在七夕节、春节流行请七仙女下凡,村中大小事情多请道师先生作法相助,红白喜事请神职人员看日子,修房葬坟相信风水等。可以说庙观和神龛是传统村庄的要素之一,情感的寄托之处。

中华人民共和国成立后,科学知识普及到传统村落,科学精神深入村民人心,宗教开始退出人们生活,宗教意识开始淡化。现村庄的人们传统观念开始改变,多相信科学技术,科学种地,科学饲养,科学治病,较大提高生活质量。通过社会主义精神文明建设,村民的法治意识提高,现代法治得到普及,坚信共产主义,全面建设小康社会。

(四)爱国主义深入村寨人心,红色文化厚重

来凤县是一块红色土地,热爱祖国,敢于反抗剥削和压迫,积极参加革命,争取人类的解放。来凤县传统村落文化里的红色基因是其主色调,尤其是中国共产党为了建设新中国进行的艰苦卓绝奋斗深刻影响来凤县的村村寨寨,村民积极投身党的伟大事业,为国家、为民族勇于牺牲,勇于奉献,表现出无私无畏的革命精神。

来凤县各族人民的爱国主义精神历史悠久,可上溯至商周时期的武王伐纣借巴师,因巴师的勇锐而殷人倒之,为周朝建立作出了重要贡献。土司制度时期,历代土司带兵随王师平叛而多次获朝廷嘉奖。近代参与反帝反封建的历史事迹举

不胜举，最为著名的就是1926年板沙界农民起义，这是中国共产党人早期在来凤县的革命活动，建立了鄂西南第一支农民革命武装。红军时期，来凤县有上千人参加红军，为穷苦百姓打天下。地处三胡乡阳河村老鸦关至刺竹槽上石门的古道一线是贺龙领导的红二六军团忠堡大捷的主战场，红六军团在三胡乡胡家沟阻击战是贺龙红军打湘西龙山战役的重要组成部分。据1990年版《来凤县志》记载，来凤县共有278人参加长征，长征胜利结束后，仅生还21人，县志《红军人物录》记载了14名红军，新中国成立后，分布在各行各业。现村庄仍然传颂着贺龙的英名，讲述红军爱民的故事。抗日战争时期，来凤人民积极行动，踊跃参军支前，出动民力修建来凤机场，各村积极捐献军粮，各村青年奔赴抗日前线奋勇杀敌。抗日战争期间，1939—1941年的3年时间，日本侵略军先后出动飞机126架次，9次轰炸来凤，炸死39人，伤74人，炸毁房屋694栋、3399间，财产损失折款壹亿叁千陆百多万元，直接受害者3600多人。1990年版《来凤县志》记载了146名来凤抗日阵亡将士英烈。1949年11月9日，来凤县解放，建立了人民政权，各族人民全身心投入新中国建设中。在随后的抗美援朝战争中，来凤县各族人民积极支前，踊跃参军入伍，奔赴朝鲜战场，几乎各个村庄都有抗美援朝的老战士，用热血谱写爱国主义篇章。

## 三、传统村落的保护与发展

来凤县传统村落的保护与发展起步早，由于经费困难，早期只限于村落的一些重要建筑和文物进行适当保护和简单维修。20世纪50年代曾经对仙佛寺村的寺庙和摩崖石刻佛像进行简单维修保护，成功申报为省级和国家级文物保护单位，后又多次进行维修保护。

真正对传统村落文化进行大规模保护与发展始于改革开放。1982年，来凤县政府启动修缮舍米湖摆手堂。1989年11月，百福司红军标语墙、河东茶堰坪摆手堂开始修复。1990年1月4日，来凤县摆手堂在县城凤中路旁动工，建筑面积1860平方米，号称"神州第一堂"，1995年4月全面竣工。近几年累计投入240万元对兴安村民族文化院落进行保护维修，包含大宅门、大喇宫、紫阳古院墙、盘顺土司遗址、大屋古学堂遗址、百级老石梯等古遗址恢复性建设及岩科、大屋、中寨、瓦厂、大鹰河等5处吊脚楼群保护性建设。

来凤县传统村落保护发展工作主要从民族特色村寨和传统村落两个方面抓落实，对接国家民委的民族特色村寨建设和住建部的传统村落建设。自2009年国家民委、财政部联合开展少数民族特色村寨保护与发展试点工作以来，来凤县有黄柏、南河、舍米湖、石桥、兴安5个村落纳入国家民族特色村寨目录，先后共四批次纳入湖北省民族特色村寨目录，确定六个村为特色村寨，分别是舍米湖、关口、黄柏园、兴安、南河、五道水村徐家寨。2012年12月，舍米湖村、黄柏园村被确定为湖北省第一批少数民族特色村寨保护与发展示范村寨，黄柏园村被确定为湖北省第一批"十佳"特色村寨。舍米湖原生态摆手舞登上中央、省、州电视台，成为宣传推介来凤县民族文化的一张名片，2012年投资160万元，打造了该村特色民居和文化活动中心，修建了土家吊脚楼村委会，为民俗展览、文艺表演提供了演出平台，为村里办公创造了良好条件。三胡乡黄柏园村旅游资源丰富，杨梅种植已有上千年历史，是武陵山区杨梅种植面积最大的自然村，其中300年以上的古杨梅树就有330株。依托古杨梅自然生态景点，结合吊脚楼的民居改造，投资60万元，打造了黄柏园村的民族特色旅游景点"古梅人家"。同时，发展500余亩葡萄园，沈家大院果蔬种植家庭农场进驻此村，村民人均增收300元以上。

在特色村寨建设过程中，来凤县注重提升特色村寨文化底蕴，注重传统土家文化的保护与发展，注重民族文化旅游和特色产业的培育，打造软实力，防止"空心村"。2012年，地处民族特色村寨仙佛寺村的土韵酒楼被评为全州民族文化进酒店示范单位。注重民族特色村寨的传统文化事项保护，主要包括原生态摆手舞为重点的民俗文化，油茶汤为重点的饮食文化，仙佛寺为重点的佛教文化，西兰卡普为重点的服饰文化，草把龙、野猪灯等为重点的灯文化，南剧、三棒鼓等为重点的非物质遗产文化等。目前，来凤摆手舞已逐步形成土家文化品牌，走出村庄，多次在外获奖并走出了国门，在澳大利亚进行了展演；摆手舞、南剧、地龙灯等三个项目被列为全国非物质文化遗产保护名录；土家织锦、三棒鼓等6个项目被列为全省非物质文化遗产保护名录；2人被命名为省级非物质文化传承人，1人被命名为省级工艺美术大师，4人被命名为省级工艺美术家，5人被命名为州级传承人，47人被命名为县级土家摆手舞传承人；《来凤民族文化丛书》

《常用土家语》相继出版；百福司镇和旧司镇被文化部授予"全国民间文化艺术之乡"。1998年1月1日，来凤县成功举办"首届民族艺术节"。

自2012年4月，国家住房和城乡建设部、文化部、国家文物局、财政部联合启动中国传统村落调查以来，来凤县坚持"保护为主，抢救第一，合理利用，加强管理"的工作方针，对传统村落有保护价值的物质形态和非物质形态文化遗产进行统筹保护和开发，促使传统村落的非物质文化遗产得到活态传承，挖掘其文化内涵并做好保护工作，为传统文化研究夯实基础，从而推动传统村落真正成为中华民族的共同精神家园。一是修缮传统村落的建筑，在保留原有格局的基础上，对传统建筑基础、梁柱、屋面、门窗、室内地坪、线路进行维护。二是对传统村落的危楼危房进行保护性改造，在保持楼房使用功能、房屋结构不变的情况下，对楼房立面、屋面、门窗按传统建筑样式修旧如旧。三是提升传统村落防火防灾保障能力，重点做好消防设施建设、防洪河堤建设、道路边坡防护治理。四是开展传统村落档案信息数据库建设，按"一村一档"的要求建立传统村落基本信息库，对传统村落丰富的历史文化进行数字化处理，切实加强保护与宣传，防止破坏。国家先后发布五批次中国传统村落名录的村落名单，来凤县经过积极争取，截至2019年底，来凤共16个具有重要保护价值的村落列入中国传统村落名录。其中第一批为新安村、冷水溪村，第二批为舍米湖、徐家寨、铁匠沟、下黄柏园，第三批为独石塘、落衣湾、上渔塘、石桥村，第四批为板沙界村，第五批为冉家村、观音坪村、车洞湖村、田家寨村、梅子垭村。根据国家少数民族特色村寨保护与发展政策，截至2019年，国家命名了三批中国少数民族特色村寨，其中首批三胡乡黄柏村和百福司镇南河村入选，第二批百福司镇舍米湖村、兴安村和三胡乡石桥村上榜，第三批大河镇五道水村成功当选。

来凤县在传统村落保护与发展过程中，以乡村振兴战略统筹传统村落保护发展工作，坚持把传统村寨保护发展与新农村建设结合起来，与少数民族传统文化的保护和传承结合起来，与文化旅游和农业特色产业的培育结合起来，与民族团结进步创建活动结合起来，从源头上进行保护和发展传统村落文化，提升民族文化和区域文化遗产价值，有效整合文化资源，统筹文化、生态、旅游、产业等综合发展潜力，把传统的村落文化特色转化为旅游资源，转化为经济优势，使之成为民族地区生态文化旅游的重要支点，促进鄂西生态文化旅游开发建设，实施乡村振兴战略。

龚志祥，1966年11月生，赵杰教授生前东北大学秦皇岛分校同事，中央民族学院校友。东北大学民族学研究院（中国满学研究院）教授，来凤乡村振兴研究院院长，先后任中南民族大学、长江大学、长江师范学院等高校教授，伦敦政治经济学院人类学系访问学者。

# 语言接触中的音变模式

敖特根其其格

作者按：本文是笔者跟随赵杰教授攻读博士研究生期间撰写的读书报告，赵杰教授在《汉语的渗透和满语连锁式音变》和《北京话的满语底层和"轻音""儿化"探源》两部学术著作中探讨了汉语和满语两种语言在接触过程中产生的语音方面的规律性变化，对我的专业研究影响颇深，在同门们协力出版导师的纪念文集之际再次将此文进行了重新整理，以此缅怀恩师，同时表达对导师的耐心启发和悉心指导的无比感恩之情。

## 一、音变规律的科学探索

19世纪诞生的历史比较法通过语音对应关系去探索语音的发展规律，可以说历史比较法和音变规律的研究是同步发展的。格里姆定律使音变规律的观念深入人心。其三组例外的解释进一步改进了历史比较法。"青年语法学派"从而提出了"音变规律无例外"的口号，同时形成了自己的音变理论，被徐通锵先生称为"连续式音变"。它揭示的是以语音条件为转移的音位或音位变体的演变规律，认为相邻音、音节和超音段成分都可能成为音变的条件。后来的结构语言学的内部拟测法，依据空格和规则的形态交替拟测音系结构所发生的演变，仍然是以音位为单位的音变研究。

施密特的波浪说诞生后，人们注意到语言的发展不仅仅是一味地分化，还存在相互接触和影响。横向的"扩散"观念被引入到语言研究。方言地理学研究语言特点在地理上的分布，词汇扩散理论研究词的变化在语言系统内部的传播，二者均认为语言演变的单位是词，而不是语音。当然就属于音变规律过程的反对学说了。

人们对音变规律的探索也是寻找音变的动因和认识演变单位性质的过程。随着语言学研究的精细化，产生了音位理论、实验语音学以及声学分析，为音变研究提供了可靠的科学依据。而语言的社会性研究，使人们观察语言特点时不再排除社会因素对语言的影响。语言变异理论的产生，使引起音变的所有控制因素被纳入语言研究范围，音变单位不再是音位，而是音类（或是语音的区别特征或标记），发音习惯也会成为音变的条件。扩散理论所讲的以词为单位的变化并非是词的变化，而是词中一个音类的变化。这样离散式音变就有规律可循了。

连续式音变、离散式音变以及同一语言内文白异读的残存形式所构成的叠置式音变并没有超越一个语言系统。人们对音变的规律性认识往往是从一个语言系统内部获得的。

## 二、语言接触的语言学分析

因语言接触而产生的相互影响自古就存在。波浪说启示语言研究者注意语言的横向影响，但经常局限在一个语言内的方言之间。20世纪初，国外一些语言学家开始涉足语言接触领域，他们对日耳曼语的辅音转移及英语的高元音复化性进行重新解释，认为这些变化是由语言接触而产生的。提出语言的融合是语音系统及语言的其他部分变化的原因这一观点，认为一个民族采用另一个民族的语言时，会把母语的发音习惯带入目的语中去。他们将语言接触分为"借用"和"转换"两种类型，认为在学习目的语时，会受到母语的干扰，而这种干扰往往先不是词汇，而是开始于语音和句法。想学目的语的人对词汇反倒很注意，只是在目的语没有时才用母语词，受影响最深的是语音。

汉语与少数民族语言的关系近些年得到语言学界的重视。国内学者原则上都承认阿尔泰诸语言对汉语的影响，但汉语的哪些现象受到阿尔泰诸语言的影响，其过程和具体方式需要从有过接触的方言中寻找答案。

大多数人认为，语言间的相互借用主要是词汇。词汇借多了，有时也会引起音位和少量语法的借入。就是说，音位的借入是通过借词这个渠道完成的。这种音位只有在借词的环境下才有生存的价值，才有可能与固有系统中相关的音位形成对立。因借词而固定下来的音位，已被一些学者以不同的语言为本描述过。假设这些音位赖以生存的环境——借词因某种变化消失了，那么借入的音位以什么方式存在下去，还需深入探讨。语言接触中，处于权威方言位置的语言，引入借词时可能按自己语言习惯调整成符合本身特点的形式。如果借方处于非权威方言位置，就不仅仅是简单的吸收几个音位的问题，而涉及为容纳这些外来音进行的一系列调整。新成员对固有系统产生什么影响，会促成什么音变，这是更微观、更深层次的接触研究。

有学者认为，语言影响有表层和深层两种类型。表层是语音、语法和词汇的借用，关系到结构系统（如音位系统）的调整则是深层。语言影响不仅仅局限于这两种类型，还存在对底层的发音习惯的影响。其实，语言接触中这三种现象均存在，并且是有机地联系在一起的，具体研究时就在于研究者观察到的是哪个层次，只是底层影响比前两者更隐藏，更不易察觉。如果对所研究的两种语言（或几种）缺乏相近的了解和扎实的语言学功底，就很难挖掘出存在于实际语言中而隐藏在现象背后的真正原因。当然不排除接触现象仅受语言影响的制约，不存在深层或底层影响而只是借用的事实。而深层、底层影响的研究对发现语言接触的规律才有真正重要的意义。

赵杰教授的《汉语的渗透和满语连锁式音变》重点分析了在汉语的影响下满语构词系统的变化和语音系统的一系列调整。以结构系统的调整这一深层影响为主要研究内容，揭示受汉语的影响后的满语词法系统和音位系统的一系列变化的原因，提出连锁式音变的方法论。他的《北京话的满语底层和"轻音""儿化"探源》（后文简称《探源》），从满汉语言接触与融合的典型事实出发，讨论语言接触的机制，论证了汉语北京话的拼合"儿"化韵即所谓的例外正是满语的异源异质成分，为我们展开了满汉两个民族接触和语言融合的历史画卷。《探源》揭示了满语的发音习惯对汉语北京话所造成的影响，提出一种语言的超音段成分在语言接触中也会移入另一种语言当中，取得表义功能。我们从两部论著中看到赵杰教授在研究满汉语言接触时，发现了底层影响，进而触及了语言接触的腹地。

## 三、语言接触的音变规律

如上所说，音变规律的探索主要应集中在语言系统内部寻找原因，关于语言接触造成系列音变，及其促变力量和规律，在两部论著之前还没有人专门研究过。

（一）音变动因

在《探源》中，作者从普通语言接触学认为的凡是一种语言接受了另一种语言的结构（音系和语法）影响，大都要经过一种语言作为过渡或媒介的观点出发，提出"满式汉语（或称底旗人话）"的假设。满语在满族人的语言转换过程中，不是简单地消失了，而是将一些底层词汇和发音特点通过满式汉语移到了北京话当中。

为了论证"满式汉语"这一假设，作者在全国各地满族聚居地做了大量语言调查。在此基础上，精选了具有典型性的湖北荆州、山东青州和京郊香山健锐营的语言材料为代表，分析了这三大京腔方言岛离开东北和北京的不同时间的语音差异，运用从语言的空间差异构拟语言的时间发展序列的方法论原则，重构北京旗人话语音发展的渐进性推移，论证了满式汉语这一异源异质的横"流"对京腔"儿化"产生影响的方式和具体过程。

作者认为相似音素自由变读是满语借词汉化性音变的特殊语境。满语中存在方言的差异。满族人关时把带有建州女真方言特色的满语带到了北京内城，满语学界将它称为"京语"。满汉两个民族不断接触，两种语言不断融合，使得满式汉语（旗人话）在初始阶段，存在大量的借词，京语的发音特点也移植到满式汉语中去。相似音素自由变读这一融合规律，使"京语"元辅音发音部位靠低偏后的特点移植到旗人话中，小舌音替代舌根音，舌尖后边音和颤音替代舌尖边音和颤音，形成舌尖后辅音聚合群的全面使用。"影响和加速了明末北京话舌叶音向舌尖后辅音的演变，促成了明末汉语韵部的分化"，这是引起结构系统调整的深层影响。并认为"现代北京话中，满汉融合词会越来越少，但旗人发音习惯的带入却作为语言的底层，沉淀在北京话的主流中"，这是对底层影响的深刻认识。作者认为，低后型元、辅音和谐，便于第一音节拉长。作者从调查资料得到验证，北京旗人话前一音节确实伴有元、辅音的长化和后一音节的辅音弱化、元音短化。满语另一特征"重音"，经过演变移到了词首音节，而后续音节有脱落腭缩短的特点。这种前重后轻的特点被带进旗人话，进而使前重后轻的超音段特征进入到汉语中。于是，满式汉语第一音节除声调外还增加了音重特点。与此同时，第一音节变得重而长，第二音节变得短而轻，形成重—轻和轻—重的特点。清初北京话由旗人带进了大量的满语发音习惯，这就给旗人说的内城汉语词汇辅上了一层超音段的异读成分，使内城北京话大面积使用了轻音音节。当轻音音节全面铺开后，原来的带有语法联系的少量轻声也被淹没其中，基本上按照轻音特征来读，并且也按照轻音的作用规律来演化。因此，清初北京内城汉语的轻音也跟满语京语之轻音的作用一样，对轻音所在音节内的元、辅音也进行着由量变到质变的功能。使我们看到，这种外来的非音高的超音段成分不仅成了汉语中的一种自主音段，而且也成了改造所附音段的巨大动力。

（二）多项式系列性音变规律

1. 融合式音变

因轻音音节短而轻的特点，当舌尖聚合群出现在旗人汉语的轻音音节时，使它发生变化，其后的元音也偏离原来的舌位。三音节词的第二音节边音和颤音辅音往往发为带有卷舌特点的"儿"音，这种发音特点也被带进满式汉语。它与轻音音节合流，形成音变力量，促使轻音音节产生"儿"音。

这个新成员构成了相当数量的轻音儿化词，形成新的发音习惯，也成为旗人用缀加儿音尾的黏着性形式扩词的一种常用的手段。它一旦形成心理模式，就起到了语言结构规律所制约不了的类化功能，类推到非舌尖后辅音的音节。处于轻音音节的"儿"音又向前音节靠拢，归到大音节中去，与前音节的尾音素直接接触，前音节的元音有低后的特点又便于拼合"儿"音。在与明末汉语中形成的化合儿化音拼合时形成双层拼合、套叠式的儿化韵。使现代京腔的儿化韵具有了大北方话共有大化合儿化韵和旗人话的这一韵尾附加在原外城汉语的化合儿化音后的双层套叠儿化韵。这种见解在语言学界还没人提出过。如果说分析北京儿化韵的形成机制是作者要达到的第一层目的的话，那么研究满汉语言融合的方式和具体过程则是作者的另一个目的。作者的目的不仅达到了，也为我们归纳出五个语音融合模式，它们是：

（1）元音系统中汉语原有音素和满语低、后化音素的自由变体融合型；

（2）满语的前重和汉语的原声调调合力融合型；

（3）满语轻音"淹没"汉语轻声的覆盖融合型；

（4）旗人话的儿音尾和原汉语前音节的拼粘融合型；

（5）清末儿音拼合特征与明末儿音化合特征的套叠融合型。

融合是以多项式特点分阶段进行的。先是相似音素（多项）自由变读，使旗人话第二音节短化，同时重音与声调相融合，使旗人话第二音节轻化。然后短而轻的力量使轻音与轻声结合在一起并全面覆盖轻声。轻音节力量强大后，导致轻音音节合成为带有卷舌特点的儿音（多项来源）。它受短而轻的自身力量的支配，继续向前靠拢，与前一音节结合，在这一阶段，因遇到来自汉语化合儿化韵尾和非化合儿化韵尾两种力量，在与化合儿化音结合时，以附加形式出现，形成上述双层套叠儿化韵。

融合过程中，从上一阶段到下一阶段，是由一系列的语音演变连接起来的。

2. 连锁式音变

轻音音节的力量使所在音节的元音偏离或央化为儿；舌尖后辅音浊化为"日"音，在轻音语境中经过的演变过程；舌尖边音被舌尖后替代；在轻音音节中经历的演变过程。舌尖中颤音变化为舌尖后颤音的演变。多项音变朝着同一方向演变的结果形成了音尾。进一步演变后，由于所承载的音变力量遇到两种选择，所以分派到两处，其结果是削弱了自身力量，以附加形式出现在韵尾。作者将汉语受满语影响的这种系列音变称做连锁音变。

连锁式音变是个渐进推移到过程。《探源》分析发音习惯的移植，满语音进入汉语进而改变了汉语音位系统，发音习惯的影响使汉语音节结构和声调系统发生变化。发音习惯最终导致新成员的产生，这个新成员为语言系统注入了异源异质成份，充实和丰富了语言。而在《汉语的渗透和满语连锁式音变》中，作者认为在汉语词汇的推动下，满语的结构类型从粘着型向孤立型转化，这种转化使满语多音节、长音节短化。系列的变化使满语语音方面的特征遭到破坏，重音从固定重音走向自由重音，从而失去规律；语音系统吸收了汉语音位，并进行了调整，在原有的音位数量上又增加了新的音位，语音系统变得更像汉语语音系统。在渐进性推移过程中，词汇起到了护送新成员的作用，系统起到了调整新成分的作用，发音习惯则是异源异质的促变力量。

经过系列调整，语音演变达到下一环节，继续力量再演变，达到另一环节，就这样一环套一环地进行。作者将融合与系列性推移综括起来称为多项式系列性音变。

融合式音变和连锁式音变规律是在语言接触的土壤上获得的果实。因语言的不同，语言接触的方式和过程可能有所不同，但从典型事例中提取的理论和方法论却具有普遍意义。赵杰教授在研究语言接触时，从深层、底层影响寻找规律，揭示了语言接触的实质所在。当我们探讨汉语与少数民族语言相互影响的过程，从接触语言学的角度解决语言发展中的问题时，赵杰教授的多项式系列性音变理论，能给我们研究方法上的借鉴与启发。

敖特根其其格，女，1969年10月出生，1999年师从赵杰教授攻读博士研究生，供职于中央民族大学少数民族语言文学院，现为蒙古国立大学孔子学院公派教师。主要研究方向为比较语言学、对外汉语（汉语国际教育）。

# 语言接触与消化型音变

申东月

## 一、引言

从 19 世纪语言学在欧洲诞生之日起,它的成熟就与历史比较法和音变理论密切相关,也与诸语言间的"谱系树"亲属分化与"波浪说"的接触磨合密切相关。从青年语法学派的"连续式音变"到词汇扩散理论的"离散式音变",语言学家对一个语言内部的语音发展规律的认识日臻成熟,但毋庸讳言的是,"世界上没有一种语言是自给自足的系统"①,一个语言难以摆脱其他语言的影响而孤立地发展,因而对一种语言语音发展规律的研究就离不开对外来语言影响引起变化的解释,特别是阿尔泰语系诸语言在和文明、文化流布较高的汉语长期接触后导致的发展。如,赵杰先生从语音视角,以满汉语言接触为例提出的"连锁式音变"②,阐释的是满语在汉语的渗透下发生的多音节短化、元辅音音位繁化、元音和谐律解体、音位清单由单向对立向汉语的双向对立靠拢,以及词汇由黏着型向孤立型转化等一系列连锁式的音变。这种发现阐明了处于文化弱势的东北满语在强势汉语影响下形成的一些音变模式。

处于强势的汉语在东亚汉字文化圈中对其他语言的影响表现不同。古代韩国和日本民族崇尚中国文化,对中国文化一直怀有憧憬的心理。据史书《日本书纪》《古事记》记载,汉字及文言经典大概于公元 3 世纪由韩国学者王仁传入日本。他们要学习中国文化,就必须学习汉语和汉字。正是在这个基础上韩国和日

---

① 见[法]马丁内为怀恩莱希《Languages in Contact》写的序,1953。
② 赵杰:《现代满语与汉语》,沈阳,辽宁民族出版社,1993。

本人后来模仿汉字衍生出了"彦文"和"假名",但很长时间汉语研究仍被视为正统学问,汉文被视为正式文字。因此韩语和日语自古以来,书面语与口语是分离的,即汉字的传入造成了"言文二致"现象,因为韩语和日语从汉语中借去的汉字是作为记录汉语(包括语音、词汇、语法等)语言的文字符号。这种现象在漫长的使用过程中磨合,汉字的读音就难以辨认了。而只有谙熟汉语和韩、日语音系及其演变规律的人才能发现其中的音变轨迹。这种轨迹由显性到隐性的改造过程,我们叫消化型音变。本文通过分析汉语对韩语和日语辅音系统的历时影响,来探讨因语言接触而发生的这种音变模式。

## 二、汉语对韩语辅音系统产生的消化型音变

(一)汉语促使韩语产生了送气与不送气的对立音位

古代韩语辅音系统中本无送气不送气的对立,但存在送气不送气的音位变体;受汉字读音的影响,送气音与不送气音终于成为独立的音位。

汉字和汉文在韩国的高句丽、百济、新罗时期已经成为国家公用书写工具。当时的汉字,实际上是用外语表达思想感情的工具。因而,作为外文的汉字的读音,必然会适应韩语的语音系统,并在一定程度上改变韩语的音位体系。这就造成由于两种语言接触而形成的消化式音变。

古代韩语只有不送气清辅音,而汉语则不仅有送气和不送气清辅音还有浊辅音,如果不引进送气或浊音声母就会形成大量同音字。所以,韩语要想有效地区别汉字音,至少需要两套辅音。这两套辅音或者是清浊的对立,或者是送气不送气的对立。

韩语中原来没有送气和不送气的对立,却有送气的音位变体 [h],所以,早期选择了表达送气的变体 [h] 来对译相应的汉字音。现代韩语中 [h] 的送气化功能,通常被人们认为是语流音变。其实这种音变现象应该在古代就存在,而 [h] 即其主要体现。在对译汉字读音的影响下,韩语书面语中就出现了送气音辅音。然后逐渐渗透到口头语中,最终改变了韩语辅音系统的结构。①

---

① 申东月:《汉字音对韩国语辅音系统的影响——论塞音和塞擦音送气不送气的对立》,载《汉语学习》,2003(6)。

## （二）汉语入声对韩语辅音韵尾系统的类化

现代韩语辅音韵尾实际发音有 7 个收音，即 [-p]、[-t]、[-k]、[-r]、[-m]、[-n]、[-ŋ]，与中古汉语的韵尾存在明显的对应规律。但是直到十五世纪古代韩语的辅音韵尾较现代复杂得多。这从现代韩文的字形构造上即可看到。

《训民正音》创制的理论是将一个音节分成初声、中声、终声①等三个部分，并且确认了初声与终声的同一性。为初声与中声创制文字，终声称之为"终声复用初声"。按道理说，三合的音节结构韵尾就不能受限制，即在初声位置出现的辅音大都应该能够在终声的位置上出现。二合音节结构的特点之一，就是对辅音韵尾有严格限制。

现代韩语里的终声系统主要是由内外两个原因造成的。内在原因是，上古以后，韩语经历了和蒙古、满洲等语言相同的多音节短化的音变历程，尤其是单词内尾音节元音的脱落。外在原因是，上古以后，大量汉语入声词借进韩语，为韩语提供了一个参照坐标。② 汉语入声同化韩语终声后，其类化结果大致如下：

1. ㄱ [-k]、ㅋ [-k']、ㄲ [-k'] → ㄱ [-k]。汉语的 -k 同化了韩语的 k'、k'。

例：책 (tsʰɛk) → ［책］[tsʰɛk]、밖 (pak') → ［박］[pak]、
부엌 (pu-əkʰ) → ［부억］[pu-ək]

2. ㄷ [t]，ㅅ [s]，ㅆ [s']，ㅈ [ts]，ㅊ [tsʰ]，ㅌ [tʰ]，ㅎ [h] → ㄷ [t]。汉语的 t，同化了上述韩语的各个音

例：닫다 (tat-ta) → ［닫따］[tat-t'a]、옷 (os) → ［옫］[ot]、
있다 (is'-ta) → ［읻따］[it-t'a]、젖다 (tsəts-ta) → ［젇따］[sət-t'a]、
꽃 (k'otsʰ) → ［꼳］[k'ot]、밭 (patʰ) → ［받］[pat]、
좋다 (tsoh-ta) → ［졷타］[tsot-tʰa]

---

① 韩语一个音节分成初声、中声、终声等三部分，其中初声相当于汉语的声母、中声相当于韵母的元音部分，而终声相当于鼻音韵尾和入声韵尾。
② 参见赵杰：《韩国语的汉字音和近古汉语的音变律》，第五届国际音韵学大会论文，1998 年 8 月。

3. ㅂ [-p]、ㅍ [-pʰ] → ㅂ [-p]。汉语没有双唇送气清塞音韵尾，于是不送气音韵尾同化了韩语相应的送气音韵尾

例：집 (tsip) → ［집］[tsip]、잎 (ipʰ) → ［입］[ip]、

4. ㄴ [-n]、ㄹ [-l]、ㅁ [-m]、ㅇ [-ŋ]，这些韵尾没有受汉语的影响。

例：손 (son) → ［손］[son]、달 (tal) → ［달］[tal]、
감 (kam) → ［감］[kam]、강 ( kaŋ) → ［강］[kaŋ]、

汉语韵尾的这些影响减少了韩语终声的数量，使韩语终声只保留了 7 个，从而简化了韩语的音节结构。

## 三、汉语对日语辅音系统产生的深层影响

日语同样在汉语的影响下发生了消化型音变，比如日语的拨音、促音、词首出现浊音和闪音，都是受汉语影响产生的。这些音在日语古代文字里是没有的，这些语音带有明显的汉语的语音特征。这些语音从单纯的模仿开始，经过消化、整合最终融入日语的固有语音系统，改变了日语语音系统的格局。

（一）古代汉语的入声促使日语产生促音 /Q/

促音是由辅音构成的特殊的音拍音位 /Q/，一般出现在 /p、t、k、s/ 之前，它的持阻时间与一般音拍的长度基本相同，在发音上占一拍（mora）的时间。但古代日语并没有促音，促音是在平安朝时代（794—1192）才产生的。那么日语的促音 /Q/ 又是如何形成的呢？

日语的音节组成原为 CV（C 代表辅音、V 代表元音）形式的开音节。最初，当汉语的 CVC 音节传到日本时，日语不记韵尾。根据日本上古时期的资料，如《推古遗文》《古事记》《日本书纪》等记载，在奈良时期（710—794）及其之前汉字读音规则基本上是一字一音，入声字的韵尾舍去不记。如：

1. 乐 [lak] 读作ラ [ra]　吉 [kiet] 读作キ [ki]　则 [tsək] 读作ソ [so]

后来为了更好地模仿汉字的读音，日语采用"二合假名"，是以在汉字的入声韵尾后加元音的方法来发音。即用两个音节来表示一个汉字的读音。如：

合 [ɦəp]：/-p/→フ [fɯ]→ガフ [gafɯ]、决 [kwet]：/-t/→ツ [tsɯ]→ケツ [ketsɯ]

日 [niet]：→チ [tsi]→ニチ [nitsi]、白 [bɛk]：/-k/→ク [kɯ]→ハク [hakɯ]

敌 [dek]：→キ [ki]→テキ [teki]

到了平安初期入声读音雏形已初步显现，但是表记比较混乱；进入平安中期，入声字的表记开始稳定；而到平安后期，日本以《广韵》为基础，对读音进行了统一调整。

那么在日语中这些入声字跟别的字结合时如何形成促音呢？

中古汉语里有 -p、-t、-k 三种入声，其中 -p 和 -k，在日语汉字音中都加元音后成为一个独立的音节，如：-p(-pu) > -ɸu；-k > -ku, -ki，用フ [hu]、ク [ku]、キ [ki] 假名来表示。而 -t 韵尾，当时日语虽然也加元音用チ [tsi]、ツ [tsɯ] 来表记汉语的入声，但根据教会文献及西欧人所用的拼写法直到江户时代，汉语的 -t 入声音只用 t 来表记，并无伴随元音 i 或 u。如 16 世纪末—17 世纪初的切支丹资料记载[①]：

2. xinjit（真实）、fitjo（必定）；bibut（美物）、botdeqi（没溺）

可见，当时日语虽然用チ [tsi] 或ツ [tsɯ] 标记汉语的入声音，而其口耳相传承袭下来的发音仍然类似汉语的入声音（内破音）。这样，以 -t 韵尾的入声字与后续的清音相结合时，便形成了促音。如：

---

① ［日］小松英雄：《日本語の音韻》，199 页，东京，中央公论社，1981。

3. いっか [ikka]（一家）、いっさい [issai]（一切）、いったい [ittai]（一体）、いっち [itti]（一致）、いっぱく [ippaku]（一泊）、いっぴき [ippiki]（一匹）

由此，促音的音色被后续辅音完全同化，因此它的音色由后续音节的辅音而定。

以 -k 韵尾的入声字，日语转写为ク [kɯ]、キ [ki]，只在カ [k] 行音前变为促音，如：

4. 学校がっこう [gakko]、学期がっき [gakki]、敵機てっき [tekki]、国家こっか [kokka]

而在其他清音は [h]、さ [s]、た [t] 行前不发为促音，例如：

5. 適切てきせつ [tekisetsu]、独唱どくしょう [dokusjou]、各地かくち [kakutsi]
脈拍みゃくはく [mjakuhaku]、獲得かくとく [kakutoku]、北風ほくふう [hokuhuu]

有些是两种读法都可，如：

6. 各界かくかい [kakukai]、角界かっかい [kakkai]

说明 k 不易被后续辅音同化，惟在カ [k] 行音前变为促音是因为语言经济原理，说话人为了避免这种重复。所以当后面再来カ [k] 行音时，就很容易发促音。

至于 -p 入声音情况则比较复杂，要看接续成分而定。有些 -p 入声音经过 -p > -pu > -ɸu > -u 的变化，变为长音。但后续清辅音时容易引起促音化现象。所以结合频率高的一部分 -p 入声字，在镰仓时代之后用ッ [tsɯ] 来标记其促音，

与 -t 韵尾的入声字表记相同。① 如：

7. 合作がっさく [gassaku]、合併がっぺい [gappei]、
納豆なっとう [nattou]、湿気しっけ [sikke]

人们通常认为这是非正统的"惯用音"。这种惯用音，实际上是把 -p 入声音当作了 -t 入声音，因而加以类推而造成的。

从以上分析我们看出，汉字的入声字并不是整齐划一地全部变为日语的促音，有些变为长音（如 p 入声字），有些加元音后成为一个音节。为什么跟汉字音不一一对应呢？我们认为：古代日语的音节形式比较简单，只是 CV 形式，当引进汉语的 CVC 形式的入声字时，开始加元音用两个音节来表记一个汉字音，但后来为了更忠实于汉字的发音，久而久之根据多数人的发音逐渐约定俗成，便产生了促音。这是一个漫长的历史形成过程，所以与汉字的入声音没有一一对应。促音是先在汉字音中产生，然后再使日语固有词发生了促音。②

（二）汉语的鼻音韵尾促使日语产生拨音 /N/

日语的基本音节只有 46 个（不包括拗音、拗长音、浊音、半浊音和重复音）。这就是五十音图中的 45 个清音和拨音ん /N/。拨音 /N/ 属于特殊音节，必须附着在其它假名之后，不能独立使用，也不能用于促音前后，在发音上占一拍（mora）的时间。

拨音ん /N/ 没有与它对应的万叶假名。在五十音图出现之前，根据涅槃经创造出的"伊吕波歌"中的 47 个假名中也没有ん /N/，后来在这 47 个假名之后加上"ん" /N/ 或"京"构成 48 个字。《广辞苑》在注释ん /N/ 的条目中说，"中国现在使用的'无（無）'字实际上是'ん' /N/ 的原字，可是在日语里代表'無'音的是'ム' [mu]，而不是'ん' /N/"。

这些都证明日语固有语言中不存在"ん" /N/ 音节。

那么拨音ん /N/ 是如何产生的呢？古代日语音节基本构造是开音节，不以辅音结尾。所以日语万叶假名转写中古汉语鼻音韵尾 /m/、/n/ 时，后面加上元音

---

① ［日］中田祝夫：《日本语的世界 4 日本的汉字》，东京，中央公论社，1982。
② 申东月：《汉日语言接触对日语辅音系统的影响》，载《外语研究》，2007（2）。

/u/、/i/、/a/，即用两个假名来标记一个汉字的读音。如：

  心 sim → sim + i → シミ [si-mi]
  信 sin → sin + a → シナ [si-na]

这样鼻辅音 m、n 加上元音之后，在日语音节中变为新的音节，即ミ [mi]、ナ [na]。开始时鼻音的表记多样，也有零表记，到了平安朝中期（公元 1000 年前后），鼻音的表记逐渐统一到'～む'[mu]，稍后一些时期才出现［～ん］表记的现象。

我们以 1981 年日本颁布的《常用汉字表》（1945 个汉字）为对象，查考读拨音的汉字在中古音中所属的韵摄，发现日语拨音 /N/ 与汉语中古音有着整齐的对应规律，除了少数的唐音和惯用音外，日语的拨音都来自汉语的臻、山、深、咸四摄。

由此可见，日语是因受汉字语音的影响而产生了拨音"ん"/N/。它的功能除了音变、否定及充当少量助词以外，主要是为对译汉语鼻音。时至今日在日语固有词中以拨音结尾的词也非常有限。

（三）汉字音促使日语词首出现浊音

上古日语在词首不出现浊音，词首浊音现象开始主要出现在汉字词中，后来类推到日语固有词。有些词首浊音是由词首元音脱落而变来的，如：

  1. うだく、いだく＞だく（udaku, idaku＞daku）、うばふ＞ばふ（ubahu＞bahu）
    いづる＞づる＞でる（idzuru＞dzuru＞deru）、いどこ＞どこ（idoko＞doko）

这些都是在平安时代发生的，但不出现在文学作品中，而在汉文的训读中出现。可见当时的口语里已经开始变化。这种变化一直被认为是因浊音前的高元音脱落而类化造成的，是音理问题。但这一观点缺乏说服力，因为符合这个条件而元音没有脱落的词随处可见，如：

221

2. いづみ并没有变为づみ；うぐひす也没有变为ぐひす

而且还产生了很多浊音的拟声拟态语，它们并不是因为前元音脱落而产生的，如：

3. ぎづぎづ [gidzɯ-gidzɯ]；どんどん [don-don]；があがあ [gaa-gaa]

还有些方言是前面加浊音来强调感情色彩，如：

4. 日语普通话里的"あほう"[a-hoo] 一词，大阪方言叫"どあほう"[do-a-hoo]

对此小松英雄说①，浊音前的高元音脱落并不是因为音理自动脱落的，而是因为在语言表达上需要浊音所持有的感情色彩，促使浊音前的元音不稳定，最终脱落。他是从词首浊音的功能角度来说明浊音存在的合理性的。但我们不能否认，大量汉语的输入是日语固有系统发生变化的重要原因。汉语字的影响丰富了日语的表现力。

## 四、结论

以上我们探讨了汉语跟韩、日语言接触对韩语和日语辅音系统的深层影响。语言间相互影响到了深层波及语音、语义、构词和语法。日语和韩语在古代相对于汉语文明来说是一种弱势语言，它们的表达力远远不如汉语，大量吸收承载汉唐文化和中原文明的汉字书面语也就畅通无阻地进入韩、日语言中，引进初期是原封不动的借入，到了中期有的汉语成分就与固有语并列互注或叠置融合；到了后期则发生消化型音变融入了固有语言的系统之中。这时，被借语（汉语的借用成分）就在借用语（韩、日语）中从显形到隐形，即对被借语进行了消化和改造，与借用语融为一体了。可见，消化型音变是语言深层影响所造成的必然结

---

① ［日］小松英雄：《日本語の音韻》，93页，东京，中央公论社，1981。

果。古今韩语、日语长期借用中国汉字作为书面语,包括语音和语义(也有少数词法),并逐渐融入固有语言,成为消化型音变的一个典型例子。

申东月,1971年5月出生,2001年师从赵杰教授攻读博士生。现就职于北京师范大学汉语文化学院,副教授。主要研究方向为汉、日、韩比较语言学,语音学,韩汉翻译。

# 满语支语言语音比较初探

王新青　余志伟　孟海

作者按：记得2019年12月初到秦皇岛，已是仲冬时节，恩师赵杰教授不辞辛苦，冒着寒冷，亲临秦皇岛火车站迎接学生，并且安排一起就餐，帮学生安顿住所，求贤若渴，周公吐哺，绕树三匝，学生不才，感动至极，却别无他报。在接下来短暂的相处时光里，学生有幸和恩师有过多次的接触与交谈，亲耳聆听恩师有关阿尔泰语系框架下的诸语族、诸语支语言的比较蓝图，指导学生大胆设想，小心求证。

此文是恩师赵杰教授安排的研究任务。恩师驾鹤西去，思念至深，潸然泪下，阿尔泰学比较研究——一个未完成的对话。

## 一、引言

在中国史籍中，满族的先祖，商、周时期称之为肃慎（sushen），两汉时期称之为挹娄（yeru），南北朝时期称之为勿吉（wuji），隋、唐时期称之为靺鞨（mohe），辽、宋、金、元至明初称之为女真（jurchen），天聪九年（1635）清太宗皇太极颁布诏书，改"女真"为"满洲"（manchuria）[①]。

众所周知，阿尔泰语系包括三大语族：突厥语族、蒙古语族、满-通古斯语族，这三大语族诸语言无论是语音结构，还是形态结构以及语法程序都有着相当多的共性。满-通古斯语族诸语言在我国境内包括历史上的女真语以及满语、锡

---

① 稷若：《试论清朝入关前后满族宗教信仰与宗教政策的嬗变》，见《满族历史与文化》，194页，北京，中央民族大学出版社，1996。

伯语、赫哲语、鄂伦春语、鄂温克语等。主要分布在黑龙江省的黑河市、讷河市、饶河县、逊克县、嘉荫县、同江市、塔河县、泰来县，内蒙古自治区的额尔古纳市、莫力达瓦达斡尔自治旗、鄂温克族自治旗、鄂伦春自治旗、扎兰屯市、阿荣旗、陈巴尔虎旗，新疆维吾尔自治区察布查尔锡伯族自治县、伊宁市、塔城市、霍城县、巩留县等地①。

伊犁有个满族村叫苏拉宫村，位于伊宁市潘津乡北约十四千米处，至今有二百多年的历史，"苏拉"满语意思是"闲散的"，"宫"是"工"的谐音，即前往边疆的屯垦者，是新疆现今唯一一个满族聚集的村庄。满军旗驻守新疆的城池"老满城"分布在南北疆的交通重镇，但却没有形成满族聚集城，如今只是保留了"老满城"这个古地名。满－通古斯语族分为满语支语言和通古斯语支语言，满语支语言包括女真语、满语和锡伯语。

程晔、赵杰《满语辅音字母 k、g、h 区别性特征分析》分析了区别性特征理论可以解释满文创制时辅音字母 k、g、h 所代表的小舌音和舌面后软腭音与元音结合构成两组拼合规律的原因②。朝克《满－通古斯语言词汇及其研究价值》阐述了满－通古斯语族语言在基本词汇方面具有的强大共性，为其同源词研究、原始语音系统构拟与音变现象提供了语料③。张庆威、张文馨《金代女真语文与现代满语文的比较》论述了满族脱胎于明末东北的女真族，将金代、明代遗存的女真文字资料与现代的满语文进行语言对比，从语音系统、符号系统、词汇系统和语法系统四个方面论述二者之间的传承关系④。桂芳《锡伯语与蒙古语辅音对应关系分析》将锡伯语口语田野调查资料与蒙古语的单辅音音位进行比较，分析其间的对应关系⑤。本文对满语支的女真语、满语、锡伯语的语音系统进行比较，并对其语音演变规律做一简要分析⑥。

---

① 朝克：《满－通古斯诸语比较研究》，1 页，北京，民族出版社，1997。
② 程晔、赵杰：《满语辅音字母 k、g、h 区别性特征分析》，载《北方民族大学学报》，2019（4），158-163 页。
③ 朝克：《满－通古斯语言词汇及其研究价值》，载《满语研究》，2019（1），40-42 页。
④ 张庆威、张文馨：《金代女真语文与现代满语文的比较》，载《河北民族师范学院学报》，2017（1），19-25 页。
⑤ 桂芳：《锡伯语与蒙古语辅音对应关系分析》，载《满语研究》，2020（1），47-54 页。
⑥ 本文采用宽式国际音标，[ɑ] 一律用 [a] 表示，女真语、满语、锡伯语记音版本比较多，为了统一起见，本论文国际音标主要参照朝克《满－通古斯诸语比较研究》和《满－通古斯语族语言词汇比较》，特此说明。

## 二、辅音

（一）单辅音

女真语 19 个：b、p、m、f、w、d、t、n、l、r、s、ʥ、tʃ、ʃ、j、g、k、h、ŋ。

满语 19 个：b、p、m、f、w、d、t、n、l、r、s、dz、tʂ、ʂ、j、g、k、h、ŋ。

锡伯语 20 个：b、p、m、f、v、w、d、t、n、l、r、s、dz、tʂ、ʂ、j、g、k、h、ŋ。

（二）复合辅音

女真语 0 个。

满语有 1 个：rs。

锡伯语 43 个：vs、vʂ、vg、dk、dh、dg、tk、th、sk、sh、sg、hd、ht、hs、kt、ŋk、ŋl、ŋs、ŋʂ、lk、lh、ld、lt、ltʂ、lg、ltʂ、lg、ms、mh、rk、rh、rt、rd、rs、rʂ、nd、nt、ns、nh、nk、ntʂ、nʥ、ng。

（三）叠辅音

满语 2 个：tt、ʂʂ。

锡伯语 3 个：nn、ʂʂ、kk。

通过单辅音比较可知，女真语、满语、锡伯语辅音基本一致，可见，女真语、满语与锡伯语在单辅音方面具有一定的可比性，值得说明的是锡伯语中出了唇齿浊擦音 v，据此，我们可以推论，在最初的发展阶段中，锡伯语中应该是没有这个唇齿浊擦音 v 的，但是随着历史的发展，这个唇齿浊擦音 v 是从双唇塞音 b 或半元音 w 中分化出来的。

## 三、元音

（一）短元音

女真语 6 个：a、ə、i、e、o、u。

满语 6 个：a、ə、i、o、ʊ、u。

锡伯语 6 个：a、ə、i、e、o、u。

## （二）复合元音

女真语：无。

满语 8 个：ai、əi、oi、ui、io、ao、əo、ioi。

锡伯语 16 个：ai、əi、oi、ui、io、iə、io、iu、au、əu、ou、ua、uo、iau、iəu、uai。

## （三）长元音

女真语 0 个。

满语 2 个：ii、oo。

锡伯语 0 个。

通过元音比较可知，女真语、满语、锡伯语共同的短元音有：a、ə、i、o、u；不同的有：e、ʋ。在复元音方面，满语、锡伯语相同的复合元音有 5 个，即 ai、əi、oi、io、ui。满语中 ao、əo、ioi 这 3 个复合元音在锡伯语中是不存在的，锡伯语中的 iə、io、iu、au、əu、ou、ua、uo、iau、iəu、uai 这 11 个复合元音在满语中也是不存在的。

# 四、语音对应

由于女真语保留下来的词语极少，所以本文参考前贤著作，将有限的女真语词汇与满语和锡伯语词汇进行比较，女真语保存着早期的满语支的一些语音形式、语音结构特征，这对于探寻满语支语言语音演变规律、词汇演变规律，均有特定的积极作用。在女真语、满语和锡伯语语音对应方面，有些元音和辅音的对应比较整齐、清晰，有些元音和辅音的对应则表现出一定的复杂性。

（一）元音方面

1. 一致性对应关系

在女真语、满语、锡伯语的部分词语中，元音存在着一致性的对应关系，例如：

表 1

| 女真语 | 满语 | 锡伯语 | 词义 | 女真语 | 满语 | 锡伯语 | 词义 |
|---|---|---|---|---|---|---|---|
| alin | alin | alin | 山 | kiru | kiru | kiru | 旗 |

续表

| 女真语 | 满语 | 锡伯语 | 词义 | 女真语 | 满语 | 锡伯语 | 词义 |
|---|---|---|---|---|---|---|---|
| irgən | irgən | irgən | 人民 | hoton | hoton | hoton | 城市 |
| bithə | bithə | bithə | 书 | həsə | həsə | həsə | 敕令 |
| fi | fi | fi | 笔 | sabi | sabi | sabi | 好兆 |
| tondo | tondo | tondo | 忠 | saman | saman | saman | 萨满 |
| ərdə | ərdə | ərdə | 早晨 | ərin | ərin | ərin | 小时 |
| məihə | məihə | məihə | 蛇 | ilan | ilan | ilan | 三 |
| nadan | nadan | nadan | 七 | ujun | ujun | ujun | 九 |
| orin | orin | orin | 二十 | susai | susai | susai | 五十 |
| ərgi | ərgi | ərgi | 方 | əhə | əhə | əhə | 坏 |
| əmhun | əmhun | əmhun | 孤独 | golmin | golmin | golmin | 高 |
| maŋga | maŋga | maŋga | 难 | surə | surə | surə | 聪明 |
| goida- | goida- | goida- | 迟缓 | somi- | somi- | somi- | 隐藏 |
| wa- | wa- | wa- | 杀 | gələ- | gələ- | gələ- | 怕 |
| giru- | giru- | giru- | 羞辱 | sa- | sa- | sa- | 知道 |
| ətə- | ətə- | ətə- | 胜利 | ula- | ula- | ula- | 传达 |
| mutə- | mutə- | mutə- | 能 | bi- | bi- | bi- | 有 |
| əitən | əitən | əitən | 一切 | tə- | tə- | tə- | 坐 |
| monio | monio | monio | 猴子 | duha | duha | duha | 肠子 |
| bəhə | bəhə | bəhə | 墨 | bi | bi | bi | 我 |

通过比较可知，一部分满语支词语中的短元音 a-a、i-i、ə-ə、o-o、u-u 存在一致性的对应关系。例如："坐"，女真语 tə-、满语 tə-、锡伯语 tə-；"肠子"，女真语 duha、满语 duha、锡伯语 duha，从中不难看出，三语的元音、音节结构存在着一致性的对应关系。囿于女真语材料的有限性，在此很难提供更多的例词，但也可以窥一斑而见全豹。

除了上述一致性对应关系的词语外，满语支语言中的词语大多都存在着不完全性的对应关系，即在元音方面或多或少地存在着音变。

## 2. 词末元音脱落

表 2

| 女真语 | 满语 | 锡伯语 | 词义 | 女真语 | 满语 | 锡伯语 | 词义 |
|---|---|---|---|---|---|---|---|
| jali | jali | jal | 肉 | sələ | sələ | səl | 铁 |
| bəjə | bəjə | bəj | 身体 | sabu | sabu | sav | 鞋 |
| dərə | dərə | dər | 脸 | gala | gala | gal | 手 |
| tasha | tasha | tash | 虎 | akta | akta | akt | 骟马 |
| ləfu | ləfu | ləf | 熊 | ərə | ərə | ər | 这 |
| mahala | mahala | mahal | 帽子 | omolo | omolo | omol | 孙子 |
| jaʃa | jasa | jas | 眼睛 | bonio | bonio | boni | 猿 |
| iliŋgu | iləŋgu | iliŋ | 舌头 | aihuma | aihʊma | aihum | 甲鱼 |
| inəŋgi | inəŋgi | inəŋ | 日 | uruhəŋ | urəhəŋə | urhuŋə | 熟 |
| guri- | guribu- | gurivə- | 挪动 | ulhuma | ulhʊma | ulhum | 野鸡 |
| umiaha | umijaha | umiah | 虫子 | məihə | məihə | məih | 蛇 |
| nijalma | nijalma | nian | 人 | gəli | gəli | gəl | 又 |

通过比较可知，一部分满语支词语中存在着词末元音脱落的现象。例如："帽子"，女真语 mahala、满语 mahala、锡伯语 mahal，"脸"，女真语 dərə、满语 dərə、锡伯语 dər；"猿"，女真语 bonio、满语 bonio、锡伯语 boni；"舌头"，女真语 iliŋgu、满语 iləŋgu、锡伯语 iliŋ；"日"，女真语 inəŋgi、满语 inəŋgi、锡伯语 inəŋ 等。从这些词语中可以发现，锡伯语在漫长的发展过程中先是词末 a、ə、o、u、i 等元音弱化，然后逐渐脱落，有的词末音节整体脱落，例如："舌头"，锡伯语 iliŋ；"日"，锡伯语 inəŋ，这两个词语先是词末音节 gu、gi 中的元音 u、i 弱化，然后脱落，接着附着在词末的辅音 g 也随之脱落。"挪动"，女真语 guri-、满语 guribu-、锡伯语 gurivə-，可以看出，女真语词末元音 u 脱落，同时词末音节的辅音 b 也随之脱落，锡伯语词末元音 u 央化为 ə，双唇音 b 齿音化为 v。

3. 词中元音脱落

表3

| 女真语 | 满语 | 锡伯语 | 词义 | 女真语 | 满语 | 锡伯语 | 词义 |
|---|---|---|---|---|---|---|---|
| boho | boihon | boihon | 土 | hailan | hailan | helin | 榆树 |
| har | gargan | gargan | 树枝 | funijəhə | funijəhə | fənihə | 毛 |
| haliu | hailun | hailun | 水獭 | sahalian | sahalijan | sahalin | 黑 |
| towo | tuwa | tua | 火 | tuwəhə | tubihə | tuvhə | 果子 |
| tirəku | tʂirku | tʂirku | 枕头 | sabuha | sabka | savkə | 筷子 |
| wihə | wəihə | vih | 牙齿 | buləhi | buləhən | bulhə | 仙鹤 |
| gəbulə- | gəbulə- | gəvlə- | 起名 | hulaha- | hʊlha- | hulha- | 偷 |
| giahun | gijahun | gəhun | 老鹰 | buləhi | buləhən | bulhə | 丹顶鹤 |

通过比较可知，一部分满语支词语中出现了词中元音脱落的现象，例如："土"，女真语 boho、满语 boihon、锡伯语 boihon，满语和锡伯语均为 boihon，女真语词中元音 i 脱落，致使复合元音 oi 音变为单元音 o，同时词末辅音 n 脱落。"黑"，女真语 sahalian、满语 sahalijan、锡伯语 sahalin，女真语词中半元音 j 脱落，锡伯语词中半元音 j 和元音 a 一起脱落。"榆树"，女真语 hailan、满语 hailan、锡伯语 helin，锡伯语复合元音 ai 音变为单元音 e，词末 a 高化为 i。"水獭"，女真语 haliu、满语 hailun、锡伯语 hailun，我们仔细观察，就会发现女真语词中元音 i 发生位移现象，元音 i 位移到辅音 l 之后，同时词末辅音 n 脱落。"树枝"，女真语 har、满语 gargan、锡伯语 gargan，女真语词末音节 gan 脱落，同时词首塞音 g 擦音化为 h。"果子"，女真语 tuwəhə、满语 tubihə、锡伯语 tuvhə，锡伯语词中元音 ə 脱落，tuvəhə* > tuvhə，辅音的音变轨迹为：b > w > v。"枕头"，女真语 tirəku、满语 tʂirku、锡伯语 tʂirku，满语、锡伯语均脱落词中元音 ə，舌尖中塞音 t 塞擦音化为舌面音 tʂ。"筷子"，女真语 sabuha、满语 sabka、锡伯语 savkə，满语和锡伯语词中元音 u 脱落，锡伯语则继续发生音变，双唇辅音 b 齿音化为 v，同时词末元音 a 央化为 ə。"牙齿"，女真语 wihə、满语 wəihə、锡伯语 vih，女真语词中元音 ə 脱落，即为 wihə，而锡伯语则更彻底，干脆将词中、词末元音 ə 同时脱落，双唇半元音 w 齿音化为 v，即 vih。

4. 长元音与短元音

表 4

| 女真语 | 满语 | 锡伯语 | 词义 | 女真语 | 满语 | 锡伯语 | 词义 |
|---|---|---|---|---|---|---|---|
| toon | ton | ton | 数字 | mo | moo | mo | 木 |
| təə | tə | tə | 现在 | bo | boo | bo | 房子 |
| aa | a | a | 啊 | hawʃa | hooṣa | hoṣin | 纸 |
| tawda– | tooda– | tawdə– | 还 | aa | a | a | 呀 |

通过比较可知，一部分满语支词语中存在着长元音与短元音的对应，即 aa-a、oo-o、əə-ə 的对应，而锡伯语则未出现长元音，其实满-通古斯语族的其他语言都存在长元音，从上述的例词中就可以窥见其踪迹，我们可以根据已知的亲属语言构拟出满语支中的几个长元音，现构拟如下：

表 5

| 女真语 | 满语 | 锡伯语 | 词义 | 女真语 | 满语 | 锡伯语 | 词义 |
|---|---|---|---|---|---|---|---|
| toon | toon* | toon* | 数字 | moo* | moo | moo* | 木 |
| boo* | boo | boo* | 房子 | təə | təə* | təə* | 现在 |
| aa | aa* | aa* | 啊 | hooʃan* | hooṣan* | hooṣin* | 纸 |

其实，满-通古斯语族诸语言的长元音与之相对应的短元音在词语当中是有区别词义的作用的，例如，满语的 bii "王位"，bi "我"/"有"；鄂伦春语 ilaan "光"，ilan "三"，saaran "知道"、saran "伞"；满语 boolambi "申报"、bolambi "烙"；女真语 təə "现在"，tə– "坐" 等[①]。

5. 元音和谐律

表 6

| 女真语 | 满语 | 锡伯语 | 词义 | 女真语 | 满语 | 锡伯语 | 词义 |
|---|---|---|---|---|---|---|---|
| ədun | ədun | udun | 风 | bono | bono | boni | 冰雹 |

---

① 朝克：《满-通古斯诸语比较研究》，17-20 页，北京，民族出版社，1997。

续表

| 女真语 | 满语 | 锡伯语 | 词义 | 女真语 | 满语 | 锡伯语 | 词义 |
|---|---|---|---|---|---|---|---|
| tukə | tuku | tuku | 衣面 | dukə | doko | doku | 衣里 |
| hulo | holo | holə | 山谷 | niru | niru | nyrə | 箭 |
| orho | orho | orhu | 草 | indahun | indahʊn | indahu | 狗 |
| moro | moro | morə | 碗 | gaha | gaha | gahə | 乌鸦 |
| loho | loho | lohə | 腰刀 | həbtə | habta | habta | 鞍翅 |

通过比较可知,一部分满语支词语中元音虽然不是完全对应的,产生了音变,即:ə-u、u-ə、o-i、i-y、o-ə、ə-o、a-ə、ə-a、u-o、u-ʊ,但是根据元音和谐律,ə-u、u-ə、a-ə、ə-a、u-o、u-ʊ均保持了元音部位和谐律,因为这几组元音都是后元音,但是 o-i、i-y 这两组元音,由于 i 是中性元音,它可以出现在阳性与阴性元音的词中,所以上述例词遵循了元音和谐律。

(二)辅音方面

1.一致性的对应

在女真语、满语、锡伯语的部分词语中,辅音存在着一致性的对应关系,例如:

表7

| 女真语 | 满语 | 锡伯语 | 词义 | 女真语 | 满语 | 锡伯语 | 词义 |
|---|---|---|---|---|---|---|---|
| həhə | həhə | həhə | 女 | ha | ha | ha | 男 |
| əbi– | əbi– | əbi– | 饱 | ali– | ali– | ali– | 承担 |
| dulə– | dulə– | dulə– | 越过 | guri– | guri– | guri– | 移 |
| baha– | baha– | baha– | 得到 | fudə– | fudə– | fudə– | 送行 |
| gidala– | gidala– | gidala– | 扎枪 | ara– | ara– | ara– | 做 |
| bujə– | bujə– | bujə– | 爱 | bai– | bai– | bai– | 请求 |
| na | na | na | 地 | ja | ja | ja | 哪个 |
| ula | ula | ula | 江 | buləku | buləku | buləku | 镜子 |
| ilha | ilha | ilha | 花 | fisa | fisa | fisa | 后背 |
| honin | honin | honin | 羊 | əihən | əihən | əihən | 驴 |
| doron | doron | doron | 印章 | orhoda | orhoda | orhoda | 人参 |

续表

| 女真语 | 满语 | 锡伯语 | 词义 | 女真语 | 满语 | 锡伯语 | 词义 |
|---|---|---|---|---|---|---|---|
| omo | omo | omo | 湖 | bira | bira | bira | 河 |
| da | da | da | 根源 | da | da | da | 首领 |
| ajun | ajun | ajun | 姐姐 | aha | aha | aha | 奴隶 |
| aiman | aiman | aiman | 部族 | tura | tura | tura | 柱子 |
| fa | fa | fa | 窗户 | andan | andan | andan | 途中 |
| fila | fila | fila | 碟子 | ajan | ajan | ajan | 蜡 |
| jaha | jaha | jaha | 火炭 | ulmə | ulmə | ulmə | 针 |
| bəri | bəri | bəri | 弓 | gida | gida | gida | 扎枪 |
| gurun | gurun | gurun | 国家 | kiru | kiru | kiru | 旗 |

通过比较可知，在同一个词语中，女真语、满语、锡伯语的辅音是完全一致的，即：辅音 b–b、m–m、w–w、f–f、d–d、t–t、n–n、j–j、l–l、r–r、g–g、k–k、h–h、ŋ–ŋ、s–s 等存在着一致性的对应关系。例如："国家"，女真语 gurun、满语 gurun、锡伯语 gurun，"碟子"，女真语 fila、满语 fila、锡伯语 fila，"人参"，女真语 orhoda、满语 orhoda、锡伯语 orhoda，这些词语在辅音方面呈现出一致性的对应关系。

2. 词首辅音脱落

表8

| 女真语 | 满语 | 锡伯语 | 词义 | 女真语 | 满语 | 锡伯语 | 词义 |
|---|---|---|---|---|---|---|---|
| ohu | sohon | sohon | 巳 | wehan | ihan | ihan | 牛 |
| imaga | niman | niman | 山羊 | inmala | nimalan | nimalan | 桑树 |
| iməŋgi | niməŋgi | niməŋ | 油 | iməŋgilə– | niməŋgilə– | niməŋgilə– | 涂油 |
| hadu | adu | adu | 服装 | isun | misun | misun | 面酱 |

通过比较可知，一部分满语支词语中存在词首辅音脱落的现象，例如："油"，女真语 iməŋgi、满语 niməŋgi、锡伯语 nimən，呈现出 Ø–n–n 的对应[①]，女真语在发展过程中，词首辅音 n 脱落。"牛"，女真语 wehan、满语 ihan、锡伯

---

① 注：Ø 表示零辅音。

语 ihan，呈现出 w-∅-∅ 的对应，满语、锡伯语在发展过程中词首半元音 w 脱落。词首辅音脱落的例词较少，但已经可以说明这种词首辅音脱落的音变现象。

3. 词末辅音脱落

表 9

| 女真语 | 满语 | 锡伯语 | 词义 | 女真语 | 满语 | 锡伯语 | 词义 |
|---|---|---|---|---|---|---|---|
| gaʃa | gaşan | gaşan | 村 | fumu | famən | famən | 嘴唇 |
| amban | amba | ambu | 大 | boho | boihon | boihon | 土 |
| haliu | hailun | hailun | 水獭 | indahun | indahʊn | indahu | 狗 |
| fata | faidan | faidən | 眉毛 | ʃiŋə | siŋəri | şiŋər | 老鼠 |
| ləfu | ləfu | ləf | 熊 | garun | garu | garu | 天鹅 |
| ʃumu | silmən | şilmən | 鹞 | indahun | indahʊn | indahu | 狗 |
| təmə | təmən | təmən | 骆驼 | adʑir | adziryan | adzirhan | 种马 |
| amin | ama | amə | 父亲 | taibun | taibu | taibə | 房柁 |

通过比较可知，一部分满语支词语中存在词末辅音的脱落现象，例如："眉毛"，女真语 fata、满语 faidan、锡伯语 faidən，满语和锡伯语基本一致，女真语 fata 发生了音变，词中元音 i 脱落，辅音清化，即 d>t，同时词末辅音 n 脱落。"村"，女真语 gaʃa、满语 gaşan、锡伯语 gaşan，满语和锡伯语一致，女真语舌面擦音 ʃ 与满语、锡伯语舌尖后擦音 ş 相对应，女真语词末辅音 n 脱落。"嘴唇"，女真语 fumu、满语 famən、锡伯语 famən，满语和锡伯语一致，女真语词首音节 a 和词末音节 ə 高化为 u，词末辅音 n 脱落。"大"，女真语 amban、满语 amba、锡伯语 ambu，满语词末辅音 n 脱落，锡伯语词末音节 a 高化为 u，同时词末辅音 n 脱落。

4. 词中辅音脱落

表 10

| 女真语 | 满语 | 锡伯语 | 词义 | 女真语 | 满语 | 锡伯语 | 词义 |
|---|---|---|---|---|---|---|---|
| sotoku | soktoku | soktoku | 醉酒的 | soŋo | soŋo | soŋu | 哭 |
| əkə- | ibka- | ivka- | 缩减 | dorbi | dobi | dov | 狐狸 |

通过比较可知，一部分满语支词语中存在词中辅音脱落的现象，但是，由于女真语相对应的例词很难搜集到，这样三语词中辅音脱落的例词较少。"缩减"，女真语 əkə-、满语 ibka-、锡伯语 ivka-，满语词中唇辅音 b 脱落，同时词首元音 ə 高化为 i，词末央元音 ə 低化为 a，锡伯语唇辅音 b 齿音化为 v，即：əbkə- > ibka- > ivka。"醉酒的"，女真语 sotoku、满语 soktoku、锡伯语 soktoku，女真语词中舌根辅音 k 脱落，即：soktoku > sotoku。

5. 舌面辅音舌尖辅音的对应

表 11

| 女真语 | 满语 | 锡伯语 | 词义 | 女真语 | 满语 | 锡伯语 | 词义 |
|---|---|---|---|---|---|---|---|
| ʃun | ʂun | sun | 太阳 | uʃiha | usiha | uʂiha | 星星 |
| muʃin | musi | muʂi | 炒面 | ʃiŋə | siŋəri | ʂiŋər | 老鼠 |
| suʃiga | ʂusiha | ʂusiha | 马鞭子 | muʃən | mutʂən | mətʂən | 锅 |
| ʃiʃihə | sishə | ʂishə | 褥子 | ʃa | sa | ʂa | 纱 |
| ʃamuha | ʂabutuŋga | ʂabtun | 护耳 | huʃigan | husihan | huʂihan | 裙子 |
| ʃumu | silmən | ʂilmən | 鹞 | uʃin | usin | uʂin | 田 |
| uʃihan | usihaŋa | uʂihaŋa | 预知者 | ʃaha | ʂan | san | 耳朵 |
| ʃilihi | silhi | ʂilhə | 胆 | uktʃin | ukʂin | ukʂin | 甲 |
| gaʃa | gaʂan | gaʂan | 村 | hanʃi | haŋsi | haŋʂi | 清明节 |
| guʃin | gusin | goʂin | 三十 | itʃə | itʂə | itʂə | 新 |
| ʃumin | ʂumin | ʂumin | 深 | datʃun | datʂun | datʂun | 锋利的 |
| motʃo | motʂo | motʂo | 拙 | hoʤo | hodʐo | hodʐə | 美的 |
| hatʃa- | atʂa- | atʂa- | 见 | duʃa- | doso- | dosu- | 忍耐 |
| amtʃa- | amtʂa- | amtʂə- | 追 | iʃi- | isi- | iʂi- | 到 |
| ʃira- | sira- | ʂira- | 接续 | əhəʃi- | əhəsi- | əhʂi- | 欺负 |
| ʤuʃen | dzuʂən | dzuʂən | 女真 | uʤu | udzu | udzə | 头 |
| fotʃi | fomitʃi | fomitʂi | 袜子 | ʃa | tsai | tsai | 茶 |
| ʤiha | dziha | dziha | 钱币 | tʃəndən | tsəndən | tsəndən | 考试 |
| ʃirga | sirga | ʂirga | 獐子 | ʃŋkan | soŋkon | soŋkon | 海青 |

通过比较可知，一部分满语支词语中的舌面辅音、舌尖辅音存在着对音关

235

系，例如："太阳"，女真语 ʃun、满语 ṣun、锡伯语 sun，呈现出 ʃ–ṣ–s 的对应。"炒面"，女真语 muʃin、满语 musi、锡伯语 muṣi，呈现出 ʃ–s–ṣ 的对应。"锅"，女真语 muʃən、满语 mutṣən、锡伯语 mətṣən，呈现出 ʃ–tṣ–tṣ 的对应。"头"，女真语 udʑu、满语 udzụ、锡伯语 udzẹ，呈现出 dʑ–dzˍ–dzˍ 的对应。"忍耐"，女真语 duʃa–、满语 doso–、锡伯语 dosu–，呈现出 ʃ–s–s 的对应。"拙"，女真语 motʃo、满语 motṣo、锡伯语 motṣo，呈现出 tʃ–tṣ–tṣ 的对应。"甲"，女真语 uktʃin、满语 ukṣin、锡伯语 ukṣin，呈现出 tʃ–ṣ–ṣ 的对应。以上探讨的是舌面辅音、舌尖辅音的几种对应关系。

6. 唇音齿音的对应

表 12

| 女真语 | 满语 | 锡伯语 | 词义 | 女真语 | 满语 | 锡伯语 | 词义 |
|---|---|---|---|---|---|---|---|
| abka | abka | avka | 天 | sabuha | sabak | savq | 筷子 |
| sabu | sabu | sav | 鞋 | abuha | abudaha | avha | 叶子 |
| dorbi | dobi | dov | 狐狸 | dʑobo– | dzobo– | dzovu– | 劳心 |
| habʃi | habṣa | havsə | 告状 | wəilə– | wəilə– | vəilə– | 做工 |
| ilibu– | ilibu– | ilivə– | 建设 | wihə | wəihə | vih | 牙齿 |
| məifan | məifən | mivin | 脖子 | həfuli | həfəli | həvəl | 肚子 |
| dabsun | dabsun | davsun | 盐 | tufa | tufun | təvən | 鞍蹬子 |
| ulabun | ulabun | ulavun | 传说 | tobhon | tofohon | tovhon | 十五 |
| dorbi | dobi | dov | 狐狸 | wə | wə | və | 谁 |
| tuwə– | əbu– | əvə– | 落下 | guri– | guribu– | gurivə– | 挪动 |
| gəbulə– | gəbulə– | gəvlə– | 起名 | ufara– | ufara– | uvərə– | 失败 |
| wəhə | wəhə | vəhə | 石头 | sufa | sufan | suvan | 象 |

通过比较可知，一部分满语支词语中的唇音齿音存在着对音关系，例如："盐"，女真语 dabsun、满语 dabsun、锡伯语 davsun，呈现出 b–b–v 的对应。"谁"，女真语 wə、满语 wə、锡伯语 və，呈现出 w–w–v 的对应。"十五"，女真语 tobhon、满语 tofohon、锡伯语 tovhon，呈现出 b–f–v 的对应。"脖子"，女真语 məifan、满语 məifan、锡伯语 mivin，呈现出 f–f–v 的对应。以上探讨的是辅

音唇音齿音的几种对应关系。

7. 舌根音的对应

表 13

| 女真语 | 满语 | 锡伯语 | 词义 | 女真语 | 满语 | 锡伯语 | 词义 |
| --- | --- | --- | --- | --- | --- | --- | --- |
| aga | aga | aha | 雨 | bugu | buhʊ | bohu | 鹿 |
| sugu | sukʊ | sokə | 皮 | urgun | urgun | urhun | 高兴 |
| həlsə | gisun | gisun | 语言 | sohto- | sokto- | sokto- | 醉 |
| dorhon | dorgon | dorgən | 獾子 | ŋalada- | galada- | galada- | 动手 |
| ahun | agə | agə | 哥哥 | aihuma | aihʊma | aihum | 甲鱼 |
| nimaha | nimaha | nimha | 鱼 | əihen | əihen | əihen | 驴 |
| akta | akta | akt | 骟马 | garun | garu | garu | 天鹅 |

通过比较可知，一部分满语支词语中舌根音之间存在着对音关系，例如："骟马"，女真语 akta、满语 akta、锡伯语 akt，呈现出 k–k–k 的对应。"天鹅"，女真语 garun、满语 garu、锡伯语 garu，呈现出 g–g–g 的对应。"鱼"，女真语 nimaha、满语 nimaha、锡伯语 nimha，呈现出 h–h–h 的对应。"动手"，女真语 ŋalada–、满语 galada–、锡伯语 galada–，呈现出 ŋ–g–g 的对应。"皮"，女真语 sugu、满语 sukʊ、锡伯语 sokə，呈现出 g–k–k 的对应。"语言"，女真语 həlsə、满语 gisun、锡伯语 gisun，呈现出 h–g–g 的对应。"醉"，女真语 sohto–、满语 sokto–、锡伯语 sokto–，呈现出 h–k–k 的对应。"鹿"，女真语 bugu、满语 buhʊ、锡伯语 bohu，呈现出 g–h–h 的对应。"高兴"，女真语 urgun、满语 urgun、锡伯语 urhun，呈现出 g–g–h 的对应。

## 五、结语

满语支女真语、满语、锡伯语三种语言属于亲属语言，三语虽然存在大量的异同现象，但这些语言内部仍保存着数量可观的同源词，在语音形式和词义结构方面保存了较强的一致性。因此可见，满语支语言在基本词汇方面具有的强大共性，为其同源词研究、原始语音系统构拟与音变现象提供了语料。囿于女真语基本词汇的有限性，很难将其同满语、锡伯语进行全范围、大面积、多层次的比较分析和讨论。由于历史原因，满语支语言的词汇功能和作用被削弱，自身造词功能也发生退化，取而代之的是日益增加的汉语及其他语言借词。女真文字的创制主要受汉字的影响。金代女真人与辽国往来，主要使用契丹文字。契丹语属于蒙古语族，女真语属于通古斯语族，虽同属阿尔泰语系，但语族不同，语言上有一定的差异。我们可以得出结论，满语源于女真语，女真语是满语的祖语，它们之间既是传承，也是演进。无论是女真语、满语、锡伯语，还是其文字，都是中华民族的瑰宝，值得我们去学习、研究和传承。深入研究满语支语言有助于同仁们运用现代语言学视域下的理论，参照《女真译语》，对所收藏的满族家谱和锡伯族家谱做历史语言学的比较、解读与分析。

王新青，1963 年 1 月生于新疆呼图壁县，赵杰教授博士生。新疆大学预科学院教授，新疆师范大学国际文化交流学院教授，硕导。东北大学秦皇岛分校（中国满学研究院）教授。现为南昌职业大学人文学院、地方文化与区域治理研究院教授。主要从事汉语文教学、中国少数民族语言文化历史、中亚历史语言文化、汉语方言与少数民族语言田野调查与研究。

余志伟，男，汉族，1989 年出生，2016 年毕业于新疆师范大学国际文化交流学院，获得汉语国际教育硕士学位。现为广东培正学院人文学院专任教师。主要从事对外汉语教学，汉语方言研究。王新青教授的硕士生。

孟海，男，蒙古族，1988 年出生，现在乌鲁木齐市高新区公安分局工作，同时攻读香港亚洲商学院工商管理在职硕士，主要从事行政管理研究。

# 赵杰先生的阿尔泰语系语言与语音演变理论研究

## ——怀念恩师赵杰先生

姜根兄

赵杰先生的学术研究覆盖语言学、民族学、人类学、文化学等诸多领域。研究方法上主要运用历史比较法和语言接触理论方法，通过语言的历时比较、共时比较和语言接触视角的观察，提取语音演变的新理论，为阿尔泰语言学的深入研究做出了重大贡献。赵杰先生对学术方面的贡献是多方面的，但我自己感受最深的有两方面：一是为阿尔泰语言学研究所做的努力；二是为音变规律研究所做的努力。

## 一、对阿尔泰语言学研究的贡献

阿尔泰语言学研究已有相当悠久的历史。第一个注意到突厥语言、蒙古语言和满－通古斯语言之间的相似性的学者是瑞典人冯·斯特拉伦伯格（J.V. Strahlenberg）。1730年他发表《东北半球民族语言的元音和谐》一文，最早报道了乌拉尔诸语和阿尔泰诸语语音结构上的共同性。之后经过拉斯克、缪勒、卡斯特伦、硕特等人的不懈努力和研究，到19世纪末，乌拉尔—阿尔泰语言亲缘关系的假说逐渐形成。然而，到20世纪初，乌拉尔—阿尔泰语系假说遭到了越来越多的批评或怀疑。因为比较研究的范围越广，要假设的原始语的年代就会越古老，而能得到的语言事实就会越少。于是，主张亲缘关系的学者将原来的乌拉尔—阿尔泰语系划分为乌拉尔语系和阿尔泰语系。其中乌拉尔语系包括芬兰—乌戈尔语族和萨莫耶德语族，而阿尔泰语系包括突厥语族、蒙古语族和满－通古斯语族，有的学者把朝鲜语也划入了阿尔泰语系。此外，日本语和阿尔泰语系的关系问题也曾被一些学者提出来讨论。著名学者兰司铁在阿尔泰诸语言中发现了许多语音对应关系和形态变化的一致性，逐渐构建了阿尔泰语言同源论的理论框架，对阿尔泰语言学的发展产生了深刻的影响。兰司铁之后符拉基米尔佐夫、波利瓦诺夫、阿尔托、巴斯卡克夫、鲍培、罗杰瑞等一大批学者继承和发展了他的理论。虽然阿尔泰语言中有诸多不可否认的共同成分和相应的语音、词汇对应，但是还有一部分学者怀疑或反对阿尔泰学理论，认为阿尔泰语中所发现的共同成分还不足以证明阿尔泰语言同出一源。他们一般都用语言接触论来解释阿尔泰语言中的一切共同现象。于是便出现了阿尔泰学理论上的分歧，即亲缘论和接触论。对阿尔泰学理论持怀疑或反对态度的学者如李盖提、格伦伯格、本青、罗纳塔斯、科特维奇、克劳森、多费尔等人从另一个角度研究阿尔泰语言，推动着阿尔泰学研究的深入。经几代学者不懈地努力和研究，可以说支持和从事亲缘论的学者越来越多，而持接触论的学者越来越少，阿尔泰诸语言比较研究也逐渐走向成熟的道路，这些成绩离不开我国阿尔泰语言学者的努力和探索。

满语属阿尔泰语系满－通古斯语族，是阿尔泰语系诸语言中的重要语言，并有较古的满文和丰富的满文档案，是研究阿尔泰语系语言的珍贵资料。在满语研究领域赵杰先生花了很大力气，而且取得了很大成效。他多年致力于现代满语、锡伯语的田野调查工作，搜集了大量的第一手资料。在此基础上对满语进行了深入的研究，先后出版了《现代满语研究》（1989）、《现代满语与汉语》（1993）、《北京话的满语底层和"轻音""儿化"探源》（1996）、《满族话与北京话》（1996）等专著，发表了《满语的变化》《泰来满语音位解析》《论满语中汉语借词的发展》《从锡伯语20年变化看满语的音变走向》《锡伯语满语语音演变的比较》《汉语的影响和满语的连锁式演变》《汉语的影响和满语语法的递变》《延边满语掇拾》《京郊火器营北京话中的满语词》等一系列学术论文。不仅对满语进行了描写研究和比较研究，还对满语和汉语接触研究方面也进行了深入的研究，并注重理论分析和解释，最终揭示由语言接触而产生的语音演变规律，取得了很高的成就。《汉语的渗透和满语的连锁式演变》和《北京话的满语底层和

"轻音""儿化"探源》是满语研究方面的代表作。《汉语的渗透和满语的连锁式演变》主要对现代满语与清代满语进行比较，找出其差异，并探索汉语对满语的深刻影响以及由此而产生的满语的演变规律。文中总结出"大量汉语借词进入满语，构成了一股强大的力量，推动和调整了满语的发展方向和速度，使满语的语素构词、音节、音位、重音、元音和谐律都发生了一系列连锁式的变化，导致满语的结构类型和音系都发生了汉化型的调整"。《北京话的满语底层和"轻音""儿化"探源》，以北京话的历史发展为背景，以轻音、儿化为突破口，从共时的差异中结合历史文献，探求现代北京话形成过程中满语所起的重要作用，从中提取语言接触的融合式音变的理论模式和连锁式链移的方法论原则，"此部著作不但填补了满、汉语言接触研究上的空白，而且充实了语言接触的理论和方法"①。

赵先生认为，满语既和汉语接触最多，又和日本语、朝鲜语十分相似。满语或满－通古斯语族研究的深化很可能是汉语北京话的形成和日本语、朝鲜语系归属问题的突破口，从这里或许能开拓一片科学研究的新天地。因此，还关注研究了韩、满、日本语比较和日本语、韩国语语系问题，发表了《论韩国语、满语元音和谐松化的共同性》《满韩语中的汉语底层词》《满语、朝鲜语语音对应规律探拟》《韩国语语系归属新探》《从韩、日、满语音的比较看韩语的语系归属》《从韩、日、满语法词汇的比较看韩语的语系归属》《韩国语的汉字音和近古汉语的音变律》等重要论文。他综合运用"语言底层"理论和语言接触理论来寻根觅源，通过比较韩、满、日本语的语音、语法形态、基本词汇，最后得出"韩、日语和阿尔泰语系之间的渊源由来已久，可以推溯到阿尔泰语系语言的共同祖语时代，特别是韩国语，由于分化的时间较早，所以存古成分很多，也保留了很多阿尔泰祖语的结构特征，通过和满语、蒙古语的比较，可以断定韩国语是阿尔泰语系语言大家庭中的一员"的结论，进一步推进了韩国语语系归属研究。其他阿尔泰语系语言研究方面还有专著《新疆蒙古族语言研究》及《新疆温泉县蒙古语特点分析》《现当代东部裕固语的变化及其与蒙古语的比较》《论西部裕固语与维吾尔语的比较》《论阿尔泰语系与北方汉语接触的

---

① 牛汝极、黄晓琴：《一部接触语言学理论的力作——赵杰〈北京话的满语底层和"轻音""儿化"探源〉评介》，载《满语研究》，1999（2）。

音变模式》等一系列重要的学术论文。他在阿尔泰语言学研究领域,以满语研究为主的同时也重点研究韩国语、朝鲜语、日本语、锡伯语、蒙古语、东部裕固语、西部裕固语、维吾尔语等诸多阿尔泰语系语言,研究的语言种类和学术作品较多,研究方法和学术观点都有独到之处,对阿尔泰语言学的深入研究具有重要的学术价值和理论意义。

## 二、对音变理论研究的贡献

人类语言演变主要由两个不同的因素引起,其一是由语言自身内部规律的作用而引起演变;其二是由外部接触而产生变化。阿尔泰语系语言研究从来不是孤立地进行的,正如其他语系语言研究一样,也注意到这一语系同其他语系的关系问题。学者们不仅运用传统的历史比较法,还运用语言类型学方法,最近也运用语言接触理论方法。语言接触对语言演变的影响是非常大的,赵杰先生较早注意到了语言接触对语言演变所起的重大作用,观察满语和汉语的双向接触现象,尤其运用语言接触理论和历史比较方法,重点研究满语对汉语的影响,提炼出语音演变规律。他在《北京话的满语底层和"轻音""儿化"探源》一书中,观察满语对北京话的影响,探讨了北京话的历史发展,着重探究和解释了北京话的"轻音""儿化"及其来源,并从中归纳、提炼出了具有普遍意义的融合式音变的语言接触理论和连锁式链移的方法论原则。在《汉语的影响和满语的连锁式演变》《汉语的影响和满语语法的递变》等论文中通过观察大量语言事实也提炼出了连锁式演变。他认为,语音演变规律的探索或不同音变模式的提取是语言学研究的重要内容。

他不仅从满汉语言接触研究中归纳和提取理论,还从普通语音学的新角度思考音变模式,把19世纪语言学诞生以来的语音演变的理论模式概括为连续式音变、离散式音变、融合式音变和消化式音变等四种。他认为连续式音变和离散式音变只能适用于一个语言内部的不平衡性和自发调整性的音变路径,而融合式音变和消化式音变是适用于不同语言之间的接触模式。他除了探讨青年语法学派的"连续式音变"和词汇扩散理论的"离散式音变"外,从语言接触实例中归纳出"融合式音变"和"消化式音变"。他指出汉语北京话语音变化受满语影响产生了融合式音变,现代北京话的"轻音""儿化"都是满汉语音融合式音变的结果。同时认为汉语音进入日、韩语后与日、韩固有语音发生叠置效应，经过漫长的语言使用的磨合后，很难看出其借用和音变轨迹，这种轨迹由显性到隐性的系列改造过程是一种不同于融合式音变的消化式音变。消化式音变是语言接触到了深层结构影响时的一种必然的方法，连锁式是消化式音变的典型链移，满语受汉语影响而产生连锁式的一环扣一环的系列性音变，是语言间相互影响后所产生的消化式音变的典型。消化式音变是与融合式音变在一个大的语言接触背景下的两个相似但又不尽相同的音变模式。融合式音变是"势均力敌"的双语接触中的语言融合，消化式音变是强势语言对弱势语的影响后的系列调整。赵先生对19世纪以来的语音演变的理论模式进行了创新性地归纳的同时很形象地区分和解释了四种音变模式的异同，指出，连续式音变好像横向队伍，要变一起变，连续而整齐划一地变过来，其特点重在一个"变"字；离散式音变好像纵向队伍，前后参差零散地朝着一个方向一个一个地选择、过渡、扩散，其特点重在一个"选"字；融合式音变好像整编队伍，两支不同兵种的队伍编在一起，形成优势互补的集团军，其特点重在一个"合"字；消化式音变好像改编队伍，王牌队伍的指战员全方位掺进一般部队的干部战士队伍中，持续地改造、同化一般部队的作风，其特点重在一个"化"字。有关这些音变模式理论文章大多数都收录在他的《从日本语到维吾尔语——北方民族语言关系水平性研究》一书中，真正实现了从分析语言事实上升到理论高度的过程，其渊博的学识和创新思想实在令人敬佩。

  赵杰先生的这些研究对阿尔泰语言学研究的深入具有重要的学术意义和理论价值；对丰富和发展语言接触理论也有较高的参考价值；对语言接触的方法论提供丰富的实例。从实践中能概括和提取理论的敏锐洞察力和创新性思考实在令人钦佩。回顾赵杰先生的科研和教学工作，大都围绕着"语音学研究"进行的。他的论著和观点，一直启发和影响着我的研究，因此我对语言比较和语言接触研究特别感兴趣，尤其对通过语言比较探究语音演变规律感兴趣。于是2009年选择并完成了以"蒙古语族语言的语音历史演变研究"为题目的博士学位论文。到目前为止还一直从事着蒙古语族语言的语音比较及语言接触等方面的研究工作。我觉得这些都是赵先生给我留下的永远的精神财富。我一定要继承和发扬先生的精神，做好学问，做好人，只有努力奋进，为学术研究尽心尽力才能告慰赵先生的在天之灵。敬爱的赵老师,永远怀念您!

姜根兄,女,1972年1月出生。2005年师从赵杰教授攻读博士研究生。现为内蒙古大学蒙古学学院副教授、硕士生导师,从事中国少数民族语言文字工作,主要研究方向为蒙古语族语言研究、语言接触研究等。

# 评赵杰先生的韩满比较语言学研究

林毅

## 一、国际韩－阿尔泰历史比较语言学研究概况

1739年瑞典人斯特拉连伯格发表《东北半球民族语言的元音和谐》一文，探讨了乌拉尔诸语言和阿尔泰诸语言之间在语音结构上的共同性，揭开了乌拉尔—阿尔泰语言共同体研究的序幕。自19世纪后半期，语言学家Rosny、Dallet、Ross、Boller、Winkler、Grunzel等人开始探讨韩国语与鞑靼诸语（所谓的乌拉尔－阿尔泰诸语言）之间的联系，但没有做出具体的语言事实的比较。此后白鸟库吉在1914到1916年之间写出《朝鲜语和乌拉尔－阿尔泰语的比较研究》一书，列出了595个条目，单词800个以上，将朝鲜语与满－通古斯语族、蒙古语族、突厥语族的诸语言及其多种方言进行比较，指出朝鲜语在语音上与乌拉尔－阿尔泰语的相同或相近之处，在词汇和语法方面的类似之处。最后指出在乌拉尔－阿尔泰语系中应该在芬兰－乌戈尔语族、萨莫耶德语族、突厥语族、蒙古语族、通古斯语族五语族之外再加上朝鲜语。①

乌拉尔－阿尔泰语系假说的立论很大程度上是建立在类型学的相似性基础之上的。但进入了20世纪，这个假说遭到越来越多的质疑，最终学者们将乌拉尔－阿尔泰语系划分为乌拉尔语系（包括芬兰－乌戈尔语族和萨莫耶德语族）以及阿尔泰语系（包括突厥语族、蒙古语族、满－通古斯语族）。

第一位正式把韩国语纳入阿尔泰语系范围内讨论，深入探讨韩国语的语系归属以及与阿尔泰诸语言的亲缘关系的学者当属兰司铁。他在任驻日外交官期间，

---

① ［韩］朴相主编：《Ural-Altai 关系论文选集Ⅱ》，153页，汉城，亚细亚文化社，1986。

开始接触韩国语。他最初敏锐地发现韩国语与蒙古语族、通古斯语族的指示代词之间存在对应，进而把他的研究领域扩展到了韩国语，并于 1924—1926 年之间跟随在日韩人学习韩国语并收集语料进行研究。他于 1928 年在赫尔辛基发表《论韩国语》。学界一般认为最早专门探索朝鲜语和阿尔泰语系关系的是苏联学者波里瓦诺夫，他于 1927 年发表的《朝鲜语与阿尔泰诸语的亲缘关系》。但兰司铁的《论韩国语》一文的日文版《朝鮮語の沿革について》1926 年已在日本发表。① 所以实际上兰司铁的研究比波里瓦诺夫还要早些。在这篇文章中，他运用历史语言学的方法将韩国语与阿尔泰诸语言进行语音、语法和语汇的比较，并把韩国语与突厥语、蒙古语、满-通古斯语共同归于阿尔泰语系。他在以后的专著《阿尔泰语言学导论Ⅰ—Ⅲ》（1957，1952，1966）中继续坚持这一观点，在探讨阿尔泰诸语言的语音和语法形态要素的对应规则时，始终把朝鲜语的材料置于和突厥语、蒙古语、满-通古斯语材料同等重要的地位。此外，他还撰写了《韩国语的名词后缀》《韩国语语法》《韩国语语源学研究》《韩国语语源学研究二集》《韩国语语源学余论》《增补韩国语语言学研究》等一系列相关著作，深入论证韩国语隶属于阿尔泰语系。

日本学者河野六郎以田野调查得到的满语方言资料为基础，考察出满语的清音位于浊音之间时的浊化现象，并论述了韩国语也存在同样现象，来探求两个语言的同系属关系。

兰司铁之后，西方语言学家司垂特和鲍培都继续研究并推进韩国语和阿尔泰语系之间的亲缘关系研究，但在韩国语何时从原始共同体中分化出来这一问题上，他们的认识有分歧。

在韩国国内，早在光复前，安自山等人就开始对于韩国语和周边的满语、蒙古语、日本语进行比较。光复后，以李基文、金芳汉等为代表的学者也开始在阿尔泰语系的大视野下审视韩国语，在倾向于肯定韩国语隶属于阿尔泰语系的同时，也对西方语言学家的一些认识做出自己的修正。也有学者尝试在更大的范围内进行语言比较，探讨韩国语的语系归属，如姜吉云将韩国语与萨哈林的基利雅克语、阿依努语、日本语、达罗毗荼语、汉语、土耳其语、满语、蒙古语一起进行比较。与此同时，李基文、金芳汉、朴恩用、金东昭、金炯秀、成百仁等也将

---

① ［芬兰］Ramstedt, G. J, A Korean Grammar, Ⅺ, Helsinki: Suomalsis-Ugrilainen Seura, 1939.

视线由整个阿尔泰语系缩聚到与韩国语毗邻的满语（女真语）、通古斯诸语、蒙古语上来，将韩国语与这些语言单独比较。

## 二、韩国语语言底层分析——探索韩国语语系归属的切入点

多数主流语言学家都承认韩国语和阿尔泰诸语言之间存在许多共同特征，如李基文认为：

1. 都存在元音和谐
2. 词头辅音都受到限制
3. 都属于黏着语
4. 都没有元音和辅音的交替
5. 都没有关系代名词和接续词
6. 都有副动词①

但长期以来，很多学者也认为虽有这些共同特征，但运用历史比较法来考察韩国语，就会发现韩国语和阿尔泰语系没有印欧语系语言间那种齐整的对应规律，所以有人据此做出韩国语语系不明的结论。

对此，赵杰先生在《韩国语语系归属初探》一文中谈到："要探索韩国语来源的问题，在'历史比较法'的基础上，综合运用'语言底层'理论和语言接触所带来的新材料来寻根觅源，真正说清楚韩国语的源流线索及其组成成分。那就不仅仅是一个单纯的语系归属的澄清问题，而是一个民族发生、发展和文化类型的生成的大事了"。②

赵杰先生认为，韩民族虽然现在称自己的语言为单一语言，但追溯这种单一语言形成的历史，却与其他语言有着密切的关系。就语言底层而言，上古时期，韩半岛上至少有非阿尔泰语系的另外两种语系的语言进入，充实韩半岛的土著语。所以欲探求韩国语的语系归属，首先要弄清楚是哪种语言在韩国语形成的初期充任了底层。他认为韩国语最早的土著语很可能是完全具有阿尔泰语言的特征，具有和其他阿尔泰语言相同的语法框架，并且带有南部通古斯诸语的特点。

---

① ［韩］李基文：《新订版国语史概说》，23页，汉城，太学社，2003。
② 赵杰：《从日本语到维吾尔语——北方民族语言关系水平性研究》，44页，北京，民族出版社，2007。

从考古学、人类学、历史资料提供的线索来看,在远古时代,可能移入了中国大陆南方的稻作民。如韩国的稻米一词除了由于历史音变尾元音脱落外,与亚洲水稻栽培的起源地语言达罗毗荼语的稻米一词基本保持一致。类似这样的农耕基本词,在远古小国独立并存的时代,直接借用的可能性很小,所以很可能是随着稻作文化向东北亚逐步传播,经由移民带入的。为避免孤证,赵杰先生又列举韩国语和中国吴越方言的"快""这个""谁""水田"等词在语音上的一致性,进一步论证韩国语中存在的远古吴越语底层。

此外,从历史典籍提供的资料来看,当时的三韩族群除了马韩,都有黄河流域的华夏人移入,移民语充实了韩半岛固有语言的音系和词汇体系。所以韩国语早在中世韩国语阶段以前大量吸收了汉语成分,在远古时代就已经吸收了很多底层成分。为此,赵杰先生列举韩国语的代词体系以及一些基本词汇与上古汉语的语音对应,来论证韩国语的华夏语的底层成分。这些词汇与后来严格按照韩汉音体系借入的汉字词不同,由于借入年代久远,加之又经过了固有语音体系的改造,看起来已经面目全非,所以有时会被归入固有词。但仔细对比汉语上古音,还是可以确定它们的华夏语渊源的。

赵杰先生认为在探索韩国语语系归属的同时,深入研究韩国语中在不同历史阶段借入的外来语言成分依然具有重要意义。近两个世纪以来,西方语言学对不同语言之间相互借用所形成的内在规律的研究远不如亲属语言的比较研究成果多,究其原因,是因为说印欧系语言的民族在古代大多是游牧征伐型的,语言的原型很快移居他地,没有经过长期的磨损而容易找到亲属同源分化的规律。但东方尤其是东亚大陆说汉藏系语言的民族,古代先民大多数是农耕渗透型,诸语言原型杂处交融,慢慢地相互同化。因此,历史比较法的同源成分基本词汇系统性和规律性的语音对应关系也不同于语言接触和影响中的异源成分双语词系统性和规律性的融合方式。韩国语生成于阿尔泰语系,但却接受了汉藏语系的影响,借用大量华夏语、汉语成分慢慢融合后形成现在的韩国语,这其中的许多方法和形式可以极大地丰富国际学术界尚不发达的语言接触理论。

的确,深入地研究早期韩国语的华夏语、汉语等底层以及后来借入的中古汉语成分会给语言接触的方法论提供了丰富的例证。此外,对底层成分、借用成分的研究也同样是为历史比较服务,因为运用历史比较法进行语言研究的第一步就是要收集、鉴别材料，剔除那些于历史比较无关的偶然同音和借用现象。很多西方语言学家就是没能很好地剔除这些成分，造成了偏误。如兰司铁就曾将"只今""眞珠"等韩国语中的汉字词用于比较，鲍培也曾将韩国语的日语借词"靴"用于比较。

## 三、韩满历史比较语言研究——韩国语语系归属的突破口

韩国的韩满历史比较语言学研究由来已久，韩国光复后，1958年李基文发表《满语和韩国语的比较研究》。在这篇论文中，李基文认为长久以来，满语一直就是韩国语的紧邻，虽然地理的位置有时未必与语言学的位置一致，但相关的语言通常都是毗邻的，并大胆断言阿尔泰语系诸语言中与韩国语最亲近的是满语，此外还有果尔迪语、乌尔察等语言在内的一些南通古斯语。[①] 他认识到韩国语和满语中存在着大量的关系词，他在文中比较了236组语汇和若干语法形态，并对西方语言学家由于不熟悉古代和中世韩国语而造成的一些错误作出修正。此后朴恩用的《韩国语和满语的比较研究（上、下）》（1974、1975）也尝试着梳理韩满语音对应规则并作语法形态要素的对比。金东昭多年来一直关注女真语、满语和通古斯语研究，比较了韩满语音《韩满语音比较》（1975）和基础词汇《韩国语与满语的基础词汇比较研究》（1972），并在1981年推出《韩国语和通古斯语的音韵比较》一书，详细探讨韩国语和阿尔泰诸语言特别是满-通古斯语族语言之间的音韵对应规律。成百仁也在1978年发表《韩国语和满语的比较研究》探讨阿尔泰祖语的词头塞音的体系。

中国的韩满比较语言学起步较晚，1984年李得春先生发表了《朝鲜语的满语借词与同源成分》一文，列举了41对朝满音义相同或相似的词汇。一部分词汇确定是很早就从满语借入到朝鲜语，但仅在朝鲜北部地区和我国的延边地区使用，还有一部分源于满语的方言词由于表达了朝鲜语标准语没有的概念或事物，所以被吸入到朝鲜语标准语。对于一些在三国时代就沿用下来的朝鲜语词汇，李得春先生在文中谈到："对于从三国时期开始沿用下来的这些词语，我们没有根据认为是借词。所以在没有找到足以证明是满语借词的确凿证据以前，我们只能

---

① ［韩］李基文. A Comparative Study of Manchu and Korea. Wiesbaden UAJ, 1958, 30(1.2): 105.

认定上面的词语应是同源词"。①

　　李得春先生之后,最为集中探讨韩满语言关系的就是赵杰先生。赵杰先生早在1989年推出他的现代满语描写专著《现代满语研究》一书时,就已经认识到韩满比较研究的重要意义,他在该书前言中曾谈到"满语既和汉语接触最多,又和日本语、朝鲜语十分相似。满语或满－通古斯语族研究的深化很可能是这两大语言学难题(阿尔泰语系语言对汉语的影响以及韩国语、日本语的语系归属)的突破口,从这里或许能开拓一片科学研究的新天地。"②

　　赵杰先生的专著《现代满语研究》出版后,获得了国内外学界的一致好评。国际著名语言学家罗杰瑞先生(Jerry Norman)称赞赵杰先生为"运用现代语言学理论描写满语第一人"。赵杰先生也有负笈美国西雅图华盛顿大学,跟随罗杰瑞先生学习阿尔泰语言学理论,进行满语研究的机会。在发出留学邀请的同时,罗杰瑞先生也建议赵杰先生还可以选择趁着年轻,先走遍中国各地,把满语、锡伯语的田野调查完成,有了成绩和名气后,再出国访学。在赴美留学的机会面前,经过冷静地思考,赵杰先生难以割舍国内这片进行满语调查与研究的沃土,最终选择留在国内积淀,在中国阿尔泰语系地区继续开展艰辛的田野调查工作。

　　进入上个世纪90年代,赵杰先生走遍了中国还依然使用满语的地区和清代八旗军驻防地,探索满语和汉语的语言接触,撰写出《现代满语与汉语》《北京话的满语底层与"轻音""儿化"探源》等一系列专著。赵杰先生在研究汉语—阿尔泰语系语言接触的同时,慢慢将研究的领域扩展到韩满比较的研究中来。为了进行韩满比较语言学研究,赵杰先生在北京大学东语系授课之余,专门到东语系朝鲜语专业学习了朝鲜语,并进修了朝鲜语专家安炳浩先生开设的朝鲜语发展史课程。

　　到了1995年,赵杰先生积累了中文语言学理论、现代满语田野调查资料、以及满语书面语和韩国语知识,具备了进行语言接触和阿尔泰语系语言比较研究的基础。他选择向韩国国际交流财团提出申请,赴韩国首尔大学国语系、语言学系问学李基文、成百仁等知名学者,结合古今汉语、满－通古斯语族语言来进行满韩语言比较研究,探索韩国语的起源和语系归属问题。在首尔大学访学期间,

---

① 李得春:《朝鲜语中的满语借词与同源成分》,载《民族语文》,1984(1),50页。
② 赵杰:《现代满语研究》,3页,北京,民族出版社,1989。

他撰写了大量韩满比较的研究论文,大部分已经收录在《从日本语到维吾尔——北方民族语言关系水平性研究》一书中。

赵杰先生在探讨韩国语和满语同源问题的时候,首先比较同为黏着语的韩国语和满语的语序。通过例句,我们可以清楚地看到韩、满两语言除了在否定式和过去式的顺序上小有不同,两个句型的语法形式几乎完全一致。赵杰先生认为这样严密的语法同构仅靠不同语系之间的语言相互影响是很难构成的,只有同一语系甚至是同一语族的语言才会在诞生的初期阶段具有这样相同的生成。并且在汉语对两种语言都有很深的影响的情况下,两种语言的语法结构都依然没有受到影响,与汉语迥异,这些可以从侧面反映出韩国语和满语的亲缘性以及亲属语言语法同构的稳固性。

当然用于评定两种语言发生学关系的历史比较法主要关注两种语言是否存在同源成分的基本词有系统有规律的语音对应关系。所以赵杰先生论述的重心还是在韩国语和满语的语音对应和基本词汇的同源。

探讨韩国语和阿尔泰语系语言的语音对应,不可避免地要考察普遍存在于阿尔泰诸语言的元音和谐律的问题。虽然大部分语言学家都把韩国语中存在元音和谐律作为韩国语隶属于阿尔泰语系语言的一个重要依据,但质疑韩国语存在元音和谐律的声音也一直存在。对此,赵杰先生在书中的《论韩国语、满语元音和谐率松化的共同性》等文章中通过比较挖掘出韩国语、满语单词内元音和谐变化的相似性、词与词之间元音和谐构词法的相同之处以及两种语言构词"黏合剂"元音和谐律例外的共同性。赵杰先生认为这些共同性和相似性背后存在着更为深层的共同性,那就是,不仅两种语言元音和谐律松化和解体的路径相似,而且引起两种语言元音和谐律变化的原因也基本相同。

赵杰先生认为内因主要是韩、满两种语言都经历了长音节向短音节简化的过程。音节的短化影响了有效的交际,所以通过音节的繁化来补偿音节短化后带来的表义不足,因此,两种语言的元音音素都明显增多。这些新增元音音素难以向原有的阴阳属性归队,就向中性元音流动。在调整过程中出现了不少阴阳混性词,由于是不规则词,使用频率反而更高。两种语言中复元音增加的趋势也很明显,无法界定属性的复元音也使得元音和谐律所管辖的范围进一步缩小。这样,原有的元音和谐律松化和解体的趋势就成为一种必然。外因主要来自于对韩国语、满语影响颇深的汉语。汉语以单双音节为主,元音音素复杂,没有元音和谐律。而伴随着长期的语言接触,韩国语、满语都借入了大量汉语借词,大量的复元音词和a、e结合的双音节词进入了这两种语言。韩、满两种语言元音和谐律的松化与解体为这些比固有词还多的阴阳混性汉语借词和复元音汉语借词的进入造成了便利,这对韩、满语固有音系的影响是巨大的。

赵杰先生认为探讨韩、满两种语言相同的音变原因对于韩国语语系归属研究也有着积极的意义。赵杰先生从萨丕尔的沿流说出发,认为两个同源的语言分化后,不管是规则的保留还是例外的变化都可能有相同的沿流走向,所以比较饱经语言接触的韩国语和满语的元音和谐律固有法则松化的共同性,也可以看到两种语言同源的蛛丝马迹。

除了比较韩、满元音和谐律外,赵杰先生还着力比较这两种语言之间存在的大量看似不同但实际上对应的同源基本词汇。赵杰先生将这些基本词汇按照中世韩国语—书面满语和现代韩国语—现代满语两个层次比较。以往韩、满词汇的比较多集中在第一个层面。由于过去缺乏田野调查机会等原因,国外的韩满比较研究在第二个层面多采用东京外国语大学亚非语言文化研究所出版的《满语口语基础语汇集》,但该语汇集并非是纯粹的田野调查成果,所以韩满现代语音的比较很长时间未能跳出书面语的框架。而赵杰先生本人多年来一直致力于现代满语与锡伯语的田野调查工作,掌握大量的第一手田野调查资料,足迹也遍布韩半岛的很多地方。因此在现代韩国语—现代满语的比较层面上较前人推进了一大步。

通过这些基本词汇的比较,赵杰先生还认为在语言的发展过程中,韩国语比满语要分化得早、变化得早、变化的幅度也较大。具体表现在以下几个方面:首先是音节短化方面,韩国语的程度要深些。同一个词满语是三四个音节,而韩国语则只有两三个音节了。其次是元音和谐律的松化和解体。赵杰先生认为韩国语比满语变动得早,变动得大,从比较的基本词汇看,现代满语的元音和谐律近于解体,而现代韩国语的元音和谐律只是残留一点痕迹了。此外,韩国语比满语更容易发生脱落型音变,韩国语的脱落大部分发生在尾音节,脱落后剩下的辅音成为收音,造成韩国语音节短化,入声韵尾增多的趋势。

赵杰先生通过比较,勾勒出了两语存在的一些较为齐整的辅音语音对应。他同时认为由于元音和谐律的内部松化和汉语的外部影响,失去了原有的元音框架的控制，新的元音标准尚未建立，因而自由变体增多，所以两种语言的元音对应远没有辅音的对应齐整。他也进一步提出"辅音框架理论"。他认为满韩两语的元音和谐律虽然解体，但在同源对应的基本词中仍然保留，成为语音对应的坚强支点。赵杰先生认为："着眼于辅音框架来寻找同源的语音对应，这有可能是阿尔泰语系语音历史比较的有效途径，也是研究满语、朝鲜语发生学的亲属关系的一个利器"。①

赵杰先生通过韩、满两种语言在语音、语法形态、基本词汇上的比较，最后认为韩国语和阿尔泰语系语言之间的渊源由来已久，可以推至阿尔泰语系语言的共同祖语时代，特别是韩国语，由于分化的时间较早，所以存古成分多，也保留很多阿尔泰祖语的结构特征，通过韩、满语言比较，可以推定韩国语是阿尔泰语系语言大家庭的成员之一。

## 四、新时期韩—满比较语言学的展望

李基文先生曾谈到韩满历史比较语言学任务很艰巨，很多困难阻碍着研究的深入：语言分离年代久远、缺乏早期词汇以及汉语对这两种语言的深度影响。② 我们认为，正是由于这些特点，造成了很难简单地套用适用于印欧语言的历史比较原则，有必要引入词族研究推进韩—满历史比较语言学的发展。我们可以先比较满语内部方言、通古斯诸语言之间以及韩国语内部诸方言的差异，把这些方言的差异和各自相关的书面文献资料（满语书面语、高句丽语、百济语、新罗语以及中世韩国语）相结合，建立起上古原始满－通古斯语和上古原始韩国语，再利用原始语的研究成果建立词族，最后再进行词族的比较，找出语音对应，确定同源成分。

赵杰先生除了韩、满语言比较以外，也很注重满语以及满语的远征方言锡伯语的研究，探索满语的音变走向。此外也有相关论文探索蒙古语族、突厥语族内部诸方言的差异，近年来也有一些新的相关研究成果相继问世③，这对于搞

---

① 赵杰：《从日本语到维吾尔语——北方民族语言关系水平性研究》，158页，北京，民族出版社，2007。
② ［韩］李基文. A Comparative Study of Manchu and Korea. Wiesbaden UAJ, 1958, 30(1.2): 105.
③ 赵杰：《从锡伯语20年变化看满语的音变走向》，载《西北第二民族学院学报》，2006（3）。赵杰：《新疆温泉县蒙古语特点分析》，载《西北第二民族学院学报》，2007（1）。

清阿尔泰语系诸语族语言内部情况，建立词族是具有积极意义的。近年来，韩国语言学家金周元、高东昊等学者也日益关注满－通古斯语族内部的锡伯语、鄂温克等语言的调查研究工作。

2020年12月19日，敬爱的赵杰先生永远地离开了我们，满学研究界失去了一位杰出的学者。谨以此文追思赵杰先生，并纪念赵先生在韩、满比较语言学研究领域所取得的成就。相信在深入挖掘赵杰先生阿尔泰语系比较语言学理论的基础上，通过中韩语言学家的共同努力，一定可以更好地推进包括韩、满比较语言学在内的阿尔泰语言学理论的发展。

林毅，男，1975年7月出生。2005年师从赵杰教授攻读博士研究生。现为北京青年政治学院对外汉语部教师。主要从事对外汉语教学及域内外满语文献研究工作。

# 赵杰先生的"丝路"情缘

## ——再读《丝绸之路语言研究》

包乌云

赵杰老师是一位著作等身、博学多才的民族语言学家,通晓多种中外语言。他长期支援新疆、宁夏等西部边疆多语言交汇地区的教育事业,在担任新疆石河子大学和北方民族大学副校长期间,尽管日常工作非常繁忙,始终坚持学术研究,并对当地语言进行实地调查,收集了大量第一手资料。他不仅对语言有深入研究,在文字、历史、文化、宗教等方面都有很高的造诣。他对丝绸之路的研究更是别具一格,钻研精深,开拓了一个新的研究领域。赵老师凭借深厚的学术功底,第一手的资料,对丝绸之路的语言研究进行了多视角和全方位的研究,写成了《丝绸之路语言研究》一书,以文化、历史、宗教、民族、考古等学术成果为背景,对两千多年来丝绸之路上多种语言的发展、接触、交融以及在不同时期和地域扮演的角色及其影响做了详尽的梳理,进行了全面描写和深入探讨。

今天在缅怀他的同时,重读这本重要的著作,不仅对赵老师的学问能有进一步深刻的认识,也能使我们对丝绸之路的语言情况及其文化含义有更深入的体会。正如他写这本书的宗旨所述:"本书以丝绸之路所经西域的语言使用区的印欧语系、汉藏语系、闪含语系、阿尔泰语系为经,并以各地的单个语言本体描写为纬,以双向或多向的语言接触为主,梳理阐述其中的数种古今语言。并以西域历史为主线,在粗略的历史阶段叙述中,细致地盘点其间的语言或文献之特色和语言接触之面貌,力图从语言学独特视角和严式国际音标等手段来诠释诸语言的本体,以及各语言之间相互影响后的多民族文化交流的真实状态。"他的研究涵括古今，兼容历史、民族、文化和宗教等各个方面，不仅描写现实，而且探索过程，特别是对语言的描写将现状与历史演变结合起来，突出了丝绸之路语言的共性和差异性。

他在研究丝绸之路上的印欧语言时，不仅阐述了不同文化、不同宗教的交流，还使用了大量诸如《萨恩萨伊古墓》《山海经》《阿富汗东境一座佛教遗址藏经罐内发现的桦树皮上的古代写卷》《库车苏巴什古城发现的一些寺院题记》《尼雅新发现的鄯善王童格罗伽纪年文书》《弥勒会见记》等文献资料，探究远古阿尔泰语系、印欧语系与汉藏语系语言的接触和交流，进而追溯民族迁移等历史痕迹，还对犍陀罗语、塞语、吐火罗语、粟特语等几种难解的语言进行了深层解释，为后来研究者提供了有力的依据。

在研究丝绸之路上的汉藏语系语言时，首先对语言历史进行概说，指出了两千年来丝绸之路上的各种语言相互接触、相互交融过程中，汉藏语系尤其是古今汉语对丝绸之路上的奠基、扎根以及对其他诸语言的影响力。其次他从五个方面对西域和丝绸之路各地汉语方言进行描写和说明。1. 对作为丝绸之路起点的汉语西安方言进行了详细的分析，以北京语音标准音为横向坐标，以上古、中古长安音为纵向坐标，对它的特色和演变原因进行了解释，指出现代西安方言是上古、中古长安方言的接续，为反映上古音、中古音的西安方言之后的变化定了基调，也为丝绸之路由东向西、从发源地向西扩散式的传播确定了基本点。2. 对兰州话的声韵调及部分语音、词汇、语法特色做阐释，指出兰州话中至今仍有历代民族语的借用和底层值得深入挖掘和梳理。因为兰州是古丝绸之路的枢纽之地，也是和古长城平行及与藏彝走廊的交汇处，又是从关中长安丝绸之路的起点通向西域的重要的咽喉之地和河西走廊的东端驿站。3. 对哈密地区哈密方言特点进行阐释，指出阿尔泰语系的匈奴、突厥、回鹘、蒙古等语言以及古吐蕃语、古伊朗语、粟特语、叙利亚语、波斯语、阿拉伯语等语言留下的痕迹，例举哈密方言中的蒙古、哈萨克、维吾尔等民族语借词，并对哈密方言与北京话和中古音进行比较，揭示其特点，阐明了丝绸之路交界处形成的"你中有我、我中有你"的语言接触现象。并指出哈密是丝绸之路上少有的多民族、多宗教、多语言、多方言接触、交汇的语言岛，也是历史上多民族相继登场的聚集地、丝绸之路中段的第一站，哈密方言在丝绸之路语言中更有重要的意义。4. 对哈密以西的交通枢纽和军事要镇的奇台地区汉语方言进行了描述，指出匈奴语、女真语、回鹘语借词和阿尔泰语系无声调有重音语言的音高性重音特征的一些遗迹。5.对清代的一个特殊移民的汉语方言即中亚东干语（中亚回族汉语）进行了描述，根据其保留清朝时代西北方言和新疆汉语、维吾尔语、哈萨克语、柯尔克孜语、俄语、吉尔吉斯坦语、阿拉伯语等语言的借词，指出丝绸之路上的语言特色是需要从语言学比较和语言接触中才能挖掘提取出来。

他还对藏缅语族西夏语进行剖析，提出西夏语的基础方言是从四川、青海、甘肃交界处沿丝绸之路北上的党项羌人的一支语言。在对西夏语与党项语进行了语音、语法和词汇的比较后，提出了自己的想法，即"了解或定性了西夏语与党项语的区别后，我们再来看以往学者对西夏语诸多问题的考据讨论，那就大多不是西夏语，而是党项语了"。通过深入分析西夏语借用汉语的方式，提出了"从这些汉字词的发音特征中，我们也可窥探出汉语本身的语音历史演变规律之'一斑'"。又总结出，西夏语通过汉语借进梵语的语言间接传递现象，是丝绸之路上的一种普遍的语言借用加充实的迁徙规律。

在研究丝绸之路上的闪含语系语言时，他的研究让我们看到宗教在丝绸之路上的传播及其对民族接触和语言融合所起到的重要作用。首先，根据《福乐智慧》《真理的入门》《突厥语词典》等经典文献，研究喀喇汗王朝时期阿拉伯语的影响，指出"在喀喇汗王朝中期，伊斯兰教成为国教，阿拉伯文化也随着王朝的政治、经济的发展和军事扩张、武力传教，迅速向各地传播，其中以阿拉伯语的伊斯兰教词汇的大量音借、义借成为主要的传播特征。原本的突厥文化与伊斯兰文化融合成一种合金文化"。其次，分析成吉思汗次子察合台所建察合台汗国的察合台语与察合台文的形成，并指出"从13世纪到17世纪几百年间，伊斯兰教在察合台、东察合台、叶尔羌汗国等地大面积传播，有'文攻'也有'武斗'，最终统一了突厥语诸民族及部分蒙古族使之成为伊斯兰教信徒，这其中阿拉伯语虽然没有替换某一个民族的语言而成为其后代的母语，但阿拉伯语通过传播主宰其信仰的伊斯兰教而得以在被传播民族中发展，不少文化人已精通了自己的母语和阿拉伯语，有的用双语进行宗教活动或文学创作，有些传教者在讲经、传经中直接用阿拉伯语传授，使得阿拉伯语的一些常用称谓词、常用伊斯兰教词、常用生活用语成为上述汗国各民族口语中习焉不察的交际词汇，有的阿拉伯语词汇经过不同民族语的相互借用、改造，经过历代伊斯兰教阿訇和信徒的传用和演变，已经与原汁原味的阿拉伯语走音走义了，但阿拉伯语原始的语言材料贡献之功劳却是不可磨灭的"。根据上述研究，为丝绸之路相关研究提出了宝贵的建议，即"研究这些阿拉伯语借词的起源、本意、传播渠道及音变、义变的路径，对于深讨丝绸之路的文化传播路线也是大有启示效果的"。再有深入分析我国陕甘宁回族话中的阿拉伯语（波斯语）词语，揭示阿拉伯语进入中国、融入汉语的历史过程，指出"元末明初，陕甘宁回族基本完成了由阿拉伯语到汉语的完整替换过程，这时回族话中的阿拉伯语成分恰恰是不像新疆信仰伊斯兰教诸民族说突厥语那样的充实借用成分，而是替换后的汉语之底层成分"。通过对阿拉伯语留在回族话里的词汇释析和阿拉伯词保留"转正"到回族汉语中的语音融变的探析以及对经堂语、"小儿锦"与汉语阿拉伯语混合语句的分析，指出"聚居回族话是既不像波斯、阿拉伯语，又不像汉语的中和语""小儿锦相当于给汉语汉字注的阿拉伯语字母拼音，……用阿拉伯语字母拼写汉字的音、义，这是阿拉伯语通过回族学习伊斯兰教经文来影响汉语的一种特殊语言形式，是中国回族穆斯林创制出来的一种融汉语内容与阿拉伯语字母形式为一体的独特的交际形式，它也是伊斯兰文化与汉儒文化结合融汇的一种特殊的语言文化产物。这种'小儿锦'文字形式至今在西北回族基础群众中还在使用，是阿拉伯语文对中国回族和汉族文化的一种特殊的语言文字之贡献"。最后他还研究叙利亚语言，指出"叙利亚语言是闪含语系的一支重要语言，与阿拉伯语有密切的亲属关系。叙利亚的文字形态介于阿拉伯字母和回鹘文字中间的样态，它也脱胎于早期的闪美特字母体系。"并在分析叙利亚语言及文字在景教传播中的作用时指出，"随着景教在元代丝绸之路上的活跃传播，大批景教徒来到西域和中国内地，他们使用的叙利亚文也被带到中国。在现存的元代叙利亚文景教碑铭文献中，可看出叙利亚语文主要分两种情况在传播景教，即一种是景教徒间接地用叙利亚文字转写突厥—回鹘语、粟特语、蒙古语甚至个别时候是汉语来传播这支特殊的基督教，一种是景教徒直接用叙利亚语行文、刻铭，来传播景教的核心之教义。可见，叙利亚语文在丝绸之路上的语言影响是多方面的"。他还指出"通过粟特人之粟特语与叙利亚语、突厥语、汉语的语言杂糅的过渡现象，正确地预测出粟特语靠向突厥语，最终融入突厥语的语言接触、并构和融合的发展演变过程，这是难能可贵的，也从文献上给我们提供了丝绸之路上语言接触、融合性发展的非常宝贵的信息"。

他在研究丝绸之路上的阿尔泰语系语言时，首先对阿尔泰语系与丝绸之路关系进行阐述，并指出"草原游牧文化和草原丝绸之路为阿尔泰山及以东地区的中北亚语言的发展、演变甚或为阿尔泰语系的形成都起到了重要的文化奠基作用"。

在以上丝绸之路印欧语系、汉藏语系、闪含语系、阿尔泰语系纵向、横向、历时、共时的分析和描写的基础上，指出语言接触和词语借用的诸多线索，提出语言间连锁式影响的递借性接触理论，总结分析佛教词语的使用、汉语与古突厥语互借语词例析、地名反映的语言接触信息等重要内容，使读者对丝绸之路上的几十种语言有了比较全面而深入的了解，为我们提供了透过表面现象也能找到有系统有规律的发展演变和接触融合的线索。

下面我们从丝绸之路语言发展的走向、丝绸之路语言研究的意义和必要性以及丝绸之路语言研究方法等三方面对《丝绸之路语言研究》进行总结。

一是，赵老师在丝绸之路语言发展的走向方面指出"在漫长的丝绸之路上，经过几千年的历史演变，人类的语言也经历了接触、并存、消变、融合的全过程。这其中，草原部族的游牧型语言与绿洲部族的农耕型语言的接触、交融成为丝绸之路语言发展的主要走向。印欧、汉藏、闪含、阿尔泰四大语系的语言聚合、荟萃，此消彼长，互有借用，互动共融，以至层层套叠，使得它们原有的屈折型、黏着型结构都有不同程度的交叉和磨损，而孤立型的语言结构也有形态变化的增加。无论是发生学同源的亲属语言，还是结构类型上原本相近的语言，还是地理上因语言间频繁接触而磨合得相像的语言，它们都因富有线索的交织性而难以用一种方法论来衡量其语言的本质了。多语言的交叉借用与单语言的你上我下，你说我弃，都与丝绸之路上的多民族交融、多宗教共存、多文化并构的复杂历史和多维空间密切相关。在这其中，早期的印欧语、中期的突厥回鹘语、后期的蒙古语和汉语一起在丝绸之路不同的历史时期以及在中西文化交流中发挥了重要的作用，这可以从丝绸之路上会讲这些语言的人口多寡而衡量出来"。

二是，赵老师在丝绸之路语言研究的意义和必要性方面指出"研究丝绸之路上的数十种语言的历史背景、使用状况、本体特点、消长规律，无疑是开启了一扇从语言通向文化深层探窥的窗口。通过对丝绸之路上诸语言的特色描写、演变轨迹和接触规律的全面而深入的探讨，从中提取出它们从互动到互补，再到互借、互融，乃至历史交叠的发展模式，对于开掘丝绸之路上多种民族、多种信仰、多元文化的沃土无疑是有特殊的助推作用的。从这一点上说，解读丝绸之路上复杂的语言线团儿上的一块块语言线索之谜，用'不装假的'、具有客观藏匿之权威性质的语言见证复杂的社会，寻找诸民族发展的踪迹，进而理清丝绸之路中西经济文化交流的种种文化前行的脉络，无疑是十分需要而又十分必要的"。

三是，赵老师在丝绸之路语言研究方法方面指出："语言不仅是交流思想和社会交际的工具，而且是表达民族感情和管窥民族文化的深层透镜，因此丝绸之路上的语言与丝绸之路上的诸民族的历史、商贸、宗教、战争、文化、风俗等发展状况密切相关。研究丝绸之路上的诸多语言，首先要厘清使用这些语言的民族的历史、文化、宗教信仰和生活方式等。反过来说，了解、熟悉了丝绸之路上诸语言的发生、发展，也会对丝绸之路上的民族、历史、文化和宗教有更深入细致的解读。从这种意义上说，《丝绸之路语言研究》这本书不仅是丝绸之路语言材料的聚宝盆，也是丝绸之路上观察多民族、多历史、多文化、多宗教并存与融合、兼容与并蓄的新天窗，它会从独特的角度观察到别的学科所观察不到的丝绸之路学的奥秘"。

从《丝绸之路语言研究》中可以看出，赵老师既有语言田野调查的硬功夫，又有熟知多种语言的得天独厚的条件，还有深厚的语言学理论根底，而且研究思路活跃，具有很大的创新性，不仅为后来者提供了丰富的语言资料，而且也提供了宝贵的思想成果。今天重读他的这本著作，理解并传播他的成果和思想，作为他的学生希望他的学问能更长久地留传下去。

最后，让我们以白居易的诗来寄托对老师的追思和缅怀："绿野堂开占物华，路人指道令公家。令公桃李满天下，何用堂前更种花。"

包乌云，女，1974年9月出生。2006年攻读赵杰教授博士。现为内蒙古师范大学蒙古学学院教授。从事民族古文字文献研究。主要研究方向为比较语言学。

# 满－通古斯语族诸语言同源词元音的音变律

王国庆

我的导师赵杰教授一生勤奋，对工作始终充满激情，在追求理想和教书育人的道路上一直孜孜不倦。他为人谦和，彬彬有礼，对人热情友善，严于律己，宽以待人。赵老师是学生们的良师益友，他总能在学生需要的时候指点迷津，答疑解惑。

赵杰教授作为国内研究满－通古斯语族语言的专家，一直十分关注俄罗斯满－通古斯诸语言的研究。他认为，俄罗斯满－通古斯语族的语言资料是研究满－通古斯语族语言的宝藏。在赵老师的关心和指导下，我把俄罗斯满－通古斯语族语言的研究作为自己博士论文的研究方向。在准备论文的过程中，赵老师给予了我许多无私的帮助，悉心指导我的论文写作。赵老师对语言接触和语音演变的研究造诣颇深，他建议我关注满－通古斯语族诸语言同源词元音的音变规律的研究，并对此提出了很多宝贵的意见。得益于赵老师的悉心指导，我的研究才得以顺利地开展下去。

在历史比较语言学看来，某一种内部一致的原始语在历史上，基于人口迁徙等原因，会散布到不同的地域，久而久之分化为不同的语言。语言的历史分类或发生分类与语言的共同来源密切相关，系属由共同来源的语言组成。满－通古斯语族，又称为通古斯语族，是阿尔泰语系的三大语族之一。满－通古斯语族分布在中国、俄罗斯和蒙古三国。中国共有6种满－通古斯语族语言，包括满语、锡伯语、赫哲语、鄂温克语、鄂伦春语，以及古代的女真语。埃文基语、埃文语、涅吉达尔语、那乃语、乌利奇语、奥罗奇语、奥罗克语、乌德盖语分布在俄罗斯境内，共有8种。蒙古国只有鄂温克语一种。

谱系树理论认为，语言之间存在着联系，这种联系是通过同源词的比较实现的。语言之间亲属关系的确定离不开同源词的探讨和研究。假设中的语言有没有亲属关系，主要看同源词的情况。凡是亲属语言都拥有一定数量的同源词，即语音相近，语义相近或相通的词。在证明两种语言的亲属关系时，同源词的比较才是最根本的。"历史比较的目的是探索语言之间的发生学关系或发生学关系的远近。其核心而具体的操作方法是比较词语发现其间的语音对应关系。"①

在赵老师的指导下，我对本研究的同源词进行了筛选。对俄罗斯境内的埃文基语、埃文语、涅吉达尔语、那乃语、乌利奇语、奥罗奇语、奥罗克语、乌德盖语，以及中国的满语的394个②共有的同源词的元音进行了比较研究。九种语言同源词比较后，词根（词干）和词缀分别都有弱化以至短化、脱落的音变现象。多音节词中的元音有弱化、央化、尾辅音多有脱落，元音逐渐高化较多，复元音变成长元音比较普遍。

# 一、长元音向短元音变化

九种语言中越是分布在北部的语言长元音越多，越往南元音短化越明显。这种音变在整个语族中也有诸多变式。

1. ia > a: > a > ə（ia > a: > a）

表1

| | 埃文基 | 埃文 | 涅吉③ | 满 | 乌利奇 | 奥罗克 | 那乃 | 奥罗奇 | 乌德盖 |
|---|---|---|---|---|---|---|---|---|---|
| 头部毛皮 | məta | ma:t | məta | -- | məta | məta | miata | miata | mata |
| 跳神 | jaja | nja:ja | jaja | ləjə | jaja | ja:ja | jaja | jaja | jəa |
| 冷杉 | ŋa:ŋta | ŋa:ŋta | ŋa:ŋta | wantaχa | waŋta | waŋta | waŋta | -- | ŋaŋta |

（1）*miata 中词首音节 mia 复合元音 ia 在埃文基语经历 ia > a: > a > ə 式音

---

① 江荻：《论汉藏语言历史比较词表的确定》，载《民族语文》，2000（3），33页。
② 同源词来自 Цинциус В. И. Сравнительный словарь тунгусо-маньчжурских языков. Л.: Наука, Наука, 1975. Т.1; 1977. Т.2.
③ 涅吉达尔语本文简称"涅吉"。

变，在埃文语经历了 ia＞a: 式音变，在乌德盖语经历了 ia＞a:＞a 式音变。

（2）*liaja– 中词首音节中 lia 复合元音 ia 经历了 ia＞a:＞a＞ə 式演变。

（3）*ŋiaŋta 中词首音节 ŋia 复合元音发生 ia＞a:＞a 式音变。

2. a:＞a

表 2

|  | 埃文基 | 埃文 | 涅吉 | 满 | 乌利奇 | 奥罗克 | 那乃 | 奥罗奇 | 乌德盖 |
|---|---|---|---|---|---|---|---|---|---|
| 肝脏 | ha:kin | ha:qan | xa:kin | faxun | pa: | pa:ɣa | pa: | pa:ɣa | xai |
| 害羞 | ha:lʤə– | halʤu– | xalʤa– | fantʃi– | –– | xa:lʤa– | xalʤa– | xagʤa– | xagʤa– |
| 知道 | sa:– | ha:– | sa:– | sa– | sa:wu | sa:– | sa:– | sa:– | sa:– |

（4）*pa:kin 中词首音节 pa: 中长元音 a: 在一些语言发生 a:＞a 式演变。

（5）*pa:lʤə– 中词首音节 pa: 长元音 a: 发生 a:＞a 式音变。

（6）*sa:– 中长元音 a: 在满语发生 a:＞a 式音变。

3. a:＞a＞o

表 3

|  | 埃文基 | 埃文 | 涅吉 | 满 | 乌利奇 | 奥罗克 | 那乃 | 奥罗奇 | 乌德盖 |
|---|---|---|---|---|---|---|---|---|---|
| 消瘦 | umda:n | umnaku | –– | uxu-ken | χomdo(n) | χumana | xumdu | umana | umina:– |
| 饲草 | orokto | ora:t | ojokto | orχo | orχoqta | oroqto | oroqta | okto | okto |

（7）*xumana:– 中词尾音节 na: 中长元音 a: 发生 a:＞a＞o 式演变。

（8）*orχa:-kta 中词中音节 χa: 中长元音 a: 发生 a:＞a＞o 式音变。

4. ə:＞ə（ə:＞ə＞u）

表 4

|  | 埃文基 | 埃文 | 涅吉 | 满 | 乌利奇 | 奥罗克 | 那乃 | 奥罗奇 | 乌德盖 |
|---|---|---|---|---|---|---|---|---|---|
| 打开 | ni:– | hultal– | ni:– | nəj– | nji:– | nji:– | nji:– | nji-xəli– | ŋi:gi |
| 砍 | ho:ŋna– | ho:n– | xoŋni– | satsi– | pəŋ | pəŋ | pə:ŋ | xo:ŋi– | xuaŋni– |
| 步行 | du:rə:– | ʤu:rə– | du:jə:– | ʤura– | duərə– | du:runu– | duərə– | duə– | duə– |

（9）*lə:j– 中词首音节 lə: 中长元音 ə: 发生 ə:＞ə，i:＞i 式音变。

（10）*pə:ŋna– 中词首音节 pə:ŋ 中长元音 ə: 经历 ə:＞ə，ə:＞o:＞ua 式音变。

（11）*du:rə:– 中词中音节 du: 长元音 ə: 经历 ə:＞ə＞u 式演变。

5. o:＞o＞u（o:＞o＞a，a:＞o:＞o，o:＞o）

表 5

| | 埃文基 | 埃文 | 涅吉 | 满 | 乌利奇 | 奥罗克 | 那乃 | 奥罗奇 | 乌德盖 |
|---|---|---|---|---|---|---|---|---|---|
| 稠密 | lo:gdi | no:ɣ | logdi | loqdi | loɢdo | lugʥi | lugʥi | luku | logbo |
| 长 | ŋo:nim | ŋonam | ŋonom | golmin | walmi | ŋonimi | ŋonimi | ŋonjimi | wanimi |
| 听见 | do:ldi:– | do:ldi:– | do:ldi– | donʥi– | do:ldi | dolʥi– | do:ldi– | do:ldi– | dogdi– |

（12）*lo:gdi 中词首音节 lo:g 中长元音 o: 经历 o:＞o＞u 式演变。

（13）*ŋo:li– 中词首音节 ŋo: 中辅音 ŋ 经历 ŋ＞w＞g 式演变；长元音 o: 经历了 o:＞o＞a 式演变。

（14）*do:ldi:– 中词首音节 do:l 中长元音 o: 经历 o:＞o 式音变。

6. i:＞i（u:＞i:＞i）

表 6

| | 埃文基 | 埃文 | 涅吉 | 满 | 乌利奇 | 奥罗克 | 那乃 | 奥罗奇 | 乌德盖 |
|---|---|---|---|---|---|---|---|---|---|
| 驼鹿 | to:ki: | to:ki | to:ki: | toχo | to: | to: | to: | to:ki | o:gbuo |
| 脊髓 | i:kə:ri | ikari | i:xəj | ikursun | siəri | sə:ri | –– | ikəi | ixə |
| 头发 | nu:riktə | nu:rit | nijuktə | funəxə | nuktə | ni:ruktə | nuktə | nu:ktə | nu:ktə |

（15）*to:ki: 中词中音节 ki: 长元音 i: 在埃文语发生 i:＞i 式音变。

（16）*xi:kəri 中词首音节 xi: 中长元音 i: 发生 i:＞i 式演变。

（17）*nu:ri–ktə 中词首音节 nu: 中长元音 u: 在涅吉达尔语经历了 u:＞i:＞i 式演变，在那乃语演变为短元音 u。

7. u: > u

表 7

|  | 埃文基 | 埃文 | 涅吉 | 满 | 乌利奇 | 奥罗克 | 那乃 | 奥罗奇 | 乌德盖 |
|---|---|---|---|---|---|---|---|---|---|
| 二 | ʤu:r | ʤo:r | ʤu:l | ʤuwə | ʤuəl | du: | ʤu: | ʤu: | ʤu: |
| 给予 | bu:– | bu:– | bu:– | bu– | bu:–wu | bu:– | bu:– | bu:– |
| 刮风 | huw | hu:– | xu:w– | ədu– | pu:– | pu:– | xu:– | ədinə |

（18）从 *ʤuguru 中看出下列演变规律：①词首音节 ʤu: 长元音 u: 经历了 ugu＞uu＞u：式音变；②埃文语长元音 o: 经历了 u:＞o: 式音变；③从满语、乌利奇语来看，短元音 u 经历了 u:＞u 式演变；音节 gu 经历了 gu＞wə＞ə 式演变。

（19）*bu:– 中音节 bu:– 长元音 u: 发生 u:＞u 式音变。

（20）*pu:– 的语音变化主要体现在：词首辅音 p 经历了 p＞h＞x 式音变；长元音 u: 经历了 u:＞u 式演变。

8. u:＞u＞o（u:＞u＞ə＞o）

表 8

|  | 埃文基 | 埃文 | 涅吉 | 满 | 乌利奇 | 奥罗克 | 那乃 | 奥罗奇 | 乌德盖 |
|---|---|---|---|---|---|---|---|---|---|
| 挫 | hu:na– | hu:na– | hu:na– | fufu– | pu:– | pupula– | po– | hu:– | ʤuilo– |
| 油脂 | imu:ksə | imran | imuksə | iməŋgi | simsə | simurə | simuksə | imuksə | imoho |

（21）*pubu– 中词首音节 pu 中元音发生 u:＞u＞o 式音变。

（22）*ximu:–ŋksə 中词中音节 mu: 中元音发生 u:＞u＞ə＞o 式音变。

仅以第一组为例，复元音 ia 单化为长元音 a:，长元音再短化为 a，前低 a 再高化为央中元音 ə。以下各组音变都属于这种长元音短化的类型，以至全语族位置最南的满语已经失去了长元音表义的功能。

## 二、元音的逐渐高化、前化

拉波夫认为，"元音链移包括以下 3 种情况：一是长元音高化；二是短元音

低化；三是后元音前化"①。我们讨论分析满－通古斯语族九种语言的同源词中，元音的高化和前化走势特别明显。例如，

1. a＞ə＞u＞i（a＞e＞u＞i，a＞u＞i）

表9

|  | 埃文基 | 埃文 | 涅吉 | 满 | 乌利奇 | 奥罗克 | 那乃 | 奥罗奇 | 乌德盖 |
|---|---|---|---|---|---|---|---|---|---|
| 口水 | ʥaliksa | ʥalsa | ʥalsa | siləŋgi | ʥilauqsa | ʥəlusqa | ʥiloqsa | diləskə | ʥaləha |
| 酸 | ʥeri- | ʥuir | ʥojaji- | ʥuʃu | ʥujur | dure | ʥojor | ʥui-si | ʥu:hi |
| 鹁鸽 | tʃitʃakan | tʃasgun | tʃitʃahin | tʃətʃikə | tʃitʃon | tʃitʃi | tʃitʃo | tʃitʃoku | siksigi |

（1）*ʥala-ksa（口水）元音发生下列演变：①词首音节ʥa中短元音a经历了a＞ə＞i式音变；②词中音节la中短元音a经历了a＞ə＞u＞i式演变。

（2）*ʥujar-（酸）词中音节jar-中元音向a高化发展，短元音a经历了a＞e＞u＞i式演变。

（3）*sitʃakan（鹁鸽）词中音节tʃa短元音a发生a＞u＞i式音变。

2. a＞u（a＞o＞u）

表10

|  | 埃文基 | 埃文 | 涅吉 | 满 | 乌利奇 | 奥罗克 | 那乃 | 奥罗奇 | 乌德盖 |
|---|---|---|---|---|---|---|---|---|---|
| 孤儿 | aŋaʥa | aŋaʥa | ŋaʥa | a-xa:n | anaqu | aŋani | aŋada | aŋɢaʥa | aŋaʥa |
| 多少 | adi | adi | adi | udu | xasu(n) | xasu | xadu | adi | adi(n) |
| 锤子 | halka | halqa | xalka | folχo | palawu(n) | palo | paloa | xaluχa | xaluga |

（4）*aŋaʥa（孤儿）中满语词中音节ʥa元音发生a＞u式音变。

（5）*xadi（多少）中词首辅音短元音在满语发生a＞u式音变。

（6）*paluka（锤子）中，①词首音节元音在满语经历了a＞o式音变；②词尾音节ka短元音a经历了a＞o＞u式演变。

---

① Labov, Villiam. Principles of Linguistic Change: Internal Factors. Cambridge, MA: Blfckwell, 1994.

3. a＞o＞i

表 11

|  | 埃文基 | 埃文 | 涅吉 | 满 | 乌利奇 | 奥罗克 | 那乃 | 奥罗奇 | 乌德盖 |
|---|---|---|---|---|---|---|---|---|---|
| 害怕 | olo- | ol- | olo-ldo- | oli-χa- | olo- | olo- | olo- | olo- | olo- |
| 杨树 | hula | hul | xol | fulχa | puli | pulu | polo | xulu | xulu |
| 干燥 | olgokin | olgaqan | olgokin | olχon | xolʤo(n) | xoldoxo | χolGoqto | oggipta | ogou |

（7）*ola- 中词中音节 la 中短元音 a 发生 a＞o＞i 式音变

（8）*pulχa 中词尾元音 a 发生 a＞o＞i＞u 式音变。

（9）*xolga- 中词中音节 ga 中短元音 a 经历了 a＞o＞i 式演变。

4. a＞o

表 12

|  | 埃文基 | 埃文 | 涅吉 | 满 | 乌利奇 | 奥罗克 | 那乃 | 奥罗奇 | 乌德盖 |
|---|---|---|---|---|---|---|---|---|---|
| 坑洼 | uŋulu | -- | oŋolo | uŋala | oŋolo | -- | oŋgolo | oŋgo | oŋgo |
| 草场 | oŋko | oŋqa | oŋko | oŋqo | oŋqo | oqqo | oŋqo | oŋko | oŋko |
| 饲草 | orokto | ora:t | ojokto | orχo | orχoqta | oroqto | oroqta | okto | okto |

（10）*uŋala 中乌利奇语和那乃语词中音节 ga 中元音 a 产生 a＞o 音变。

（11）*oŋka 中词中音节中 ka 短元音 a 发生 a＞o 式音变。

（12）*orχa:-kta 中词中音节中 χa: 长元音 a: 发生 a:＞a＞o 式音变。

5. ə＞o＞u（ə＞u）

表 13

|  | 埃文基 | 埃文 | 涅吉 | 满 | 乌利奇 | 奥罗克 | 那乃 | 奥罗奇 | 乌德盖 |
|---|---|---|---|---|---|---|---|---|---|
| 大拇指 | huruɣutʃən | horaɣan | xojəŋən | fərxə | poro(n) | poro(n) | pərxə | xoŋo(n) | xuə |
| 一 | umun | oman | əmən | əmu | um | umukə | əmun | om | omo |
| 陡坡 | məgdi:n | məgdin | məgdin | mudun | məgdi | məgʤi | məgʤi | məgdi | mogʤo |

(13) *pəru– 中词首音节 pə 中短元音 ə 经历了 ə＞o＞u 式演变。

(14) *əmukə 中词首元音 ə 经历了 ə＞o＞u 式演变。

(15) *məgdi:n 中词首音节 məg 中短元音 ə，在满语中发生 ə＞u 音变。

6. u＞i

表 14

|  | 埃文基 | 埃文 | 涅吉 | 满 | 乌利奇 | 奥罗克 | 那乃 | 奥罗奇 | 乌德盖 |
|---|---|---|---|---|---|---|---|---|---|
| 围嘴 | nəl | nəl | ləlǝkǝ | ləli | ləluə | nolu | ləlu: | ləli | ləli |
| 四 | diɣi | diɣi | diɣi | dujn | dui(n) | ʥi:n | dui | di: | di: |
| 狼吞虎咽 | nimŋə– | njimŋa– | nimŋə– | nuŋgi– | luŋbə– | numɢə– | luŋbə– | njimmə– | niŋme– |

(16) *ləlu(kə) 中词中音节 lu 中短元音 u 在满语、奥罗奇语、乌德盖语发生 u＞i 式音变。

(17) *ʥugsi 中词首音节 ʥu 中短元音 u 在奥罗奇语和乌德盖语发生 u＞i 式音变。

(18) *dugin 中词首音节 ʥu 短元音 u 经历了 u＞i 式演变。

以第一组元音变化为例，自低元音 a，向央中元音 ə 变，央中元音 ə 又向后高元音 u 变，后高元音 u 又向前高展唇元音 i 变。以上各组元音变化例词都是向舌位前、高的位置变化，成为了满–通古斯九种语言元音主体音变态势。

我们得出的结论和李兵的结论不谋而合，李兵对原始通古斯语、拉穆特语（埃文语）、书面满语、大五家子满语、三家子满语、锡伯语进行比较得出了如下结论，包括现代满语在内的通古斯语言元音系统演变趋势："一是元音在舌位高低维向上语音空间增大，二是后元音前化"[①]。

## 三、多音节复元音向单音节单元音变化

满–通古斯语族原来是多音节丰富，音节内复元音也较多的语言，但在发展

---

[①] 李兵：《满语元音系统的演变与原始阿尔泰语元音系统的重新构拟》，载《民族语文》，1993（3），21 页。

中，复元音音节单方向单音节化的趋势也很明显。多音节复元音词也整体向单化发展。例如，

1. labu > lau > lo:

*sila(-bun) 烤肉用铁钎子

表 15

| 埃文基 | 埃文 | 涅吉 | 满 | 乌利奇 | 奥罗克 | 那乃 | 奥罗奇 | 乌德盖 |
|---|---|---|---|---|---|---|---|---|
| silawun | hilun | silawun | ʃolon | silopu(n) | silopu(n) | silpo | silo:(n) | silou(n) |

词中音节中，元音 a 在满语、乌利奇语、奥罗克语发生 a>o 式音变，奥罗克语长元音 o: 经历了 labu > lau > lo: 式演变。

2. uba>ua>a:>o:

*ʤuban 十

表 16

| 埃文基 | 埃文 | 涅吉 | 满 | 乌利奇 | 奥罗克 | 那乃 | 奥罗奇 | 乌德盖 |
|---|---|---|---|---|---|---|---|---|
| ʤa:n | ʤa:nnu | ʤa:n | ʤuwan | ʤuwa(n) | ʤo:n | ʤoa | ʤa:(n) | ʤa:n |

该词族中，（1）长元音 a: 经历了 uba > ua >a: 式演变；（2）长元音 o: 经历了 uba > ua > a: > o: 式演变；（3）复合元音 oa 经历了 uba > oa 式演变。

3. ktə > t；ktə > xə

*xəiktə 牙

表 17

| 埃文基 | 埃文 | 涅吉 | 满 | 乌利奇 | 奥罗克 | 那乃 | 奥罗奇 | 乌德盖 |
|---|---|---|---|---|---|---|---|---|
| i:ktə | i:t | i:ktə | wəixə | iktə | iktə | xuktə | iktə | iktə |

词尾音节 -ktə 在埃文语发生 ktə > t 式演变，在满语发生 ktə > xə 式演变。

4. uə > uː

*buə 我们

表 18

| 埃文基 | 埃文 | 涅吉 | 满 | 乌利奇 | 奥罗克 | 那乃 | 奥罗奇 | 乌德盖 |
|---|---|---|---|---|---|---|---|---|
| bu | bu | bu | bə | buː | bu | buə | bu | bu |

*buə 中词首音节发生 uə > uː > u 式音变。

5. ue > uː > u

*suə 您、你们

表 19

| 埃文基 | 埃文 | 涅吉 | 满 | 乌利奇 | 奥罗克 | 那乃 | 奥罗奇 | 乌德盖 |
|---|---|---|---|---|---|---|---|---|
| suː | huː | suː | suwə | suə | suː | suə | su | suː |

元音发生 uə > uː > u 式音变。

6. ui > iː > ə

*bargi- 敌对的

表 20

| 埃文基 | 埃文 | 涅吉 | 满 | 乌利奇 | 奥罗克 | 那乃 | 奥罗奇 | 乌德盖 |
|---|---|---|---|---|---|---|---|---|
| bargiː | bargaɣ | bajgi | badʑi-la | badʑi | badʑdʑə | bajgi | baggi- | baga |

词中音节 gi 中，短元音 i 经历了 i > ə > a 式演变。

7. –kələn > –duːkə > –kəə > –ku

*nəm(i)– 薄

表 21

| 埃文基 | 埃文 | 涅吉 | 满 | 乌利奇 | 奥罗克 | 那乃 | 奥罗奇 | 乌德盖 |
|---|---|---|---|---|---|---|---|---|
| nəmkuːn | nəmkun | nəmkuːn | nəkələn | nəmi | nəmduːkə | nəmi | nəmi | nəmnəsə |

构词词缀经历了 –kələn > –du:kə > –kəə > –ku 式演变。

8. gdi > –wli > –uli > –hi

*njama 暖和的

表 22

| 埃文基 | 埃文 | 涅吉 | 满 | 乌利奇 | 奥罗克 | 那乃 | 奥罗奇 | 乌德盖 |
|---|---|---|---|---|---|---|---|---|
| njama | njam | njamagdi | -- | njama | namauli | njama | njama | njamahi |

该词族构词词缀经历了 gdi > wli > uli > hi 的语音变化。

9. –pta > a > u

*xolga– 干燥

表 23

| 埃文基 | 埃文 | 涅吉 | 满 | 乌利奇 | 奥罗克 | 那乃 | 奥罗奇 | 乌德盖 |
|---|---|---|---|---|---|---|---|---|
| olgokin | olgaqan | olgokin | olχon | xolʤo(n) | xoldoxo | χolGoqto | oggipta | ogou |

乌德盖语中词尾短元音 u 由词缀经过 pta > a > u 演变而来。

10. xuru > xuu > uu > u:

*xurumu– ~ foxolon 短

表 24

| 埃文基 | 埃文 | 涅吉 | 满 | 乌利奇 | 奥罗克 | 那乃 | 奥罗奇 | 乌德盖 |
|---|---|---|---|---|---|---|---|---|
| urumku:n | urumkun | ujumku:n | foxolon | xurmi | xurdumi | xurmi | u:mi | umasa |

奥罗奇语词首长元音 u: 经历了 xuru > xuu > uu > u: 式演变。

11. goro > goo > go:

*goro 遥远

表 25

| 埃文基 | 埃文 | 涅吉 | 满 | 乌利奇 | 奥罗克 | 那乃 | 奥罗奇 | 乌德盖 |
|---|---|---|---|---|---|---|---|---|
| goro | gor | gojo | Goro | Goro | Goro | Goro | go: | go: |

奥罗奇语和乌德盖语长元音 o: 演变过程为：goro > goo > go:。

12. gugda > guda > guad > gu:d

*gugda 高

表 26

| 埃文基 | 埃文 | 涅吉 | 满 | 乌利奇 | 奥罗克 | 那乃 | 奥罗奇 | 乌德盖 |
| --- | --- | --- | --- | --- | --- | --- | --- | --- |
| gugda | gu:d | gogda | Godo-χon | GUGda | GUGda | GOGda | gugda | gugda |

埃文语 gu:d 的演变大致经历了 *gugda > guda > guad > gu:d 的过程。

13. isi > ii > i:

*əri- 呼吸

表 27

| 埃文基 | 埃文 | 涅吉 | 满 | 乌利奇 | 奥罗克 | 那乃 | 奥罗奇 | 乌德盖 |
| --- | --- | --- | --- | --- | --- | --- | --- | --- |
| əri:- | eri- | əji: | ərgə- | ərsi | ər(i)- | ərisi | -- | əikpəsi- |

长元音 i: 经历了 isi > ii > i: 式演变。

14. aka > aa > a:

*baka- 找到

表 28

| 埃文基 | 埃文 | 涅吉 | 满 | 乌利奇 | 奥罗克 | 那乃 | 奥罗奇 | 乌德盖 |
| --- | --- | --- | --- | --- | --- | --- | --- | --- |
| baka- | baq- | baxa- | baχa- | ba:- | ba:- | ba:- | ba:- | ba:- |

长元音 a: 经历了 aka > aa > a: 式演变。

15. obo > oo > o:

*ʥobo- 受苦、遭罪

表 29

| 埃文基 | 埃文 | 涅吉 | 满 | 乌利奇 | 奥罗克 | 那乃 | 奥罗奇 | 乌德盖 |
| --- | --- | --- | --- | --- | --- | --- | --- | --- |
| ʥowo | ʥow | ʥobo- | ʥobo- | ʥobo- | ʥobo- | ʥobo- | ʥobo- | ʥo:- |

长元音 o: 在乌德盖语经历了 obo > oo > o: 式音变。

16. əgi > əi > i:

*dəgdʒə- 燃烧

表 30

| 埃文基 | 埃文 | 涅吉 | 满 | 乌利奇 | 奥罗克 | 那乃 | 奥罗奇 | 乌德盖 |
| --- | --- | --- | --- | --- | --- | --- | --- | --- |
| dʒəgdi:- | dʒəgdə | dʒəgdi:- | dəjdʒi- | dʒəgdə- | dəgdə- | dʒəgdi- | dʒəgdi- | dʒəgdi- |

埃文基语和涅吉达尔语词中长元音 i: 经历 dʒəgdəgi- > dʒəgdəi- > dʒəgdi:- 式音变，即 əgi > əi > i: 式音变。

17. ug > uɣ > uw > u:

*dug- 击、打、凿

表 31

| 埃文基 | 埃文 | 涅吉 | 满 | 乌利奇 | 奥罗克 | 那乃 | 奥罗奇 | 乌德盖 |
| --- | --- | --- | --- | --- | --- | --- | --- | --- |
| duɣ- | duɣ | duw- | du- | du:-tʃi- | du:- | du:- | du:- | du:- |

长元音 u: 经历了 ug > uɣ > uw > u: 式音变。

九种语言同源词早期或通古斯北语支语言原来是多音节，后期特别是满语支逐渐演变为单音节，甚至是单元音。

## 四、讨论

语言接触是语音演变的一个重要原因。"语言自己不会接触，所谓语言接触是指使用语言的人的接触，接触就是学习的意思，没有学习也就没有接触，语言接触是双向的，是指语言学习的双向性，即基础语和目的语的转换"[①]。满语中长元音的消失，和满族人与中原汉族长期接触分不开。语音的变化在学习目的语的词汇中通过词汇扩散完成，汉语作为满族人学习的目的语，对满语的语言产生了影响，其演变的方式通过词汇扩散的方式，先从一部分人开始，其他人从词汇扩

---

① 瞿霭堂：《语音演变的理论和类型》，载《语言研究》，2004（2），5 页。

散学习，再通过语音类推完成全过程。而其他通古斯民族相较于满族，则比较封闭，加之人口少，居住分散，和汉族的接触极少，因此汉语对其他通古斯民族的影响微乎其微。元音的高化和前化和元音本身的发音特点密切相关，一般来说，元音高化的链接首先是从 a 开始的，满－通古斯语族语言也不例外，自低元音 a，向央中元音 ə 变，央中元音 ə 又向后高元音 u 变，后高元音 u 又向前高展唇元音 i 变。朱晓农（2005）对此做出了解释，他认为"长而低的元音 a 容易高化的原因在于它难以维持大张口、低压舌状态。当 a 拖长到一定时候，在最后阶段调音器官会自然而然的回复或滑向最自然、最无标记的混元音这一初始状态。"[①] 关于多音节复元音向单音节单元音变化，主要和元音的乐音性有关，一般音高主要体现在元音上，满－通古斯的音高主要在首音节元音中，弱元音因为乐音性较弱，容易脱落从而导致音节消失或合并。

王国庆，男，1971 年 10 月出生。2005 年师从赵杰教授攻读博士研究生。现为中央财经大学国际交流学院教授，从事对外汉语教学工作。主要研究方向为汉语国际教育、汉外语言对比。

---

① 朱晓农：《元音大转移和元音高化链接》，载《民族语文》，2005（1），4 页。

# "语言是风中的树"

## ——谈赵杰先生对历史语言学关于阿尔泰语系的见解

程烨

2015年9月我到北京大学外国语学院攻读比较语言学博士以来,有幸聆听了先生的多门课程,其中比较语言学这门课不但是我的专业必修课,也是我很喜欢的一门课。

赵杰先生选用了徐通锵先生的《历史语言学》这本书作为主要授课教材。先生认为这本书章节清晰、例证翔实,可以最快时间带我们了解历史语言学的相关概念、原则、内容与方法。这本书所讲的历史比较法、内部拟测法、扩散理论、异变理论、叠置音变以及词汇统计学大致已经构成了历史语言学的全部方法论。先生说区分发生相似、类型相似和地域相似是历史语言学非常重要的问题与难题。

先生在授课之前先诚恳地谈到了这本书的很多优点,其一,外国语言理论和中国语言理论结合的榜样;其二,思路屡有创新,主要是寻找语言现象背后的规律;其三,擅于从微观的语言中提取普遍理论。同时,也提到了存在改进的地方——比如列举的语言现象多是汉藏语系诸语言的例子,其他涉猎不多,对阿尔泰语系诸语言谈论不多;再就是历史语言学的核心是比较语言学,纵向研究比较多,横向研究比较少。

先生把这本书的理论灵魂高度结晶为——"空间的差异反映时间的发展",这个中心轴一直贯穿我学习这门课的整个阶段。经过一段时间的学习,我对语系理论有了兴趣。先生给我们讲授过阿尔泰语系一直存在两种假说——现今的阿尔泰语系诸语言研究在其所属语言的亲缘关系上存在着若干种主要的研究趋向和方法，它们所根据的是两种不同的理论：一是阿尔泰诸语言共同起源说；二是语言类型接近说，认为阿尔泰诸语言是通过相互间长期的接触和影响，才获得语音、词汇及语法方面具体的共同之处。先生认为阿尔泰语系诸语言有亲缘关系，而且这种关系是非常遥远的，先生从历史语言学的角度对阿尔泰语系的形成原因给我们进行了详细地解说，并提出了他自己的见解——"语言是风中的树"。

赵杰先生深入浅出地介绍了语系理论。在19世纪中期，施莱赫尔（A. Schleicher）依据之前东方的印度之梵语和西方的希腊罗马等欧洲语言有亲属关系的历史比较语言学理论，又参考了达尔文《物种起源》进化理论，创造了人类语言发生、发展的谱系树（family tree）理论。谱系树理论认为印欧语系几万年的发展演变，就像一颗谱系树一样，最早的古代树根、树干是原始语，后来原始语再分化出树枝、树杈、树叶，印欧语系的原始语分出了欧洲大陆的罗曼语族、北欧的日耳曼语族、东欧的斯拉夫语族、东方的印伊语族等。关于南欧巴尔干半岛的语言联盟等问题是施莱赫尔等语言学家难以分清的，但世界语言纵向发展以"谱系树"理论来划分已成为国际语言学界的主流。

也就是说，语系是从发生学的角度来研究语言之间的相互关系的一种假设，是将语言之间的关系比作与家族关系相似的谱系关系的一种模式。它假设：有些语言相互之间有亲属关系，它们来自一个共同的原始语，由于语言的分化而一分二、二分四……形成今天世界上的各种语言；分化早的语言，相互的亲属关系比较远，共同点比较少，而分化晚的语言，相互的亲属关系就比较近，共同点比较多。因此，人们根据语言亲属关系的亲疏远近而把有关语言归入语系、语族、语支、语群、语言、方言、次方言、方言片、土语……这样一种分类的层级体系中。语系是分出来的最大类，一个语系包含几个语族，一个语族包含几个语支，其他依此类推。这种假设是谱系树的一种结晶。

但是"谱系树"理论有一些难以解决的问题，19世纪中后期，施莱赫尔的学生施密特（J. Schmidt）在解决"谱系树"理论难题的基础上，创造了"波浪说"（wave theory）理论。先生介绍"波浪说"认为"谱系树"即诸语言作为发生的、亲属关系的正常分化不是绝对的、万能的，其实，某一语系的原始语时就有方言的分歧，在后来的漫长历史发展和语族分化中，世界语言由于各地移民、征伐、战争扰攘等，别的语系或语族的语言也会掺入其中，造成不同语言间的相互借用、相互补充、相互影响。"波浪说"理论认为，某个语言的介入及影响，就像一个小石片快速滑入池塘水面，打起水漂儿，泛起了片片微波，直到波浪消停之后还有涟漪一样。也就是说，迥然不同的语言进入某一语族或语言中也会对这些亲属语言产生一连串的连锁式的影响，长久下去，外来语和土著语磨合成一个非常相似的混合语或叫融合语。先生说这也是世界语言发展中与"谱系树"同等重要的理论模式。先生给我们强调"谱系树"和"波浪说"两个理论从本质上讲不是对立的，而是相互补充的。19世纪的欧洲语言学家正是依据这两个理论来进一步对世界其他地方的几千种语言进行语系划分，最初为世界诸语划出了印欧、汉藏、阿尔泰、闪含、伊比利亚—高加索、马来珀利尼西尼、达罗毗荼、乌拉尔—芬兰、南亚、班图等语系。先生认为这种语系划分的数量及其语言的归属仍有随研究深化而不断调整的余地。比如，早期的欧洲语言学家就把乌拉尔—芬兰语系和阿尔泰语系分为一个语系，后来才发现，这地球上一东一西的语言在语音对应规律和同源词汇方面还是有较大差别的，故又分开，各自为一个语系。

阿尔泰语系诸语言的比较研究是先生的专长。阿尔泰语系主要包括突厥、蒙古、满-通古斯三个语族（另外也有一些学者把朝鲜语和日语也包括进来），主要分布在中国、中亚部分国家、土耳其、蒙古国、俄罗斯、伊朗、阿富汗以及东欧的一些国家。

先生认为我国作为阿尔泰语系诸民族的发祥地，阿尔泰语系语言覆盖了整个阿尔泰语系语言的各个语族——其中突厥语族语言有：维吾尔语、哈萨克语、柯尔克孜语、乌孜别克语、塔塔尔语、西部裕固语、撒拉语、图瓦语等；蒙古语族语言有：蒙古语、达斡尔语、土族语、东乡语、保安语、东部裕固语、卡尔梅克语（一部分在新疆伊犁昭苏，属卫拉特方言）等；满-通古斯语族语言有：满语、锡伯语、赫哲语、鄂温克语、鄂伦春语等，另外还有朝鲜语。由于语言发展的不平衡性，这些语言在不同程度上保留着不同时期的语言面貌。

先生认为在确定语言亲属关系的时候，一般参考如下标准：其一，同源词的语音对应。同源词就是语义相通，语音相近的一些词。不同语言之间的语音虽有差异，但是可以找到成系统的语音对应关系，这是非常重要的语言事实，在确定语言亲属关系的时候最有价值。其二，形态结构的共同性和它的变化的相似性是确定语言亲属关系的宝贵而有价值的材料。其三，材料的收集也要符合以下的几条原则：一是稳固性，不易发生变化，基本核心词，文盲所使用的，须臾不可离开的生活词、代词、亲属的名称、身体各部分的名称、日常通用的动词，形容词等。因为它们不容易从外面借用，也不容易发生变化；二是能够代表某一语言的特征的一些特殊的语言事实，例如阿尔泰语系的元音和谐律 [p'orp'onoopi]"胖"，唇状元音和谐，[ama]"父亲"阳性元音和谐，等等。三是这种特殊的语言事实在语言中虽可能是零散的，但却具有系统的性质，比如拟声拟态词，方言中的成语、俗语等。四是从这些事实中归纳出来的原则的适用范围具有普遍性，尽可能适用于各种类型的语言。其四，书面材料的运用，有历史文献记录的语言也可以用书面材料和语言材料相互印证，来确定语言的亲属关系。

先生总结了前人学者的研究，将阿尔泰语系诸语言之间存在的共同特征大致总结为以下几个方面：有元音和谐；词首不能出现复辅音；词首不能出现辅音 r，少数借词除外；构词和进行形态变化主要依靠在词尾添加各种附加成分完成，没有前加附加成分；有一些共同的基本语法范畴，比如人称、领属、格等；动词的形态极为丰富；动词有态、时、式等语法范畴；动词在宾主之后，定语在被修饰词之前，等等。

阿尔泰语系诸语言在语音、词汇和语法上有很多共同之处，这一点是毫无疑问的，已经得到普遍的认可，但是如何解释这些共同点的来源，即阿尔泰语系的形成原因存在着不同的观点——"同源说"和"接触说"。

关于"同源说"先生给我们阐述了其基本观点。阿尔泰诸语言在起源上有亲属关系，有一个比原始突厥语、原始蒙古语、原始满–通古斯语更早的原始语，即原始阿尔泰语。用历史比较法研究阿尔泰语始于 20 世纪初。在掌握多种语言材料的基础上进行比较，提出并论证阿尔泰语有亲缘关系，贡献最大的是芬兰学者兰司铁。从 1902 年起，他写了许多揭示语族之间共同的语法成分和重要的语音对应关系的论文。兰司铁的全部成果在他去世后由他的学生阿尔托（Aalto）编辑出版《阿尔泰语言学导论》。先生每次谈到兰司铁都会提到其著作为阿尔泰语言学奠定了良好的基础，鼓励我们多阅读相关著作。先生说到受兰司铁的影响，不少学者继续他的工作。美国学者鲍培（N. Poppe）在作了许多专题比较研究的基础上，写了《阿尔泰语比较语法》，把探索同源词和建立音变规律的工作向前推进了一步。鲍培用他的研究成果维护阿尔泰语系语言同源论的观点。

先生谈到阿尔泰语言"接触说"的基本观点，指出其认为阿尔泰诸语言并没有共同的来源，这些语言的祖先原来的结构就很相近，由于不同语言的人群经常迁移而造成语言之间相互接触和影响。先生说代表此观点的是波兰学者符拉迪斯拉夫·科特维奇（Władysław Kotwicz）。他在阿尔泰比较研究中作了大量工作并受到尊重，其代表作是《阿尔泰语言研究》。他在探索每个语族的语言历史，揭示三个语族之间一些共同的词和语法成分以及一些语音对应规律以后，得出结论，这些语言彼此之间在历史上产生过强烈的相互影响，三个语族之间存在的错综的语言现象，很难判断阿尔泰诸语言是同源关系，或是相互影响的关系。

先生谈到也许可以假设最开始是亲缘关系，后接触彼此相互影响，即他们是"风中的树"这种关系。因为有一些语言现象可以说明三个语族语言之前的关系。这些语言现象似乎和语言的影响无法联系起来，比如元音和谐是阿尔泰诸语言都有的语言现象。元音和谐应该说是一种很古老的语言现象，它产生于语言的早期阶段，它的构词和构形功能可以说明这点。

先生提出的"语言是风中的树"，就是说阿尔泰语系诸语言有亲缘关系，只是突厥语族语言和蒙古语族语言的关系较为密切，而蒙古语族语言与满－通古斯语族语言的关系又较为密切，只是这种亲缘关系是非常遥远的。由于分化时间顺序的不同，各语言之间的关系的远近也是不同的。比如突厥语族语言和蒙古语族语言之间的共同成分远比突厥语族语言和满－通古斯语的共同成分多。而所谓的"风"就是在历史上，由于战争和其他原因，居民的流动性很大，接触其他语言的机会很多，说一种语言的人转用另一种语言的机会也多，所以，阿尔泰语系诸语言也存在着相互影响的关系。

先生所言"语言是风中的树"，意思是阿尔泰诸语言有同源成分、形成亲属关系但又被接触磨损较重的阿尔泰语系。自古以来活跃在阿尔泰山周围及以东的广袤中亚草原上的这些语言确实经过了"风"——比较大的迁移互动和相互借用与融合，这是不争的历史事实。

先生对历史语言学以及阿尔泰语言的理论研究，一直都是紧紧结合语言的实际，在继承的基础上不断创新。这是我一直致力的方向，先生的治学精神将继续陪伴着我。

　　感谢老师！缅怀恩师赵杰先生！

程烨，女，1987年6月出生。2015年师从赵杰教授攻读博士研究生。现为荆楚理工学院文学与传媒学院讲师，从事语言学及应用语言学教学工作，主要研究方向为比较语言学。

# 赵杰先生与宁夏方言研究

马军丽

作者按：赵杰先生是我的硕士导师，是赵杰老师传授的语言学理论指导我开展对家乡方言的田野调查，还清晰记得赵老师课后修改指导论文的情景，在我的硕士论文中固原方言语音的国际音标是尊师一个一个听音、审音、记音修改定稿的，正是赵杰老师的指导和提携，帮助我开启了研究家乡方言的知识宝库。尊师对方音的严格听审、准确标记和对专业方向持续深入的研究，对学生产生了受益终生的影响。

2020年12月19日5时20分，我们尊敬的赵杰老师因病逝世。噩耗传来，我感到无比的震惊和悲痛。追忆起赵杰老师在北方民族大学任职期间的成就，不禁悲从中来，赵老师有深厚的语言学、人类学、民族学等各学科理论修养，开设过《汉语语言学》《方言田野调查》《满语研究》《语言学方法论》等多门硕士研究生课程，他无私奉献和精于专业，荣获"宁夏回族自治区教育奖章"。赵杰老师在宁夏任职期间出版了多部专著，发表了具有重要学术价值的科研论文，老师毕生致力于学术研究和人才培养，以其深厚的学科积累和丰硕的研究成果，为宁夏方言研究和后备人才培养做出了重要贡献。如今老师已永远离开了我们，我们只能从追忆中去重温老师的教诲，感受老师的风范。谨以此文感念赵杰老师对学生诚挚关怀和谆谆教导，谨以此文怀念赵杰老师对学术研究勤耕不辍和孜孜不倦，谨以此文悼念赵杰老师千古！

赵杰先生曾受命支援边疆地区的教育事业，2006 年从新疆石河子大学调任北方民族大学任副校长，在宁夏工作近十载，在北方民族大学任职期间讲授语言类课程，也正是这个阶段我有幸成为赵杰老师的硕士研究生，是赵老师指导我走上方言研究的路子，开始了专业系统的理论学习。在此借对宁夏方言研究历史的梳理，回顾赵杰老师在语言理论及学术领域的研究成果，感念他的学术生涯、研究成果及探索精神能给后继研究者带来的启发，以表达深切悼念之情。

宁夏回族自治区处于我国西北内陆的黄河中上游地区，东临陕西，北接内蒙古，西南与甘肃相连，土地总面积 6.6 万平方千米。宁夏历史悠久，是中华文明的发祥地之一，历史上曾是东西部交通贸易的重要通道，地处中原文化与草原文化的过渡地带，又是河套文化与丝绸之路的交融区。在大力开发丝路文化背景下，宁夏尤显其特殊的战略地位，而对于宁夏方言的研究更具有深远的意义。本文评述的宁夏方言是指从 1958 年宁夏回族自治区成立后，区内通行的方言，在此对取得的成果予以述评，以期为今后的研究提供参考。

## 一、宁夏方言研究历史回顾

有关宁夏方言，最早的记录见于光绪三十四（1908）年的《宁灵厅志草》[①]与《海城县志》[②]，之后还有康熙二年（1663）的《隆德县志》，民国二十四年（1935）的《重修隆德县志》，民国十六年（1927）的《朔方道志》等。

值得注意的是刊行于民国十六年的《朔方道志》，为近人马福祥、陈必淮、王之臣等纂修，是宁夏旧志中成书较晚的一部志书。该书的卷三《舆地志·风俗》收录了调查所得的 86 个有一定代表性的方言词汇，每条都有训释，训释的内容或为音，或为义，涉及了民国时期宁夏 8 个县方言的语音和词汇。这是目前所能看到的宁夏旧志中方言资料最为丰富的地方志书。

古籍中对宁夏方言资料的记载比较零散，没有独立成篇的方言志，只是偶有只言片语的方言词语记录而已，并且没有标音，既达不到"彻悟语声"，也看不出宁夏方言的基本概貌。

---

① 胡玉冰：《宁夏地方志研究》，298 页，北京，中国社会科学出版社，2012。
② 胡玉冰：《宁夏地方志研究》，350 页，北京，中国社会科学出版社，2012。

1958年，宁夏回族自治区成立，方言研究也开始起步，至今已有60余年，这60余年中宁夏方言研究可梳理为以下三个阶段：其一，从1958年到改革开放，是宁夏方言研究的起步阶段。其二，自改革开放到上个世纪末，宁夏方言研究进入了语言学意义上的研究阶段，也是宁夏方言研究繁荣时期。其三，新世纪以来，是宁夏方言研究纵深发展时期。本文就宁夏方言研究三个阶段的状况作以综述，供研究汉语方言，尤其是研究宁夏方言的学者参考。

第一阶段：从1958年宁夏回族自治区成立到改革开放，是宁夏方言研究的起步阶段。这一时期主要是围绕推广普通话和方言普查工作开展研究，也可以称为普查阶段。新中国建立之初，依据国情制定语言政策和语言规划，成立了中国文字改革委员会，发布关于在全国推广普通话的指示，明确要求各省进行方言调查。1959年，全国普查方言1849个点，写出方言调查报告1195份，学习普通话手册320种（出版72种）。① 要在宁夏推广普通话，就要研究宁夏方言的特点，明确与普通话的对应关系，1959年宁夏教育厅组织宁夏大学中文系的部分教师第一次开始区内方言调查，整理成了《宁夏人怎样学习普通话》，油印内部发行。这本小册子介绍了宁夏北部川区几个县的方言概貌，虽然对宁夏南部山区方言还没有涉及，但是迈出了宁夏方言研究的第一步。1960年至1976年期间，宁夏方言研究陷于停滞状态。

第二阶段：改革开放到20世纪末，这一阶段是宁夏方言发展繁荣时期。以方言描写为主要特征，进一步深入对方言点的调查研究，"重在音系描写，离不开田野作业，更离不开耳治"。②

党的十一届三中全会以后，全国汉语方言学的研究空前活跃，成果迭出，尤其是温端政主编的《山西省地方志丛书》和钱曾怡主编的《山东方言志丛书》如雨后春笋，陆续出版方言志十余种。全国学术呈现欣欣向荣的景象，宁夏方言的研究也进入发展时期，并显示出强劲的后发优势。仍然是以宁夏大学为排头兵，1978年中文系专门成立了宁夏方言调查研究小组，对宁夏方言进行了第二次全面调查，这次方言调查较前一次有质的飞跃，复查了银北地区部分县城的方言，补充调查了一些没有涉及的地区，特别对以往没有进行调查的宁夏南部山区六

---

① 周振鹤、游汝杰：《方言与中国文化》，12页，上海，上海人民出版社，2019。
② 何九盈：《中国现代语言学史》，462页，北京，商务印书馆，2008。

县的方言状况进行了实地调查,编写出《宁夏人学习普通话手册》,虽未正式出版,但是概括了宁夏北部川区和南部山区大部分地区的方言概况,较详细地描写了方言的声、韵、调的特点以及与普通话的对应规律,是早期宁夏方言调查研究成果的汇总,也为以后宁夏方言的深入研究提供相对规范的范本。上世纪八九十年代,宁夏方言研究正如沈兼士先生所言"向来的研究是目治的注重文字,现在的研究是耳治的注重言语;向来只是片段的考证,现在需用有系统的方法实行历史的研究和比较的研究,以求得古今方言演变之派别,分布之状况。"[1] 经过老一辈语言学家高葆泰、杨子仪、李树俨、马学恭、林涛、张安生等人的创业,为后来深入研究宁夏方言奠定了坚实的基础。宁夏方言的描写研究取得一系列可喜的成果,呈现了繁荣发展的局面。

第三阶段:进入新千年,宁夏方言研究进入综合提升阶段,开启宁夏方言多学科研究新气象。一方面,方言研究向纵深方向发展,宁夏方言调查对原来有研究基础的方言点如银川、固原、隆德、同心等地区,不仅注意到方言区内部小片之间的区别特征,并且更多地关注方言词汇和语法系统的特点。对新产生的移民吊庄如红寺堡、闽宁镇等地区开始拓荒性研究,语言调查几乎涵盖全区18个市县,较前一个阶段研究范围更广泛。另一方面,呈现出方言与其他学科交叉综合研究的趋势,由描写性研究转向解释性研究,[2] 在田野调查和方言描写的基础上将语言学与民族学、文化学、社会学、民俗学、历史学、地理学等学科整合多角度地解释语言现象。这种解释是在描写的基础上推动更高层次的描写,将宁夏方言与多学科交叉研究,描写是多角度的,解释也是多维度的,为宁夏方言研究开辟一个新的园地,也为宁夏地域文化研究寻找一条新途径。这一阶段宁夏方言研究的热点是"方言接触和方言变异",主要表现在民族变体和地域变体两方面,前者体现在回族话研究中,后者体现在移民区方言研究中。与第二阶段相较,这个时期宁夏方言研究能够纵深发展,得益于国家对语言资源的高度重视,2015年,教育部、国家语委启动中国语言资源保护工程,宁夏各高校相关语言工作者抢救和保存了客观真实的方言资料,促进了宁夏方言深入研究;同时与国家、省部和区内各级社会科学基金项目的大力支持密不可分,其间相关宁夏方言研究的

---

[1] 沈兼士:《沈兼士学术论文集》,45页,北京,中华书局,1986。
[2] 游汝杰:《语言与文化学》,载《语文导报》,1987(2),5-6页。

国家级项目十余项,省部级项目二十余项,宁夏社科规划项目和宁夏高校研究项目课题数量也大幅度增加,区内各高校项目近百项,为宁夏方言研究工作的繁荣发展起到积极的推动作用。这一阶段对宁夏方言研究有影响的学者有赵杰、杨占武、李生信等。

## 二、宁夏方言研究分类述要

(一)方言内部分区方面

上世纪 80 年代初,宁夏语言学界对境内方言的差异进行了初步探讨。高葆泰在《宁夏方音跟陕、甘、青方音的比较》(《宁夏大学学报》,1982)大致将宁夏方言分为北部川区话和南部山区话,并没有清晰的边界。最早明确提出宁夏方言区划是张盛裕、张成材,"依据古入声字的今调类将宁夏方言划分为北部的兰银官话与南部的中原官话两大方言区域。又将南部各县方言分别归入中原官话关中、陇中、秦陇三片。北川各县方言归入兰银官话银川片、银南片、盐池片。"[①]至此,将宁夏方言确定为兰银官话和中原官话,虽然对其内部方言小片区划不够准确,但是为以后的研究指明了方向。

高葆泰对宁夏方言的分区与张盛裕、张成材有较大差异,认为"宁夏兰银官话分为银川、吴石、中卫、盐池四片。将宁夏中原官话分为固原、泾源、西隆三片。"[②]这里,将同心和盐池划分到兰银官话中是不妥当的,忽略了这两个过渡区域内部语言差别。

张安生在《宁夏盐池话的语音状况及归属》(《宁夏大学学报》,1991)中提出盐池话与秦陇片更为接近,似应考虑归入中原官话,并且独立为盐池小片。之后在其《宁夏境内的兰银官话和中原官话》(《方言》,2008 年第 3 期)依据方言点实地调查材料提出了与前几位先生都不同的方言区划。将宁夏兰银官话细化为银川、中卫、同心三小片。宁夏中原官话划分为关中、陇中、秦陇三小片。

邢向东在《晋陕宁三省区中原官话的内外差异与分区》(《方言》,2005)将宁夏中原官话分为:秦陇片、陇中片、关中片,与张安生上文区划完全相同。

---

① 高葆泰:《宁夏方言的语音特点和分区》,载《宁夏大学学报》,1989(4)。
② 杨子仪:《固原方言本字考释》,载《固原师专学报》,1991(4)。

依据以上研究可以确定宁夏方言包括兰银官话和中原官话两部分，并且语言学者依据古入声的今调类已经论述得十分翔实。但是关于宁夏两大方言边界点出现了意见分歧，其一，宁夏两大方言各自内部划分的若干小片归属不同。其中争议最多是中卫、中宁、同心、盐池四个地区（四个县市部分地区）。其二，缺少方言事实材料的支持，出现方言调查空白点。笔者对以上宁夏方言分区成果的比较分析，在宁夏方言点的田野调查之后，尊重张安生关于宁夏方言的分区的意见，既能充分考虑历史政区的沿革又能重视生态移民在宁夏方言差异的形成过程中所产生的变化，既考虑方言特征，又研究方言特征产生影响作用的社会因素，这样方言区划比较客观科学。

（二）方言语音方面

1. 宁夏方言语音描写

早期对宁夏方言语音进行调查研究并取得显著成绩的是高葆泰、李树俨、马学恭、林涛、张安生等老一辈语言学家，从1978年到20世纪末，他们对宁夏方言进行比较广泛的调查，出版了一批有影响的论著，主要有李树俨《中宁县方言志》（1989）、杨子仪、马学恭《固原县方言志》（1990）、高葆泰、林涛《银川方言志》（1993）、林涛《中卫方言志》（1995）、李树俨、张安生《银川方言词典)(《现代汉语方言大词典》分卷之一，1996年内），侯精一《银川话音档》（1997），勾画了宁夏方言的基本面貌。对方言点的声母、韵母、声调等语音特点和普通话语音的对应规律做静态的描写与分析。

还有大量的学术论文研究宁夏方音，张盛裕的《银川方言的声调》（1984）是最早发表在《方言》上研究银川方音的论文，讨论了银川话的声调系统，通过分析两字组连调的规律说明银川话也是四声俱全，且连调中表现更明显，将宁夏方言研究推向全国，引起了更多语言学者的关注。此后陆续发表的论文描写各个方言点的语音系统，记述了部分方言中特殊读音现象，如：杨子仪的《西吉音略》（1989），高葆泰的《贺兰音略》（1988）、《永宁音和永宁话简述——永宁方言记略之一》（1993），张安生的《同心音略》（1991）、《宁夏盐池话的语音状况及归属》（1991），林涛的《青铜峡市方言记略》（1994）、《宁夏纳家户回族汉语方言记略》（2002），曹强的《海原方言音韵研究》（2006），王玉鼎的《论海原方音的浊音清化规则及其形成的原因》（2009），马晓玲的《宁夏北部回族话特点新探》(2004)，张燕来《兰银官话语音研究》(2003)。闫淑琴的《固原话中的吸气音》(2002)、《对宁夏固原话吸气音的两个听辨实验》(2009)首次提出了宁夏方音中一种很特殊的吸气音，并对吸气音的语音特征和语用功能更深入地探讨。

2. 宁夏方言连续变调和音变

张盛裕的《银川方言的声调》(1984)和《银川方言三字组的连调》(1987)是最先讨论宁夏方言变调的论文，从银川方言两字组和三字组连调的规律，说明银川话也是四声俱全。杨捷的《关于同心方言中后鼻音读为前鼻音探源》(2007年)针对同心方言中前后鼻音不分的情况，究其原因是受阿拉伯语、波斯语的影响。陈卫恒的《共时音系的历时蕴含：中卫方言"子"变调的生成音系学解释》(2007)，周慧宁的《石嘴山方言中zh、ch、sh的音变现象及其它》(2008)，吴娟的《银川方言声调连续变调的音系学分析》(2009)，高顺斌的《固原方言两字组连续变调的轻声》(2013)，对宁夏中宁、石嘴山、银川市、固原等地区方言特殊的连读变调现象从生成音系学的角度，运用优选论的理论方法，语言与词汇语法的关系各个方面探究其变化的规律，尝试对宁夏方言的连续变调进行较详尽的分析，以期得出连续变调的底层原因和引发连续变调的音系机制。

3. 语音比较

从研究方言开始就伴随着语音的各种比较，方音与普通话的比较，这是最常用的比较方法，如林涛《宁夏话与普通话语言差异举要》(1982)，林涛、张安生《银南话与普通话语音的差异及其对应关系》(1982)、李树俨《中宁话与普通话语音的对应规律》(1985)。将方音与普通话对比找到对应规律，在研究方言语音系统同时推动普通话的规范。如杨睿《宁夏普通话培训中声调和声母常见问题及应对策略》(2009)、马晓玲《从师范生实习环节反思普通话教学》(2010)、杨晓宇《宁夏高校普通话水平测试及培训现状调查》(2017)，全区在推广普通话的过程中，不断发现方音特点，探明发音方法和原理，找出银北川区、银南山区学习普通话存在的问题，有针对性地解决问题。再有古音与今音的对比，如：杨子仪的《固原话声调与中古调类之比较研究》(1988)从渊源和发展角度出发对固原方言进行研究。李树俨的《中古知庄章三组声纽在隆德方言中的演变》、曹强的《古疑影母在海原方言中的演变》、杨苏平的《隆德方言尖团音分读与合读现象探析》都是将方音置于古今历时变化的系统中进行对比找到它们发展变化的规律。还有不同民族、不同地域的语音比较,最典型的当属赵杰的《从日本语到维吾尔语——北方民族语言关系水平性研究》(2007),其专著论及宁夏域内不同民族语言的相互影响。高葆泰的《宁夏方音跟陕甘青方音的比较》(1982)与张盛裕、张成材的《陕甘宁青四省区汉语方言的分区》(1986),将方言调查点邻近周边地区语音比较,找到相互渊源关系,对比出彼此的差异。还有同一方言区内部方言小片之间的语音比较,如杨子仪《西吉音略》(1989)分析西吉方言细划为汉族区、回族区、县城区三片,同时每个小片内部还能细分若干小点,这是对西吉方言非常细致的描写,但是具体划分的依据和各个小点之间的差异分析并不透彻。杨苏平《隆德方言音略》(2016)将隆德方言内部依据语音特征分北片、中片、南片三小片,做了详细描写,细致区分,理论依据较充分。

(三)方言词汇方面

早期方言词汇的调查都不是专门进行的,而是在语音调查时做的附录,宁夏各个市县的方言词汇收集整理最初都散见于方言志和各地县志方言卷中。如《固原县方言志》(杨子仪、马学恭,1990),在其中"方言调查词表"部分是最早对宁夏方言词汇进行专录收集整理的著作。之后陆续出版的《西吉县志·方言章》(杨子仪、马继善,1995),《泾源县志·方言章》(马学恭,1995),《彭阳县志·方言章》(杨子仪,1996),《隆德县志·方言章》(杨子仪,1998),《海原县志·方言卷》(高葆泰、马学恭,1999)等县志方言章节所涉及的方言词汇条目并不多,对词条只有简单记音和解释,有些词汇是用汉语拼音标记,并未使用国际音标标注语音,记音出现错误,词条释义后并没有词条用法的例证,同时缺少一定的查找排序,使用起来不是很方便。之后的很长一段时间内,本地区方言词汇的研究一度陷入了沉寂状态。

进入新世纪,对宁夏方言词条较全面收集、整理与解释的词典有:李树俨、张安生《银川方言词典》(1996),杨苏平《固原方言俗语》(2007),刘梦凡、刘永媛、马学恭《海原方言词语汇释》(2012),西莽《永宁方言精选》(2015),高顺斌《固原方言词典》(2015),这些方言词典标志着方言词汇研究更细致深入,但是有些词条的收录和释义还有不规范之处。

宁夏方言词汇研究的论文也很多。研究内容大致分为三部分。

其一，宁夏方言本字考。主要体现在对方言词汇的收集和对词源的考察。杨子仪先生最早发声，强调本字考须"经过审音辨义的探求和说明，而并非仅将摘录于古字书中之某字比附于后所能奏功。"[①]考释了110个固原秦陇片方言本字，为今后固原方言本字考提供科学规范的理论方法。《同心回民方言语词考释（一）》（张安生，1994）、《同心回民方言语词考释（二）》（张安生，1996）、《隆德方言古词语例释》（杨苏平，2005）、《〈史记〉中所见的关中方言方言词语》（曹强，2006）考释宁夏各市县方言词语的渊源，从注音、举例、方言意义、文献资料例证等方面进行诠注。《固原方言词语的词源特色》（马军丽，2013）、《盐池方言词词源探究》（陈方敏，2014）这类文章研究宁夏方言词的来源，既有上古和中古语词的留存，还有古白话词的沿用，也有近代汉语词语的保留。

其二，宁夏方言词汇记录、描写。最早的单篇论文见于《贺兰语汇记略》（高葆泰，1992），重点介绍贺兰方言的特殊语汇。依据《方言调查词表》调查记录，标音以贺兰县城音为准。一律采用国际音标标声、韵，阿拉伯数码标调值。对贺兰县方言词汇进行描写记录，词条收集并不全面，有些语汇释义并不科学。《宁夏方言词汇"胡嘟"初探》（徐敏，2015）《固原方言的隐实示虚趣难词》（刘瑞明，2005）收集了方言特殊词语进行比较、释义并举例说明。《固原方言"吃"义动词探析》（马军丽，2017）列举了固原秦陇片方言中14个表示"吃"义的动词，通过对比细致描写方言动词的细微差异。方言俗语也引起语言工作者的重视，赵红芳的系列论文《隆德方言四字格词语续释》《银川方言四字格俗语释例》《灵武方言四字格俗语释例》《银川方言四字格词语续释》，对宁夏方言词汇中四字格词语重点研究，从语音、词义、例句方面注释。

其三，宁夏方言词汇的比较研究。将宁夏方言词汇与临近省区方言词汇进行比较，张盛裕、张成材的《陕甘宁青四省区汉语方言的分区》（1986），涉及这四个省区的方言词汇比较。将宁夏方言词汇和普通话词汇进行比较，体现在《银川方言的语汇特点》（林涛1993）、《中卫方言的语汇特点》（林涛，1995）、《固原方言词汇特点探析》（马军丽，2012）、《银川方言词汇与汉语普通话词汇比较研究》（周婷华，2016）一系列论文中，将银川市区方言、中卫方言、固原方

---

[①] 杨子仪：《固原方言本字考释》，载《固原师专学报》，1991（2。）

与普通话系统地比较，研究方言词汇在语音、词形、词义、词源等方面与普通话的不同之处。

（四）方言语法方面

宁夏方言的语法研究总体看来很薄弱，学术论文无论是从数量还是深度上都明显弱于语音和词汇的研究。宁夏方言语法研究归结起来分为词法和句法两个方面。方言词法研究的重点主要集中在词缀和重叠结构上。如《银川方言人称代词复数的两种形式及词缀"都"》（李树俨，2001）、《固原方言的派生词及词缀》（高顺斌，2010）、《固原方言的重叠式》（高顺斌，2009）、《宁夏泾源方言中的ABB构形析》（白玉波，2011）。另有论文探讨方言语气词和助词的时体功能，吕玲玲硕士论文《宁夏隆德方言的时体研究》（2014）论述得较为详细，认为这一功能除受语法形式中特定的助词和语气词因素影响外，还受句中词汇手段和零标记形态的制约，存在共现与重叠的特性。《宁夏彭阳县方言时体研究》（袁海燕，2017），对彭阳县方言的体貌标记做了介绍。对于宁夏方言体貌助词研究见于蒙丽娜系列论文《原州区回族汉语中表示"完成"的体貌助词"下"》（2015），对原州区回族话的单个标记词和系统的体貌格式详细分析。

（五）方言的多学科研究

新世纪以来，宁夏方言研究呈现新方向，多视角的特点，更加深入挖掘方言背后的文化现象，更加注重方言与其他学科综合交叉研究，由描写性研究转向解释性研究，在方言本体研究的基础上尝试结合历史、地理、移民、民族、民俗等各种因素，从文化语言学、社会语言学方面展开研究。这方面的论著有赵杰的《东方文化与东亚民族》《民族和谐与民族发展》。典型的论文如《从移民文化看宁夏话的形成与发展》（刘晨红，2009）、《固原方言词汇的文化特色》（马军丽，2012）、《宁夏话"子"缀称谓词的语言文化解析》（刘晨红，2012）、《地域文化视阈下的民俗——以固原民俗为例》（郭勤华，2013）、《宁夏固原市原州区地名文化景观内涵分析》（卢彩霞，2017）、《回族聚居区的文化特征及其对汉语方言变体的影响》（李生信，2016）。以上论文对于我们认识宁夏方言词汇及其反映的地域文化特点，具有重要的意义。

(六)方言的接触和变异方面

近些年,宁夏方言研究的热点集中在方言的接触和变异方面。主要表现在民族变体和地域变体两方面。

宁夏方言的民族变体体现在回族话研究中。"回族聚居区的方言和所在区域的汉语方言在语言本质上是没有区分的,回族聚居区的汉语方言变体只是汉语方言的一个特殊类型;如果从汉语方言变体生成的种种要素来分析,回族聚居区的汉语方言变体十分特殊,民族文化因素在其中发挥着十分重要的作用"[①],回族是中华大地上土生土长的民族,其通用语为汉语,宁夏回族使用宁夏汉语方言,但由于不同的民族文化,出现不同的语言心理和不同的生活用语。从文化学、民族学和社会学等不同角度研究宁夏方言民族变体成为新世纪宁夏方言研究的新方向,这方面的专著如赵杰先生的专著《回族解读》(2007)和《回族释读》(2010)深入讨论了宁夏方言在回族中产生的各种变体。再如《文化视野下的语言研究》(李生信,2013)。也有从语言本体出发研究宁夏方言民族变体中的学术论文,分析不同民族使用宁夏方言在语言接触中的相互影响,相互接纳的动态变化过程。

宁夏方言的地域变体最初讨论的是在宁夏中原官话与兰银官话接触区域两种方言相互影响相互渗透产生的变化特征,表现为"渐变式""墨渍式"的影响方式,以中卫、中宁、同心、盐池四个地区(四个县市部分地区)为典型。自宁夏"十二五"生态移民工程以来,宁夏方言的地域变体聚焦在移民区方言研究,这种方言的接触方式并不是在邻近的地区逐渐渗透过渡,而是随吊庄移民"飞地式"地独立存在,不受周边方言的影响,每个移民区完整地保留其独立性,它们并未联成一片,类似于"蛙跳型"分布格局。这种突变的语言接触有别于之前的特点,这方面的论文有:《从移民文化看宁夏话的形成与发展》(刘晨红,2009),《宁夏生态移民居住方式对方言变化的影响》(李生信,2018),《宁夏红寺堡生态移民区回族方言接触探析》(张秋红、杨占武,2016),《宁夏闽宁镇回族吊庄移民语言生活调查研究》(喜清娉,2012)。这种由于地域的差异促使语言发生变异还体现在"东干语"的研究,"东干语是汉语陕甘方言在境外的一个变体,是近代汉语的一个分支,是中国回族的一种跨境方言,而不是一种独立的

---

① 李生信:《回族聚居区的文化特征及其对汉语方言变体的影响》,载《北方民族大学学报》,2016(4)。

民族语言。"① "东干语在离开它的母体汉语及其语言环境后,在语音、词汇和语法诸语言要素上发生了一定的变化,和今天的汉语普通话或西北方言相比,有了一定的差异。"② 这方面的专著有赵杰的《东方文化与东亚民族》,林涛的《中亚东干语研究》《东干语调查研究》,同时有一些学术论文从不同视角开展研究,如《东干语及东干语研究的语言学意义》(杨占武,1987)、《中亚东干人文化变迁与民族认同》(丁明俊,2011)。

马军丽,女 1976 年 9 月出生。2007 年师从赵杰教授攻读硕士研究生。现为宁夏师范学院文学院副教授,从事语言学概论和现代汉语教学工作,主要研究方向为方言学和西北地域文化。

---

① 常文昌、常立霓:《东干文学研究专题——世界华语文学的新大陆——中亚东干文学之定位及研究趋势》,载《兰州大学学报》,2009(5)。
② 林涛:《中亚东干语的特点、现状和发展趋势》,载《当代语言学》,2016(4)。

# 论满语名词类词的格形态变化现象

崔宝莹

格形态主要表示名词类词和动词之间产生的错综复杂的语法关系和语法功能。满语的格形态成分以粘着形式接缀于名词、代词、数词等名词类词的词根或词干后面，在其书面语里则采用分离形式记写[①]。满语的格形态有主格、宾格、领格、造格、与格、位格、从格、方向格、离格、比格、经格等11种，除主格外的10种格形式均是在名词类词后面分别接缀约定俗成的特定词缀来表示。满语里共有 –be、–i、–ni、–de、–ci、–deri 等六种格词缀形式，这就出现了一种格词缀形式表达多种语法功能的现象，使得满语格形态系统呈现出更为复杂的状态。

以下是满语格形态语法功能与格形态变化词缀对照表：

表1

| 主格 | 宾格 | 领格 | 造格 | 与格 | 位格 | 从格 | 方向格 | 离格 | 经格 | 比格 |
|---|---|---|---|---|---|---|---|---|---|---|
| 零 | –be | –i/–ni | –i/–ni/–de | –de | –de | –ci/–deri | –de/–ci | –ci | –be | –ci/–deri |

如表1所示：一是满语格形态变化语法词缀中，零形式表示主格，–be 表示宾格及经格，–i、–ni 表示领格或造格，–de 表示造格、与格、位格和方向格，–ci、–deri 表示从格、比格，另外，–ci 还表示离格；二是以上格形态变化系统中部分语法词缀存在辅音音变现象；三是存在使用两个或两个以上的词缀形式表示一种语法功能的现象。

---

[①] 卡丽娜：《论满－通古斯诸语的格形态及功能》，载《满语研究》，1995（2），29页。

以下结合具体例句，对满语格形态变化语法词缀的语法功能及用法进行全面阐述和讨论。

## 一、主格

满语的格形态变化结构体系中，名词类词以零形式表示主格这一语法概念。顾名思义，名词类词的零形式，也就是在名词类词词根或词干的后面不接缀任何的词缀形式，即名词类词的原形形式。主格通常表示动作行为的主体，或者是动作行为所叙述的对象，在句子中充当主语[①]。例如：

1. haha juse　 gemu amgacahabi.
   男　孩子们　都　　睡
   "男孩子们都睡了。"

2. si　yala　hūturi yongkiyaha niyalma kai.[②]
   你 诚然 福　　具有的　　　人　　啊
   "你实在是个有福的人啊！"

3. ere hojihon de 　bure etuku wakao.
   这　女婿　与格 给　衣裳　不是吗
   "这不是给女婿的衣裳吗？"

4. we cihanggai ini 　baita de 　danaki sumbihe.
   谁 愿意　　他的 事情 与格 管　　来着
   "谁愿意去管他的事来着。"

5. weri　omire amutan be 　facabufi ainambi.
   别人 饮　　味道　宾格 使散　　做什么
   "何必冲散人家喝酒的趣味。"

---

① D.O. 朝克：《鄂温克语参考语法》，44页，北京，中国社会科学出版社，2009。
② 满文行文中，所使用的标点符只有表示句中停顿的逗号和表示句子终止的句号。本文满语例句采用穆林德夫罗马字母转写形式，标点符号依据满文书写习惯在句末只使用句号。句子所表达的感叹、疑问等语气由满语动词形态变化、疑问词以及语气词表示。

294

以上，第一例句里出现的名词 haha juse"男孩子们"，以及第二例句内使用的人称代词 si"你"、第三例句内使用的指示代词 ere"这"、第四例句内使用的疑问代词 we"谁"、第五例句内使用的不定代词 weri"别人"都属于句子的主语。它们在名词及代词等名词类词的词根或词干后面没有接缀任何语法词缀，均以零形态变化现象使用于句中。

## 二、领格

领格，又称为领属格，属格，生格，所有格，主要表示人或事物间存在的领属关系。[①] 作为领格形态变化现象的表现形式 –i 或 –ni 接缀于名词类词词根或词干后面，其在句中表现出来的语法概念，相当于汉语"的"语法含义，在句子中充当定语成分。领格形态变化语法词缀中，–ni 主要接缀于由鼻辅音 ng 结尾的名词词根或词干后面，–i 接缀于除鼻辅音 ng 之外的辅音以及元音结尾的名词词根或词干后面。不过，领格形态变化现象的 –i 接缀于由鼻辅音 n 结尾的名词词根或词干后面，发音时受语流音变的影响，在 –i 前增加鼻辅音 n，读为 –ni，但书写时仍记作 –i。例如：

1. ulhingge-i eme  oci monggo niyalma.
   吴辛格的 母亲 是 蒙古  人
   "吴辛格的母亲是蒙古人。"

2. giyangšeng-ni boo yadahūn, mahala sabu manarangge labdu.
   姜生的    家 穷，   帽子 鞋子 破的    多
   "姜生家贫，冠履多敝。"（《三合教科书·贫富》）

3. muse-i gunrun ningge emu k'otacin cenden-i weising sindahabi.
   咱们的 国家  的   一个 科学  实验的  卫星  发射了
   "我国发射了一颗科学实验卫星。"

如上所示，第一例句里出现的 ulhingge-i "吴辛格的"是在以元音结尾的名

---

① 王庆丰：《满语研究》，41 页，北京，民族出版社，2005。

词后附加领格词缀 –i，第二例句内使用的 giyangšeng-ni "姜生的"是在以鼻辅音 ng 结尾的名词后附加领格词缀 –ni、第三例句内使用的 cenden-i "实验的"是在以鼻辅音 n 结尾的名词后附加领格词缀 –i 读为 –ni 的实例，第三例句内使用的 muse-i "咱们的"是在疑问代词后接缀格词缀 –i，构成了名词类词的领格形式，修饰限制其后紧跟的名词，在句子中作定语使用。其中，两个名词类词作定语共同修饰中心语时，只在定语名词的最后一个名词类词的词根或词干后面接缀领格词缀表示领属的语法含义。如例 3 中的 k'otacin cenden-i weising "科学实验卫星"，就是由 k'otacin "科学"与 cenden "实验"两个名词修饰中心词 weising "卫星"时，只在最后一个名词词干 cenden 后接缀领格词缀 –i 的实例。

## 三、宾格

满语的宾格，也称作对格，用来表示句子中的某一动作行为的直接支配对象[①]，或与这一动作行为相关的人或事物这一语法概念。在句子中作宾语，相当于汉语的"把"。其形态变化现象的构成形式是在名词类词后接缀语法词缀 –be，有时 –be 也可以省略。例如：

1. si  tere–be hūlame getebu.
   你 把他  叫喊  醒
   "你叫醒他！"

2. musei  gunrun ningge emu  k'otacin cenden–i weising sindahabi.
   咱们的 国家   的    一个 科学   实验的  卫星   发射了
   "我国发射了一颗科学实验卫星。"

以上，第一例句中，tere-be "把他"是在代词词根 tere "他"后面接缀宾格词缀 –be 表示 tere 是句中 hūlame getebu "叫醒"这一行为的直接相关的人。第二例句中作为 sindahabi "发射了"这一动作行为的直接支配对象 weising "卫星"，则省略了宾格词缀 –be。事实上，当宾语和动词结合得特别紧密、文理十分清楚

---

① 爱新觉罗·乌拉熙春：《满语语法》，369 页，呼和浩特，内蒙古人民出版社，1983。

时，宾格形态变化形式 –be 经常被省略。根据调查资料显示，现代满语中为了交流的便捷，一般在不太常用的名词词干后使用宾格形态变化形式 –be 来表示宾格的语法概念，而常用的名词后往往会省略 –be 这一宾格形态变化形式。[1] 不仅如此，满语口语中宾格形态变化形式 –be 还出现了 –ve 和 –b 变体。[2]

## 四、位格

位格，又叫作位置格，其形态变化现象的表现手段为语法词缀 –de。语法词缀 –de 接缀于名词词根或词干后面，主要表示某一动作行为发生的时间、地点或场所，以及某人或某物所处的位置等[3]。在句子中语法词缀 –de 所表现出的语义，相当于汉语的"在……上""在……里"或"在……时间"。例如：

1. deretu–de  jaka     sindame muterakū.
    在桌子上 东西……  放       不能
    "桌子上不能放东西。"

2. ajige tokso–de  niyalma anggala umesi tongga.
    小   在村庄里 人     口    非常 稀少
    "小村庄里的人口很少。"

3. tere subja erin–de   bithe hūlambi.
    他 五   在……时  书    读
    "他在五点钟读书。"

以上例句中格形态变化词缀 –de 接缀在第一例句中的 deretu "桌子"、第二例句中的 tokso "村庄"后面分别表示动作行为发生的地点，接缀在第三例句中 erin "时"后面表示动作行为发生的时间。

---

[1] 赵杰：《现代满语研究》，121 页，北京，民族出版社，1989。
[2] 王庆丰：《满语研究》，42 页，北京，民族出版社，2005。
[3] 季永海、刘景宪、屈六生：《满语语法》，119 页，北京，民族出版社，1986。

## 五、与格

与格，也称给与格，其形态变化语法词缀 –de 接缀于名词词根或词干后面，表示某一动作行为的受事者或指出动作行为的对象。在句子中作状语，相当于汉语的"给""给予"等。在满语里，用和位格形态变化语法词缀相同的语音结构形式语法词缀 –de 来表示与格的语法意义，同时也可以表示造格及方向格的语法概念。语法词缀 –de 所表示的具体语法含义，需要根据上下文及具体语境中的语义结构来确定。例如：

  1. bi deo–de emu pingguri bumbi.
  …我 给弟弟 一 苹果 给
  …"我给弟弟一个苹果。"
  2. ihan–de orho nonggimbi.
  …给牛 草 增添
  …"给牛添草。"

如上，与格形态变化语法词缀 –de 接缀在名词类词 deo"弟弟"、ihan"牛"后面，分别指出了句中 bumbi"给"、nonggimbi"增添"的对象，均有"给于""给"的意思。

另外，满语书面语中的格词缀 –de，在满语口语中则用 –de 或 –d 来表示[①]，–d 是 –de 脱落元音 e 后出现的变体。

## 六、造格

造格也称工具格、凭借格，在满语中用其形态变化语法词缀 –i、–ni、–de 接缀于名词词根或词干后面，表示某人或某事物对其他人或事物的利用或使用关系。在句子中作状语，相当于汉语中的"用""以""使用""按照""凭借"

---

[①] 王庆丰：《满语研究》，44 页，北京，民族出版社，2005。

等。一般来讲，满语造格形态变化语法词缀 –i、–ni 表示"用""以""使用"之意，–de 表示"按照""凭借"之意。例如：

1. gong–ni endebuku be niyececi ombi.
   以功 过错 （宾格）补 可以
   "将功补过。"

2. ama ihan–i usin be tarimbi.
   父亲 用牛 田 （宾格）种
   "父亲用牛种地。"

3. kooli–de baita be yabumbi.
   按照例 事情（宾格）行
   "照例行事。"

以上，造格形态变化语法词缀 –ni 接缀在以鼻辅音 ng 结尾的名词词干 gong "功"后面表示"以功""用功"，词缀 –i 接缀在以鼻辅音 n 结尾的名词词干 han "牛"后面表示"用牛""使用牛"，词缀 –de 接缀在名词词干 kooli "例"后面表示"按例""照例"，分别表示句子中动作行为的发出者对 gong、han、kooli 的利用关系。

## 七、方向格

满语名词的格形态变化系统中，语法词缀 –ci 与 –de 接缀于名词词根或词干后面，表示动作行为进行的方向、趋向等。在句子中作状语，相当于汉语的"向""朝""往"。例如：

1. bi tacikū–de genembi.
   我 向学校 去
   "我去学校。"

2. tere alin-ci yabumbi.
　他　向山　走

"他向山走去。"

不难看出，第一例句中的 tacikū-de"向学校"，是在名词词干 tacikū"学校"后面接缀方向格语法词缀 –de 表示 genembi"去"的方向，第二例句中的 alin-ci"向山"，是在名词词干 alin"山"后面接缀位格语法词缀 –ci 表示 yabmbi"走"的方向。

## 八、从格

满语从格形态变化现象的表现手段为语法词缀 –ci、–deri。语法词缀 –ci、–deri 接缀于名词词根或词干后面，表示动作行为的起始地点、场所、时间等，在句中作状语，相当于汉语的"从"。例如：

1. ajigede boo-ci tucimbi.
　幼时　从家　出

"幼时出家。"

2. bi tacikū-deri jihe.
　我……从学校 来了

"从学校来。"

如上，第一例句中格形态变化语法词缀 –ci 接缀在名词词干 boo"家"后面，构成从格形式 boo-ci"从家"，表示 tucimbi"出"起始的地点。第二例句中的 tacikū-deri"从学校"，则是在名词词干 tacikū"学校"后面接缀从格语法词缀 –deri 表示 jihe"来"这一动作行为起始的场所。

## 九、比格

比格，也被称为比较格，其形态变化现象与从格的语法词缀完全相同，用 –ci、–deri 来表示。在此，比格形态变化语法词缀 –ci、–deri 接缀于名词词根或词干后面，主要表示人或事物间产生比较的语法含义，相当于汉语"比"的语义。例如：

  1. i muse-ci se ahūn.
   他 比我们　岁长
   "他比我们岁数大。"

  2. juwan oci sunja-deri emu ubu labdu.
   十　　是 比五　　一　倍　多
   "十比五多一倍。"

以上，第一例句中的 muse-ci "比我们"是在代词词干 muse "我们"后面接缀了比格形态变化语法词缀 –ci，用来表示 muse "我们"与 i "他"在年龄长幼上的比较关系；第二例句中比格形态变化语法词缀 –deri 接缀在数词词干 sunja "五"后面，表示与 juwan "十"与 sunja "五"在数量多寡方面的比较关系。

## 十、离格

满语的离格形态变化现象的表现手段为具有与从格以及比格相同语音结构形式的语法词缀 –ci，表示时间或空间的距离，在句子中作状语，相当于汉语的"离"。例如：

  1. mini boo tacikū-ci goro akū.
   我的 家　离学校　远　不
   "我家离学校不远。"

301

2. muderi namu-ci goro sandalabure.
   海　　离……洋远　相距
   "远离海洋。"

不难看出，第一例句中的 tacikū-ci "从学校"，是在名词词干 tacikū "学校"后面接缀离格语法词缀 -ci 表示 tacikū "学校"与 mini boo "我家"的距离，第二例句中的 muderi namu-ci "离海洋"，由 muderi "海"和 namu "洋"组成的并列关系的联合词组 muderi namu "海洋"，只在最后一个名词的词干 namu "洋"后接缀离格语法词缀 -ci 表示与 muderi namu "海洋"之间的距离。

## 十一、经格

经格，又称为通格，满语经格形态变化语法词缀 -be 接缀于名词词根或词干后面，表示某一行为动作经过的场所、地点[①]。在句中充当作宾语成分，表示含有"经"、"经过"之意。在满语里，用与宾格形态变化语法词缀相同的语音结构形式 -be 来表示经格的语法意义，但是经格词缀不可以省略。例如：

1. ama muderi-be jihe.
   父亲 经过海　来了
   "父亲经海而来。"
2. hanggai alini boso ergi-be jimbi.
   杭爱　山的阴　经……边 来
   "由杭爱山阴而来。"

如上，经格形态变化语法词缀 -be 接缀在名词类词 muderi "海"、ergi "边"后面，分别指出了句中 jihe "来了"、jimbi "来"经过的处所，均有"经""经过"的意思。

---

① 季永海、刘景宪、屈六生：《满语语法》，121 页，北京，民族出版社，1986。

## 结　语

综上所述，满语格形态变化现象中，除主格词缀零形式外的 10 种格形态变化均用固定的语法词缀来表现，在表现过程中具有如下特点：

第一，满语格形态变化系统中，用 –be、-i、-ni、-de、-ci、-deri 等六种语法词缀形式表示宾格、领格、造格、与格、位格、从格、方向格、离格、比格、经格等 10 种语法功能。其中，存在一种语法功能使用两个或两个以上的语法词缀表示的现象。另外，也存在一种语法词缀身兼数职，同时承担两个或两个以上语法功能的现象。因此，满语格形态的语法功能要根据具体的语言环境进行判定。

第二，满语格形态变化语法词缀均没有元音和谐现象，所以，这些词缀都不受元音和谐规律的限制，可以接缀于任何的名词类词之后。

第三，领格语法词缀及与其有相同语音结构形式的造格词缀 –i 接缀于以除鼻辅音 ng 外的辅音以及元音结尾的名词类词的词根或词干后，-ni 接缀于由鼻辅音 ng 结尾的名词类词词根或词干后。-i 接缀于以鼻辅音 n 结尾的名词类词词根或词干后面，读为"ni"，书写时仍记作"i"。

第四，宾格形态变化现象中，其语法词缀 –be 经常被省略。被省略后的宾格形态变化现象从语音上来看，与主格的零形式无异。此时要依据上下文以及具体语境中语义关系对主宾格进行判断。满语的格形态变化现象中，与宾格有着相同语音结构形式的经格词缀形式 –be，在任何情况下都不能省略。

第五，满语书面语格形态变化语法词缀及其功能保存较为完整，现代满语口语中的格形态变化出现了格词缀元音脱落只剩辅音的语音变体以及诸多格词缀省略现象。

满语的格语法范畴是一个相当复杂且具有严格使用规则的语法系统，名词类词和动词的搭配使用均与格形态变化现象及其语法词缀的使用有着十分密切的内在联系。

崔宝莹，女，1986 年 4 月出生。2011 年师从赵杰教授攻读硕士研究生。现为北方民族大学文学与新闻传播学院讲师，从事语言学教学与科研工作，主要研究方向为民族语言学。

# 赵杰先生主要著述目录

一、著作

1. 现代满语研究. 北京：民族出版社，1989.

2. 现代满语与汉语. 沈阳：辽宁民族出版社，1993.

3. 北京话的满语底层和"轻音""儿化"探源. 北京：北京燕山出版社，1996.

4. 满族话与北京话. 沈阳：辽宁民族出版社，1996.

5. 东方文化与东亚民族. 北京：北京语言文化大学出版社，2000.

6. 汉语语言学. 朝华出版社，2001.

7. 民族和谐与民族发展. 北京：民族出版社，2007.

8. 从日本语到维吾尔语——北方民族语言关系水平性研究. 北京：民族出版社，2007.

9. 回族解读. 银川：宁夏人民出版社，2007.

10. 新疆蒙古族语言研究——以博州察哈尔蒙古语为例. 乌鲁木齐：新疆人民出版社，2008.

11. 东雨西滴（散文集）. 北京：蓝月出版社，2010.

12. 丝绸之路语言研究. 乌鲁木齐：新疆人民出版社，2010.

13. 回族释读. 银川：宁夏人民出版社，2012.

14. 中华民族共有精神家园论. 北京：人民出版社，2012.

15. 赵杰文集（12卷本）. 台湾文听阁出版社，2013.

16. 萃语师足文集（上卷）语言描写与双语研究. 北京：阳光出版社，2013.

17. 萃语师足文集（下卷）民族文化与名师文化. 北京：阳光出版社，2013.

18. 语言人类学（合著）. 北京：民族出版社，2015.

19. 赵杰自选集. 北京：北京语言大学出版社，2021.

20. 清代满文与现代满语（待出版）.

21. 十八洞苗语精准描写与研究（待出版）.

## 二、主编书刊

1. 东方研究（年刊）（1991—2010年）（副主编）. 北京：蓝天出版社等.

2. 语言学研究（2000—2010年）（主编之一）. 北京：北京大学出版社.

3. 回族众读（主编）. 北京：中央民族大学出版社，2008.

4. 北方语言论丛（第一辑）（主编）. 北京：阳光出版社，2011.

5. 北方语言论丛（第二辑）（主编）. 北京：阳光出版社，2013.

6. 北方语言论丛（第三辑）（主编）. 北京：阳光出版社，2013.

7. 北方语言论丛（第四辑）（主编）. 北京：阳光出版社，2016.

## 三、论文及其他

1. 满语研究中的一些问题（与季永海合写）. 满语研究，1984（2）.

2. 同区音与变体音——从汉、满元音分布所想到的. 满语研究，1986（1）.

3. 泰来满语音位解析. 满语研究，1987（1）.

4. 北方民族的心态融合与语言接触. 北大研究生学刊，1987（2）.

5. 满语的变化. 中央民族学院学报，1987（4）.

6. 锡伯语满语语音演变的比较. 民族语文，1988（1）.

7. 论满汉民族的接触与融合. 民族研究，1988（1）.

8. 科学方法论的移植和语言治学方法论的改革——从"京派""海派"青年语言学者治学的不同所想到的. 北大研究生学刊，1988（2），人大《语言文字学》，1988（8）转载.

9. 从边缘小溪到科学潮头——语言学与中国的现代化. 北大研究生学刊，1988（4）.

10. 论满语中汉语借词的发展. 语文研究，1988（4）.

11. 伊车嘎善锡伯语概说. 见《锡伯历史语言文学论文集》，1988.

12. 满语消亡的原因初探. 见《锡伯历史语言文学论文集》，1988.

13. 扎实勤奋谦虚谨慎来办会　认清功能拓宽理论去治学. 语文建设，1989

（3）.

14. 普通话与北京官话. 收入《语言学与汉语教学》一书. 北京：北京语言学院出版社，1990.

15. 官话迁徙与京腔移植. 北京社会科学，1990（3）.

16. 满汉对照口语译例——老汗王起家（满语译文）. 满语研究，1990（2）.

17. 青年语言学特点刍议，北京第四届青年语言学研讨会总结报告；语文建设，1991（2）摘介.

18. 论三北民族地区双语的层级性，收入《语言·社会·文化》一书. 北京：语文出版社，1991.

19. 京腔方言岛调值的一致性及其历史成因. 中国语言学会第六届年会论文，1991.

20. 京腔与满语概说. 第六届中国语言学年会论文，1991.

21. 东方文化的辐射圈与共振峰. 东方文化国际会议论文，1991.

22. 汉语的渗透和满语的连锁式音变. 语文研究，1992（4）.

23. 北京香山满语底层之透视. 首届国际满学研讨会论文，1992；中央民族学院学报，1993（1）.

24. 中国文化的结晶与精神现代化. 创世纪，1992（2）.

25. 面向"大市场"开创新学科. 北京大学学报，1992-11-05.

26. 走在乡间的小路上. 中央民族学院报，1992-06-09.

27. 泰山风卷黄海潮（长篇报告文学）. 北京大学大型征文一等奖，1992.

28. 语言学的发展、困顿与繁兴. 北京大学东方学系《基础语言学研究（油印教材）》，1992.

29. 融合过程中的满语和汉语. 满语研究，1993（1）.

30. 汉语的影响和满语语法的递变. 商务印书馆《语言学论丛》第18辑，1993.

31. 满洲蒙古文化及其对中亚地区的影响. 北京大学《东方文化讲义》，1993.

32. MANDARIN与北京话. 收入英国《MARCRO LINGUISTICS》一书，JOURNAL OF MACRO LINGUISTICS HOUSE HOLD WORLD PUBLISHER，1993.

33. 阿尔泰双语社会中的汉语影响.《东方研究》论文集(93),蓝天出版社,1993.

34. 奖掖后学沐浴中青——记朱德熙先生对青年学者和青年学术活动的关怀.收入《朱德熙先生纪念文集》.北京:语文出版社,1993.

35. 博国领袖与廉洁书生.北京大学学报,1993-12-26.

36. 浅论北京话的满语底层与"轻音""儿化".中国民族语言学会第六届年会论文,1994.

37. 中韩语言接触研究中的一块方兴未艾的新领域.韩国传统文化国际研讨会论文,1995.

38. 清初满语京语重音前移及其对京腔汉语的影响.满语研究,1995(1).

39. 满汉语言接触与清代北京话的形成.满学朝鲜学论集,中国城市出版社,1995.

40. 东方语言与东方文化的内在联系.《东方研究》论文集(94),天地出版社,1995.

41. 东北亚语言接触的共性及理论意义.中国少数民族语言研究理论方法研讨会论文摘要,1996.

42. 论清末民初满汉语言的接触.满族历史与文化.北京:中央民族大学出版社,1996.

43. 旗人语言才能探因.满语研究,1996(1).日本北海道《翻译》杂志全文译出并介绍作者,1996.

44. 东方文化与新世纪文明.北京大学学报(东方文化专刊),1996.

45. 中韩送气音对比考(韩文).收入韩国《语音学与语言学》.首尔:汉城大学出版部,1996.

46. 韩国人学习汉语的发音偏误律(和李炫馥教授合写)(韩文).汉城国际语音学大会论文集,1996.

47. 中韩擦音音值的比较(韩文).韩国《南方文化》,1996.

48. 论韩国语、满语元音和谐律松化的共同性(韩文).韩国《东亚文化》第34辑,1996.

49. 东北亚经济起飞的文化底蕴.北大百年校庆《东方研究》1996、1997年度合刊本. 北京：蓝天出版社，1997.

50. 语言学的特性、方法及其在人类学研究中的作用. 社会文化人类学演讲集. 天津：天津人民出版社，1997.

51. 京味文化中的满族风俗. 北京社会科学，1997（1）.

52. 韩国语语源问题新探. 韩国成均馆大学《大东文化》，1998.

53. 北京当代流行语探析（韩文），1997年5月分别演讲于韩国延世大学、仁荷大学，韩国延世大学《人文学报》刊登，1998.

54. 论清初满汉融合对中华传统文化的贡献. 收入北大百年校庆《汉学研究国际会议论文集》（1998.5.6—5.8 香山），北京大学出版社，1998.

55. 论新世纪东亚民族精神的升华，"北大百年学问中华"大型讲座之一（1998.4.24晚，北大全校演讲），《东方文化论文集》中国东方文化研究会，1998年（东方研究），北京：蓝天出版社.

56. 从阿尔泰语言比较看东方学系研究生的横向培养，北大校庆"东方文化国际交流研讨会——朝鲜文化研讨分会"上宣讲.

57. 论韩国语的华夏底层词与汉字词，北大校庆《"韩国传统文化研讨会"论文集》，1998.

58. 北大的时间与空间. 北大百年纪念散文（内部），1998.

59. 未名湖与紫霞渊——兼论中韩文化之比较，北大100年、汉大50年校庆散文，《北京大学报》，1998-06-15；《人民日报》1998-07-26.

60. 邓小平理论与当代中国的精神文化，北大百年校庆校党委大型征文一等奖，1998.

61. 东方学魅园——北大世纪回眸中的东方学系《北大东方学系发展史手册》打印稿，1998.

62. 论韩国语、满语元音和谐律松化的共同性（中文译文）. 东方研究——北大百年校庆论文集. 北京：蓝天出版社，1998.

63. 一代宗师　高山仰止. 世纪论评，1998（3）.

64. 韩国的满学与文化. 1998年4月24日演讲于全国满学研究优秀成果发奖大会，北京.

65. 论满韩语中的汉语底层词. 满语研究，1998（2）.

66. 现代汉语陈述式复合词的分化特点.北大百年校庆、《马氏文通》发表一百周年"现代汉语国际学术研讨会"论文.

67. 韩国的"汉语热".当代韩国，1998年春季号.

68. 韩国语语系归属初探.当代韩国，1998年秋季号，韩国《周刊朝鲜》全文译介并图解，1999（1）.

69. 韩国语语系归属新探.当代韩国，1998年冬季号.

70. 韩国语的汉字音和近古汉语的音变律.北京大学学报外国语言文学专刊，1998.

71. 论韩国知识女性的婚恋文化.21世纪女性研究与发展国际学术研讨会论文，1998.当代韩国，2000年春季号.

72. 韩国教育繁荣的特点及其民族学透视.国家教育部、北京大学"文化人类学高级研讨班"演讲论文，1998.高等教育研究.北京：北京大学出版社，1999.

73. 一位奉献不止的语言哲人——悼恩师叶蜚声教授.北京大学报，1998-10-26.

74. 北京当代流行语探析.收入周星主编《北京当代流行现象》一书，北京：北京出版社，1998.

75. 满语词与朝鲜语语系归属.满语研究，1999（1）.

76. 延边精神：新时期民族发展的典范——对中国一种新型民族关系的文化透视.中国民族，1999（3）.

77. 韩国语言文字的特质及其敬语文化.收入北大《东方语言文字文化》教材，1999.

78. 东方文化理论反思.人民日报，1999-06-12.

79. 与冰心老人一席谈（散文）.北京大学学报，1999-06-25.

80. 新世纪时空交叉中的人类意义.《学问》杂志1999年预刊，后收入《东方文化与东亚民族》，北京：北京语言文化大学出版社，2000.

81. 汉族学者为少数民族奉献的杰出榜样——悼念民族语言学泰斗马学良教授.民族团结，1999（6）.

82. 风景这边独好.北京大学学报，1999-06-25.

83. 满族语言文字的发展和嬗变. 民族团结, 1999 年专刊.

84. 论韩国《训民正音》的语言学价值. 中国北京大学、韩国东国大学代表教授研讨会论文集, 1999; 第三届韩国传统文化国际学术讨论会论文集. 济南: 山东大学出版社, 1999.

85. 为新世纪奉献的一束东方学之花. 东方研究（1998）序论. 北京: 蓝天出版社, 1999.

86. 韩国汉字的三落三起. 汉字与传播国际研讨会论文集. 北京: 清华大学出版社, 1999.

87. 诗的学术 歌的交流（散文）. 北京大学学报, 1999 年 11 月.

88. 论韩国语、满语发生学上的同源性. 第四届中韩人文科学国际研讨会论文集, 1999.

89. 延边满语掇拾. 民族语文, 2000（3）.

90. 论汉语与东南亚诸语的接触关系. 北大外语学院《中国与东南亚》研究生课讲义,《东方研究》(2000 年度), 北京: 蓝天出版社.

91. 满语、朝鲜语语音对应规律探拟. 第二届北京国际满学研讨会论文集, 收入北京社会科学院《满学研究》第 8 辑, 北京出版社, 2000.

92. 汉民族共同语形成史话. 中央民族大学学报（中文专刊）. 北京: 中央民族大学出版社, 2000.

93. 京北喇叭沟门乡满语透析. 北京社会科学, 2000（4）.

94. 中日汉字音的推链式音变及日本语的擦音化. 日中语对照社, 2001.

95. 西部开发与多民族共同富裕. 赵存生等主编. 理论创新与 21 世纪的中国. 北京: 北京大学出版社, 2001.

96. 西部开发与民族教育之我见. 腾星主编. 博士论西部开发. 北京: 民族出版社, 2002.

97. 解读季羡林. 东疆学刊, 2002（1）.

98. 论中华民族的凝聚与复兴. 东疆学刊, 2002（1）.

99. 京郊火器营北京话中的满语词. 民族语文, 2002（1）.

100. 满语对北京语音的影响. 满语研究, 2002（1）.

101. 论西域民族的发展过程与结合特性. 石河子大学学报, 2002（4）.

102. 论汉、日两语不同的音长特征.汉语学习,2002(4).

103. 西部一缕耀眼的阳光.石河子大学《阳光地带》第22期刊序,2002.

104. 论新疆民族工作的理论创新.石河子大学学报,2003(2).

105. 新疆多语地名的语言探析.石河子大学学报,2003(4).

106. 谙熟新疆历史,履行屯垦戍边使命.兵团日报,2004-03-26.

107. 弘扬新疆和兵团文化 强化屯垦戍边意识.石河子大学学报,2004(2).

108. 落实三个代表重要思想,实现兵团高校的跨越发展.兵团日报,2004-07-29.

109. 论宁夏民族的频移迭兴与交融和谐.宁夏社会科学,2006(5).

110. 论回族在构建和谐宁夏中的"三力"优势.回族研究,2006(3).

111. 论回族在构建和谐社会中的积极作用.回族研究,2006(4).

112. 从锡伯语20年变化看满语的音变走向.西北第二民族学院学报,2006(3).

113. 西裕固语与维吾尔语之音变比较.西北第二民院学院学报,2006(4).

114. 现、当代东裕固语的变化及其与蒙古语之比较.西北民族大学学报,2006(6).

115. 贺兰山下:与余秋雨先生话文化.西北第二民院校报,2006-10-29.

116. 论西部开发与西藏新疆诸民族的语言文化教育.宁夏社会科学,2007(1).

117. 新疆温泉县蒙古语特点分析.西北第二民族学院学报,2007(1).

118. 东干语与回族话比较研究的新成果.林涛.东干语论稿·序.银川:宁夏人民出版社,2007.

119. 北方民族语言的发展态势与研究路径.西北第二民族学院学报,2007(4).

120. 论回汉民族关系亲密的四大共因.回族研究,2007(1).

121. 论当今中亚回族之特性——为回民西迁130周年而作.回族研究,2007(2).

122. 论回族的心灵之道.回族研究,2007(3).

123. 论回族三元一体的道德律——由回族三元一体的文化结构所想到的.回

族研究，2007（4）.

124. 论蒙古族向中华大文化的转型与和谐. 宁夏社会科学，2008（2）.

125. 论回族研究的十大亮点.《回族众读》序论，北京：中央民族大学出版社，2008.

126. Comparison Between China and Canada in Development of Nationalities. 温哥华《第四届国际原住民大会论文集》，加拿大原住民大学出版社，2008.

127. 守住现场的文化. 宁夏日报，2006-10-30.

128. 为建设中华民族的精神家园而奋斗. 西北第二民族学院校报，2007-10-30.

129. 贺兰山与北民大. 西北第二民族学院校报，2008-04-27.

130. 悼毕生奉献语言学事业的罗安源教授. 中央民族大学校报，2008-06-22.

131. 六盘山景与六盘山人. 宁夏日报，2008-07-14.

132. 追求天籁之声的语音学泰斗——悼恩师林焘教授. 北京大学学报，2006-10-30,《光明日报》11月1日摘登.

133. 林先生教我为人治学. 燕园远去的笛声——林焘先生纪念文集. 北京：商务印书馆，2007.

134. 徐老师是指导我科研上路的严师. 徐通锵先生纪念文集. 北京：商务印书馆，2007.

135. 民大毗邻贺兰山. 人民日报，2008-05-01.

136. 山水北民大. 中国民族报，2009-04-07.

137. "三小三大"与绿水红山. 宁夏日报，2009-07-29.

138. 永唱低调，永创新论，永掖后学——悼国学泰斗季羡林先生（上）. 北京大学学报，2009-09-05.

139. 永唱低调，永创新论，永掖后学——悼国学泰斗季羡林先生（下）. 北京大学学报，2009-09-15.

140. 论阿尔泰语系与北方汉语接触的音变模式. 第16届国际人类学大会阿尔泰分会首讲论文，2009.

141. 未名湖与未名山——北京大学与石河子大学的对口支援. 北京大学学报，2009-06-15；石河子大学学报，2009-09-01；收入《石河子大学60年校庆纪念文集》，乌鲁木齐：新疆人民出版社，2009；光明日报，2009-09-18.

142. 回族对祖国统一和中华文化的杰出贡献. 全国人大民委《民族法制通讯》，2009（4）.

143. 民汉"五通"与新疆的民族团结长治久安. 国家民委，中央文史馆内参，2009.

144. 影视城下与张贤亮先生话知音. 北方民族大学学报，2010-03-10.

145. 汉语方言中日、朝、韩语借词的辨析. 首届海峡两岸闽南文化节暨海外方言国际研讨会论文，2010.

146. 空间差异反映时间发展的科学方法. 北民大研究生（第二期）；宁夏日报，2010-03-30.

147. 中国东西高校的差异与均衡发展. 亚洲教育发展学会（东京）首届年会发表论文，2010.

148. 以"六双"为鹄的双语学研究. 全国民族双语会议论文集. 北京：中央民族大学出版社，2010.

149. 求质追特，赶超发展，打造宁夏大地上的北方民族教育中心. 宁夏高校校长论坛第二篇演讲论文，2010.

150. 宁夏回族"三力"优势对回族伊斯兰社会和谐的启发. 收入《不同而和》（国际回族伊斯兰学术会议论文集）一书，香港建道神学院出版社，2010.

151. 青叶在阳光下的欢长. 叶阳欢散文集·序. 大众文艺出版社，2010.

152. 清代满文的文字特色及音韵、音变特点. 满族研究，2011（1）.

153. 富含北方语言诸多特色的一场盛宴. 北方语言论丛. 阳光出版社，2011.

154. 京郊密云檀营的满族文化与满族语言. 北方语言论丛. 银川：阳光出版社，2011.

155. 语言接触与推挤式义变——论汉语对朝鲜语、韩国语持久影响的语义消化规律. 北方语言论丛. 银川：阳光出版社，2011.

156. 坚持弘扬和培育民族精神. 中国民族报，2011-07-08.

157. 刚柔相济的性格奠定了中华民族精神. 中国民族报，2011-07-15.

158. 多流一原的地理承载了中华民族精神. 中国民族报，2011-07-29.

159. 多元一体结构凝聚了中华民族精神. 中国民族报，2011-08-05.

160. 儒释道伊的互补丰富了中华民族精神. 中国民族报，2011-08-12.

161. 爱国革命开放创新强化了中华民族精神. 中国民族报，2011-08-19.

162. 少数民族的爱国主义精神. 中国民族报，2011-08-26.

163. 少数民族对中华民族整体的精神激励（上）. 中国民族报，2011-09-02.

164. 少数民族对中华民族整体的精神激励（下）. 中国民族报，2011-09-09.

165. 少数民族与汉族共创辉煌. 中国民族报，2011-09-16.

166. 少数民族与汉族文化精神的有机互补. 中国民族报，2011-09-23.

167. 少数民族对中华文化的重要贡献（上）. 中国民族报，2011-09-30.

168. 少数民族对中华文化的重要贡献（下）. 中国民族报，2011-10-21.

169. 满族对我国多民族国家的统一和对中华灿烂文化的杰出贡献. 满族研究，2011（4）.

170. 双语教育与文化强国的内在联系. 宁夏社会科学，2013（2）.

171. 英语外来词借入现代汉语的"语音换算"之解析. 北方民族大学学报，2013（4）.

172. 南北语言打通研究的必要性和紧迫性——写在《北方语言论丛》第二辑出版之时. 北方语言论丛. 银川：阳光出版社，2013.

173. 第三届海外汉语方言国际研讨会成果综述. 北方语言论丛. 银川：阳光出版社，2013.

174. 论语言在联络感情上的神奇功能（用）. 中国民族双语会《通讯》，总第15期，2013.

175. 新时期对推广双语的新要求. 中国民族报，2014-12-20.

176. 清代满语派生动词中缀分类微探. 北方民族大学学报，2015（1）.

177. 满族的新式定位与满族对中华共同体的主要贡献. 满族研究，2015（1）.

178. 康乾盛世治国理政成功经验探析（上篇）. 中国民族报，2016-02-26.

179. 康乾盛世治国理政成功经验探析（中篇）. 中国民族报，2016-03-04.

180. 康乾盛世治国理政成功经验探析（下篇）. 中国民族报，2016-03-11.

181. 语言沟通是增强民族感情的秘密武器. 双语研究通讯，2016（2）.

182. 丁文楼：民族教育事业的奉献者. 中国民族报，2016-08-20.

183. 古村落的建筑形式和文化精神. 广西师范大学学报，2016（3）.

184. 黑龙江三家子满语口语话语材料分析. 龙江学刊, 2016（4）.

185. 论泰来满语口语的语音变化特点——与清代满文音之比较. 北方语言论丛. 银川：阳光出版社, 2016.

186. 富裕县三家子满语与泰来县依布气满语及其音变的时间序列. 黑龙江社会科学, 2017（1）.

187. 满族研究与边疆研究的内在联系. 满学研究, 2017年创刊号.

188. 论满语语法的并列修辞表达. 满学研究, 2017年创刊号.

189. 马连洼、西苑与北大静园——回眸金启孮先生指引我满语研究的京郊路. 满族研究, 2018（2）.

190. 铸牢中华民族共同体与构建人类命运共同体. 广西民族大学学报, 2018（5）.

（荣慧艳整理）

# 编后记

2020年12月19日,我国少数民族语言学专家、优秀的教育家、学术活动家、北京大学赵杰教授因病逝世,享年67岁。

消息传来,同行同事扼腕痛惜,亲友弟子泪流不止。时值疫情,诸事不便,一切从简,北京大学外国语学院、中国民族语言学会当天即在官方网站上发布了讣告,深切悼念和高度评价赵杰教授。12月21日上午,赵杰教授遗体告别仪式在八宝山殡仪馆举行,只有在京的同行同事、亲友弟子几十人出席,赵杰教授生前工作过的单位和学术团体敬献了花圈和挽联。

赵杰教授逝世后,在全国各地工作的弟子纷纷在微信群中表达对他的缅怀和悼念,也有些学生自发地在网络上举办追思会,大家一致希望能以纪念文集的形式寄托全体弟子的哀思。劲松、王国庆、姚骏、奥特根、陈帅等人当即安排纪念文集事宜,联系民族出版社出版,由劲松、彭嬿、王国庆、王新青、奥特根、陈帅等人组成文集编委会,商定文集除收录赵杰教授弟子的怀念文章外,还广邀赵杰教授的同行同事、亲人战友撰写纪念文章,出版费用由弟子们自愿捐助。大家一致同意以"问学"作为文集名称,寓意赵杰教授一生问学向上、学无止境,弟子们先后随其问学、学有所成。文集约稿启事当即发给各位弟子,姚骏、王国庆、王新青、陈帅、王婷婷、侯怡雪等积极联系赵杰教授的同行同事、亲人战友,陆续收到稿件50篇,戴庆厦、丁文楼、黄行、聂鸿音、崔希亮等18位专家学者撰写了纪念文章。民族语言学界著名学者瞿霭堂教授应邀为纪念文集作序。民族出版社给予大力支持,宝贵敏女士一直协助指导文集的出版工作,从选题上报到编辑校对,从书名到每篇文章的内容和词句都反复多次提出修改建议。王国庆教授承担文集的组织协调工作,多次召开腾讯会议商讨布置出版具体事宜,陈帅博士负责收稿和初步编辑工作,为文集设计了大致的框架。34位弟子(包括两位韩国学生)、赵杰教授的亲人及苗东霞教授捐助了出版纪念文集的相关费用。主编劲松教授负责最后统稿工作,为文章修改、全书框架调整、文字校对作了大量工作。

文集共收入纪念文章50篇,分为四个部分,第一部分"学界悼念"是同行同事对赵杰教授的追忆及学术成就的述评。第二部分"师生情深"是历届学生对从师赵杰教授的往事回忆。第三部分"亲友追思"收入赵杰教授女儿、弟弟、侄儿及早年部队战友的回忆文章。第四部分"论学问道"是一组同行和弟子为缅怀赵杰教授而做的学术论文及对赵杰教授学术成果和学术思想的研究。林毅博士撰写的赵杰教授生平放在纪念文章之前,荣慧艳博士整理的赵杰论著目录作为全书附录,文集最后还收入赵杰教授不同时期生活工作照。

文集付梓之际,编辑委员会衷心感谢各位赐稿的专家学者和赵杰教授的亲友,感谢全体为文集撰稿、出资、出力的同门,感谢为文集出版付出辛勤劳动的民族出版社责任编辑。文集是赵杰教授一生多角度的真实写照,它不但寄托了全国各地弟子们的哀思,也将把赵杰教授的人品、追求、学术思想和学术成就铸成一座墓碑,供人们长久地瞻仰和纪念。

编委会

2022年4月26日

**图书在版编目（CIP）数据**

问学：赵杰先生纪念文集/劲松主编. — 北京：民族出版社，2022.10
ISBN 978-7-105-16804-0

Ⅰ.①问… Ⅱ.①劲… Ⅲ.①赵杰—纪念文集 Ⅳ.① K825.46-53

中国版本图书馆 CIP 数据核字（2022）第 204566 号

---

### 问学：赵杰先生纪念文集

策划编辑：宝贵敏
责任编辑：阿依努尔
封面设计：吾要
出版发行：民族出版社
地　　址：北京市东城区和平里北街 14 号
邮　　编：100013
电　　话：010-64228001（汉文编辑二室）
　　　　　010-64224782（发行部）
网　　址：http://www.mzpub.com
印　　刷：北京盛通印刷股份有限公司
经　　销：各地新华书店
版　　次：2022 年 10 月第 1 版　2022 年 10 月北京第 1 次印刷
开　　本：787 毫米 × 1092 毫米　1/16
字　　数：350 千字
印　　张：21
定　　价：105.00 元
书　　号：ISBN 978-7-105-16804-0/K・2903（汉 1672）

该书若有印装质量问题，请与本社发行部联系退换。